U0337052

理解投资

基于数据与商业的投资逻辑

陈嘉禾◎著

机械工业出版社
CHINA MACHINE PRESS

本书是作者近年来对资本市场的观察与思考，以详细的数据分析和逻辑推论，为读者带来了生动的资本市场分析案例。这些案例主要集中在股票、基金领域，也包括大量的行业、企业分析，帮助读者理解投资、理解市场。

图书在版编目（CIP）数据

理解投资：基于数据与商业的投资逻辑 / 陈嘉禾著. —北京：机械工业出版社，2023.11

ISBN 978-7-111-74149-7

Ⅰ. ①理…　Ⅱ. ①陈…　Ⅲ. ①投资－研究　Ⅳ. ①F830.59

中国国家版本馆 CIP 数据核字（2023）第 205130 号

机械工业出版社（北京市百万庄大街 22 号　邮政编码：100037）

策划编辑：王　颖　　　　　　　　责任编辑：王　颖

责任校对：曹若菲　　陈　越　　责任印制：常天培

北京铭成印刷有限公司印刷

2024 年 1 月第 1 版第 1 次印刷

170mm × 230mm · 20 印张 · 1 插页 · 219 千字

标准书号：ISBN 978-7-111-74149-7

定价：79.00 元

电话服务

客服电话：010-88361066

010-88379833

010-68326294

网络服务

机　工　官　网：www.cmpbook.com

机　工　官　博：weibo.com/cmp1952

金　　书　　网：www.golden-book.com

机工教育服务网：www.cmpedu.com

推荐语

资本市场是一个公平的竞技场，各式各样的投资者抱着不同的信念在投资过程当中相互竞争。本书以价值投资的理念为核心，解读了多种投资方法和技巧。对于任何想在投资上有所建树的读者来说，本书都是一个绝好的参照。

郭荆璞

国联证券研究所执行总经理

在本书的一开始，作者就指出了一个简明而深刻的道理：从某种程度上说，投资比工作还重要。因为投资会陪伴人的一生，而工作不会；同时，在二级市场投资是除高考之外另一个相对公平的机会（想想看，公司股东有时也会卖在最低点）。围绕普通人如何投资，作者将价值投资理念落地为具体的可执行方法。例如，书中驳斥了价值投资等于长期投资的错误理念。从价值投资理念出发，作者指出一家企业的护城河比增长速度更重要。段永平曾以开车比喻，说很多人劝企业家开车要快一点，更快一点，而很少有人关心如果车速太快，撞死人了谁来负责。这也印证了在投资中“赚得多不如活得久”的重要性。另外，书中对高股息率投资、国企投资、如何看懂一家企业等具体的投资事务，给出了非常清晰的、有数据验证、有逻辑支撑的方法与建议。可以说，本书是一本适合普通投资者学习研究价值投资的佳作。

龙红亮
万联证券投资研究部负责人、固收宏观首席，
“债券投资实战”系列作者

近些年来，从净资产回报率到核心资产再到景气周期赛道，每种股票投资方法都展示出了一两年的优势，但持续性都不是很好。很多投资者选择了一些表现优秀的基金，但是没过多久基金的表现就变得不尽如人意了。如何找到优势可持续的投资方法，是所有投资人的共同追求。陈嘉禾老师的《理解投资》，给出了答案。这本书揭示了价值投资的真谛，对重点行业的投资方法、基金公司和基金经理的行为模式进行了深刻的分析，对于股票投资、基金理财有极高的参考价值。

王峰
益民基金前总经理助理、产品总监

价值投资的理念已经深入人心，很多人却知易行难。本书作者通过案例、数据统计和历史故事，让读者更容易、更深入地理解原本抽象的观点和理论。书中介绍了许多投资实践，是我们曾经经历过，或正在发生的场景，能够引发读者身临其境的思考。我强烈推荐给所有股票和基金的投资者，以及那些希望了解投资的读者。此外，对投资的专业人士而言，本书也极具参考价值。

朱振坤

海南夏尔私募基金管理公司总经理

序　言

理解投资有多重要

对于向大家普及、讲解投资这件事，我一直抱有复杂的心情。这种复杂的心情，是由两方面构成的。

一方面，在资本市场工作近20年，我知道投资是一件非常重要的事。在现代社会，金钱的重要性可以说无与伦比。对于绝大多数人来说，除了工作以外，投资对金钱的影响非常巨大。所以，投资其实是一件每个人都应该高度重视的事。

另一方面，投资又是一件非常困难的事。投资的入门门槛很低，今天拿起手机在证券公司开个账户，明天就可以投资。这么容易的事情赚钱会容易吗？显然不会，很多投资者的业绩都不尽如人意，不少人甚至损失惨重。

所以说，投资不难，做好投资很难。在投资工作中，我们需要非常多的知识储备、金融实践经验以及对社会的洞察。我们需要懂财务、懂商业、懂政治、懂历史、懂金融，需要通晓人情世故、世态冷暖、社会变迁。可以说，想要理解投资，从而做好投资，绝对不是一件简单的事。

那么，如果对投资不理解，开个账户赌一把怎么样？孔子有句话说明了这种现象："以不教民战，是谓弃之。"不训练就去打仗，和白白送命没有区别。同样，不理解投资就去下注，和往水里扔钱也没有区别。

与其把钱白白扔掉，不如存在银行、好好生活。毕竟，每个人都成为成功的投资家是不可能的。钱赚到手了就花掉，拿工资买东西、过日子，这才是适合更多人的生活状态。

那么，对于那些立志做好投资的人来说，我们应该做什么呢？我的答案是四个字：理解投资。十年如一日地坚持投入，仔细学习、观察与思考，不怕万难，才能真正做到理解投资。只有把投资彻底理解了，坚持不懈，我们才能做出好的投资业绩。

在这本书里，我试图把投资的道理仔仔细细地告诉你。全书共6章，分别讲了价值投资的原理、资本市场的各种知识、各个行业的规律、如何理解商业和企业、如何理解各种金融资产和境外市场，以及如何理解基金投资。

在这些内容之中，我想着重强调两部分内容。

第一部分，就是本书第1章第1小节内容"为什么好投资比好工作重要"。这节用非常详细的数据告诉你，为什么投资做得好，至少从金钱的角度来说，远比工作做得好、工资赚得多重要。

但是，我需要指出的是，我们一定要注意"好投资"里的"好"字。要知道，投资做不好，那就与赌博输钱差不了多少，遑论与工作相比。

第二部分，是本书的最后一章“理解基金投资的奥妙：基金经理自购为何如此重要”。最近几年，投资基金的人越来越多。这一章将详细告诉你基金投资到底是怎么回事，我们怎样才能理解基金，怎样才能好好投资基金。

书不尽言，言不尽意，投资的工作既充满无穷的挑战，又蕴藏丰厚的回报。但是对我来说，这是世界上最美妙的工作。我亲爱的读者，希望这些文字以及详细的数据运算，能把我对投资的理解明明白白地告诉你，帮助你对投资的理解更进一步。

陈嘉禾

2023 年于三亚

目　录

第 2 章　理解资本市场的密码

高股息率有多大的魔力

第 3 章　理解行业规律

投资国企的四大理由

第 4 章　理解企业经营

你真的看懂了一家企业吗

第 5 章　理解多种资产与境外市场

财富可以从沙子中来

第 6 章　理解基金投资的奥妙

基金经理自购为何如此重要

第1章　理解价值投资

为什么好投资比好工作重要

在这一章里，我试图告诉你三件事。

首先，投资是非常重要的事情。从财务回报的角度来说，正确的投资所带来的回报，大概率会在你的一生中远远超过工资所带来的回报。反之，错误的投资会带来无比糟糕的体验，工作再怎么努力，赚的工资往往也很难赶上投资的损失。

其次，价值投资是最轻松，也是最容易掌握的投资方法。只要像企业家一样思考投资，像企业计算财务报表一样计算自己的投资回报，我们就能掌握这种原理非常简单又非常有效的投资技能。

以上两件事，都是价值投资的基础。对于绝大多数投资者来说，明白以上两件事，就足够了。

价值投资之道虽然原理简单，真正实行起来，却有大量复杂的细节。这些细节，就是本章中我试图告诉你的第三件事——价值投资可以非常复杂。

价值投资应该集中还是分散？要不要用杠杆？我们应该更看重估值，还是更看重质量？指数基金一定是又简单又好的投资吗？有哪些技巧可以让我们忘记市值的干扰？价值投资的长期回报率的天花板在哪儿？我们究竟应该如何推导出最好的价值投资理论？

仔细看完这一章，相信你就能解答以上这些问题。而如果你能理解价值投资的每个细节，那么你的价值投资之路，必然更畅通。

为什么好投资比好工作重要

投资到底有多重要，是许多人没有想明白的一件事。在今天的商业社会，除了身心健康等不可以物质衡量的事情以外，投资对我们个人的生活，也许是从金钱角度来说最重要的一件事，其重要性甚至远远超过了上班拿工资。

但是，就我自己的观察，绝大多数人在工作上投入的精力和热情，可能百倍于他们的个人投资。人们白天在公司努力工作，晚上回家绞尽脑汁思考单位的业务和人事，却对自己的投资账户只投入很少的精力进行研究。

和上班族类似的，许多学生花大力气学会自己本专业的内容，却对投资的知识涉猎极少。殊不知，从人一生的金钱角度来看，投资的重要性远远超过工资收入。

在计划经济时代，许多人的理想是把自己的一辈子都奉献给工作。但是，在今天的商业社会，当绝大多数人都是和公司签了条款明确的劳动合同，双方都可以有条件地解除合同，商业与金钱主导了绝大部分社会活动时，投资已经变成一件重要性远超工作的事情。

不同于曾经的把青春奉献给工作，今天的我们也许可以骄傲地说：

“我们要把自己的一生，奉献给投资。”

从时间跨度来看，现在大部分好一些的工作都需要本科学历，甚至是研究生学历，因此人们从22岁，或者25岁开始，才能正式参加工作。但是，证券账户18岁就可以开设，基金账户更是没有年龄限制。要知道，沃伦·巴菲特可是在12岁就买入了他人生的第一只股票。很显然，相对于工作生涯，投资生涯赢在了起跑线上。

从终点线来说，投资更是大赢家。根据现在通行的退休制度，人们往往在55岁到60岁之间退休，部分退休返聘人员可以工作到65岁到70岁，只有一部分老专家、老教授可以工作到80多岁。

但是，投资是一件没有退休年龄的事，除非犯下押错杠杆、重仓买了破产公司的严重错误，否则没人能让你退休，你活多久就可以干多久。

2021年，中国人均预期寿命达到78岁，上海市更是达到84岁。而在美国，价值投资者巴菲特、查理·芒格、沃尔特·施洛斯都工作到了90多岁，这可比普通人退休晚了大概30年。

由此可见，从持续时间的角度来说，投资的重要性远胜于我们的工作。那么，从金钱回报的角度，投资的重要性又如何呢？这里，让我们来做一个涵盖一生财务规划的模型。通过这个模型的简单计算，我们可以发现，从金钱回报的角度，投资的重要性远远大于工作。

一个模型看清投资的重要性

我们假设，一个人从22岁大学毕业开始工作，23岁当年扣除所有花费以后，净留存了10万元工资，以后每年留存的工资以4%的速度增长（为了简便，这里我们不考虑通货膨胀的因素，所有数字都是当前价格数字)。

64 岁时，这个人退休了。我们假设他以后每年能留存的退休工资，是退休前最后一年的 1/3。通过简单计算，可以知道这个人在退休前最后一年，当年留存工资正好是 50 万元，因此之后每年的退休工资是 17 万元。在今天的社会中，这是一个比较典型的中上层白领的工资水平。

同时，在模型中，我们假设这个人活到 85 岁——近似于现在上海市的平均预期寿命。

现在，让我们来假设 4 种这个人投资的情况：①根本不投资；②以债券为主的投资，每年回报率为 3%；③普通但成功的股票投资，每年回报率为 10%；④巴菲特级别的成功投资，每年回报率为 20%。用 Excel 表格做一个模型，我们可以看到其中的差异。

在分析每种情况之前，我要引入一个概念：当年财富净增加和当年留存工资的比值。简单来说，如果这一年总财富增加了 30 万元，当年留存工资是 20 万元，那么这个比值就是 1.5。

在这个测量口径中，比值为 2 是很重要的一个分水岭，因为比值为 2 意味着当年的财富增加中，正好有 50% 来自投资，50% 来自工资。也就是说，对于个人财务而言，这时候的投资回报和工资回报，其重要性是完全相等的。

下面，我们来看看 4 种情况分别如何演进。

第 1 种情况，也就是完全不投资时，这个人退休时（64 岁）的财富总额是 1 048 万元，正好是一生工资的累积，如表 1-1 所示。在生命的最后一年，这个人的财富总额则是 1 398 万元——这是一个很简单的加法。

第 2 种情况，也就是每年以 3% 的速度增加自己的财富（这也是绝大多数长期债券能够给予的回报），这个人的当年财富净增加比当年留存工资的值，会在 63 岁和 64 岁时达到 2。

也就是说，一个人以缓慢的、3% 的速度增加财富，只有到了快退休时，来自投资的钱才会和来自工资的一样多。在 64 岁退休时，账户的总额会达到 1 732 万元，并不比第 1 种情况的 1 048 万元多多少。

但是，在第 3 种情况，也就是每年获得 10% 的股票投资回报率中，事情开始变得不一样。当年财富净增加和当年留存工资的比值，在这个人 32 岁时首次超过 2，达到 2.1，这时候投资回报开始超过工资，尽管工资也在以 4% 的速度增加（一直在享受升职加薪）。

在每年 10% 的投资回报下，到这个人 57 岁时，以上的比值第一次超过 10，达到 10.6。也就是说，这一年的总财富增加中，只有 1 来自工资，9.6 都来自投资。到这个人 85 岁去世时，每年 10% 的投资回报下的财富总额达到 62 205 万元，远超不投资时的 1 398 万元，或者投资债券时的 3 699 万元。

如果我们真能把投资做到第 4 种情况，也就是年化回报率达到 20%，情况就会变得更加不同。由于巴菲特一生的财富年复合增速大概就是 20%，因此这也可以被称作一种“巴菲特式假设”。

在这种情况下，一个 22 岁毕业、23 岁开始攒钱的年轻人，到了 27 岁，他的当年财富净增加和当年留存工资的比值，就会达到 2。也就是说，仅仅从 27 岁开始，这个人投资所带来的财富，就超过他本职工作所能带来的收入，尽管他也一直在升职加薪。

这个人仅仅到了 38 岁，以上的比值就会第一次超过 10，达到

10.4。在这个人 54 岁时，这个比值会超过 100，达到 105.3。而在退休时，这个人的财富总额会达到 131 955 万元，是第 1 种情况下 1 048 万元的 100 多倍。而在这个人 85 岁去世时，财富总额更是会达到 6 074 346 万元，约是第 1 种情况的 4 345 倍。

现在，你明白巴菲特为什么这么有钱了吧？也许，你还会明白，为什么巴菲特会在 26 岁的时候离开让人艳羡的华尔街，回到自己的老家做投资——以他的回报率，真的从那时候起，他就不怎么看得上打工能赚到的工资了。

当然，以上模型中有不少细节被忽略了，比如 10% 的投资回报率并不意味着每年都是 10%，可能会有几年忽上忽下，工资的增加也不是匀速的，通货膨胀率没有被考虑进去，一般来说这个数字在 2% 到 3% 之间，而巴菲特 20% 的长期复合年均增长率（CAGR）包含了通货膨胀率。不过，这些细节并不会改变这个模型告诉我们的事实：投资真的太重要了，它比我们拿工资重要得多。

为什么总觉得工作比投资重要

那么，为什么投资如此重要，我们绝大多数人，在投资上的精力投入却如此不足，甚至不到日常学习和工作的 1% 呢？想想看这个星期你上了多少节学校的课，写了多少公司的材料，又看了几份上市公司和共同基金的年报，你就会明白我的意思。

其中的原因很简单，在日常工作中，我们会不断遇到金钱以外的刺激，来提醒我们“工作很重要”。而在投资中，除了不会说话的钱，什么都没有。

表 1-1　假设一个人 23 岁开始存钱，64 岁退休，85 岁去世，不同投资回报率下的财务情况测算

		不投资			投资债券（3% 的投资回报率）			投资股票（10% 的投资回报率）			投资股票（20% 的投资回报率）		
年龄（岁）	当年留存工资（万元）	当年财富总额（万元）	当年财富净增加（万元）	当年财富净增加比当年留存工资	当年财富总额（万元）	当年财富净增加（万元）	当年财富净增加比当年留存工资	当年财富总额（万元）	当年财富净增加（万元）	当年财富净增加比当年留存工资	当年财富总额（万元）	当年财富净增加（万元）	当年财富净增加比当年留存工资
22		0			0			0			0		
23	10	10	10	1.0	10	10	1.0	10	10	1.0	10	10	1.0
24	10	20	10	1.0	21	11	1.0	21	11	1.1	22	12	1.2
25	11	31	11	1.0	32	11	1.1	34	13	1.2	38	15	1.4
26	11	42	11	1.0	44	12	1.1	49	15	1.3	56	19	1.7
27	12	54	12	1.0	57	13	1.1	66	17	1.4	79	23	2.0
28	12	66	12	1.0	71	14	1.1	84	19	1.5	108	28	2.3
29	13	79	13	1.0	86	15	1.2	105	21	1.7	142	34	2.7
30	13	92	13	1.0	102	16	1.2	129	24	1.8	183	41	3.2
31	14	106	14	1.0	119	17	1.2	156	27	1.9	234	50	3.7
32	14	120	14	1.0	136	18	1.2	186	30	2.1	294	61	4.3
33	15	135	15	1.0	155	19	1.3	219	33	2.3	368	74	5.0
34	15	150	15	1.0	175	20	1.3	256	37	2.4	457	89	5.8

35	16	166	16	1.0	197	21	1.3	298	42	2.6	565	107	6.7
36	17	183	17	1.0	219	23	1.4	344	46	2.8	694	130	7.8
37	17	200	17	1.0	243	24	1.4	396	52	3.0	850	156	9.0
38	18	218	18	1.0	268	25	1.4	454	58	3.2	1 038	188	10.4
39	19	237	19	1.0	295	27	1.4	518	64	3.4	1 265	226	12.1
40	19	256	19	1.0	323	28	1.5	589	71	3.7	1 537	272	14.0
41	20	277	20	1.0	353	30	1.5	668	79	3.9	1 865	328	16.2
42	21	298	21	1.0	385	32	1.5	756	88	4.2	2 259	394	18.7
43	22	320	22	1.0	418	33	1.5	854	98	4.5	2 733	474	21.6
44	23	342	23	1.0	454	35	1.6	962	108	4.7	3 302	569	25.0
45	24	366	24	1.0	491	37	1.6	1 082	120	5.1	3 986	684	28.9
46	25	391	25	1.0	531	39	1.6	1 214	133	5.4	4 808	822	33.3
47	26	416	26	1.0	572	42	1.6	1 361	147	5.7	5 796	987	38.5
48	27	443	27	1.0	616	44	1.6	1 524	163	6.1	6 981	1 186	44.5
49	28	471	28	1.0	662	46	1.7	1 704	180	6.5	8 405	1 424	51.4
50	29	500	29	1.0	711	49	1.7	1 904	199	6.9	10 115	1 710	59.3
51	30	530	30	1.0	762	51	1.7	2 124	220	7.3	12 168	2 053	68.5
52	31	561	31	1.0	816	54	1.7	2 368	244	7.8	14 633	2 465	79.0
53	32	593	32	1.0	873	57	1.8	2 637	269	8.3	17 592	2 959	91.2

（续）

年龄（岁）	当年留存工资（万元）	不投资			投资债券（3% 的投资回报率）			投资股票（10% 的投资回报率）			投资股票（20% 的投资回报率）		
		当年财富总额（万元）	当年财富净增加（万元）	当年财富净增加比当年留存工资	当年财富总额（万元）	当年财富净增加（万元）	当年财富净增加比当年留存工资	当年财富总额（万元）	当年财富净增加（万元）	当年财富净增加比当年留存工资	当年财富总额（万元）	当年财富净增加（万元）	当年财富净增加比当年留存工资
54	34	627	34	1.0	933	60	1.8	2 934	297	8.8	21 145	3 552	105.3
55	35	662	35	1.0	996	63	1.8	3 263	329	9.4	25 409	4 264	121.5
56	36	699	36	1.0	1 062	66	1.8	3 626	363	9.9	30 527	5 118	140.3
57	38	737	38	1.0	1 132	70	1.8	4 026	400	10.6	36 670	6 143	161.9
58	39	776	39	1.0	1 206	73	1.9	4 468	442	11.2	44 044	7 373	186.9
59	41	817	41	1.0	1 283	77	1.9	4 956	488	11.9	52 893	8 850	215.6
60	43	860	43	1.0	1 364	81	1.9	5 494	538	12.6	63 515	10 621	248.9
61	44	904	44	1.0	1 449	85	1.9	6 088	594	13.4	76 262	12 747	287.2
62	46	950	46	1.0	1 539	90	1.9	6 743	655	14.2	91 561	15 299	331.4
63	48	998	48	1.0	1 633	94	2.0	7 465	722	15.0	109 921	18 360	382.4
64	50	1 048	50	1.0	1 732	99	2.0	8 262	796	16.0	131 955	22 034	441.3
65	17	1 065	17	1.0	1 801	69	4.1	9 105	843	50.6	158 363	26 408	1 586.7
66	17	1 081	17	1.0	1 871	71	4.2	10 032	927	55.7	190 052	31 689	1 904.0
67	17	1 098	17	1.0	1 944	73	4.4	11 052	1 020	61.3	228 079	38 027	2 284.8

68	17	1 115	17	1.0	2 019	75	4.5	12 173	1 122	67.4	273 711	45 632	2 741.7
69	17	1 131	17	1.0	2 096	77	4.6	13 407	1 234	74.1	328 470	54 759	3 290.1
70	17	1 148	17	1.0	2 176	80	4.8	14 765	1 357	81.6	394 180	65 711	3 948.1
71	17	1 165	17	1.0	2 258	82	4.9	16 258	1 493	89.7	473 033	78 853	4 737.7
72	17	1 181	17	1.0	2 342	84	5.1	17 900	1 642	98.7	567 656	94 623	5 685.3
73	17	1 198	17	1.0	2 429	87	5.2	19 707	1 807	108.6	681 204	113 548	6 822.3
74	17	1 215	17	1.0	2 519	90	5.4	21 694	1 987	119.4	817 462	136 258	8 186.8
75	17	1 231	17	1.0	2 611	92	5.5	23 880	2 186	131.3	980 971	163 509	9 824.2
76	17	1 248	17	1.0	2 706	95	5.7	26 285	2 405	144.5	1 177 182	196 211	11 789.0
77	17	1 265	17	1.0	2 804	98	5.9	28 930	2 645	158.9	1 412 635	235 453	14 146.8
78	17	1 281	17	1.0	2 904	101	6.1	31 840	2 910	174.8	1 695 178	282 544	16 976.2
79	17	1 298	17	1.0	3 008	104	6.2	35 040	3 201	192.3	2 034 231	339 052	20 371.4
80	17	1 314	17	1.0	3 115	107	6.4	38 561	3 521	211.5	2 441 094	406 863	24 445.7
81	17	1 331	17	1.0	3 225	110	6.6	42 434	3 873	232.7	2 929 329	488 235	29 334.8
82	17	1 348	17	1.0	3 338	113	6.8	46 694	4 260	256.0	3 515 211	585 882	35 201.8
83	17	1 364	17	1.0	3 455	117	7.0	51 380	4 686	281.6	4 218 270	703 059	42 242.2
84	17	1 381	17	1.0	3 576	120	7.2	56 535	5 155	309.7	5 061 941	843 671	50 690.6
85	17	1 398	17	1.0	3 699	124	7.4	62 205	5 670	340.7	6 074 346	1 012 405	60 828.7

在投资中，我们能遇到的只有冰冷的数字和枯燥的报表。这里没有鲜花，没有掌声，没有加薪时同事的艳羡，没有年会上获奖时领导的鼓励，没有升职时来自亲人的夸奖，没有职业进步时来自社会的抬举。

这里有的，只是账户上的金钱。而在今天，这些金钱连金色的光芒都不会闪耀，它们只是一串枯燥的电子符号，仅此而已。

对于绝大多数人来说，工作带来的感官刺激远胜于投资。人们被眼前的荣光所吸引，被日常琐事所羁绊，忘记了几乎所有的工作都会在我们 60 多岁的时候离我们而去，投资却可以伴随我们一生，带来的金钱也远远多过工作。

于是，在那五光十色、充满了喜怒哀乐的日子里，人们忘记去衡量真正的财务回报，把几乎所有的精力都给了工作。而那真正会带来更多回报的投资事业，却被我们冷落在一边，这也许是今天商业社会中最大的奇观。

保持投资好心情的秘诀：像企业家一样决策

说句老实话，在证券投资这件事情上，我见到不少投资者，投资的心态都不怎么样。

比如，我自己在一个炒股票的小微信群里，大概有 200 多人，每天大家研究的就是今天热点在哪里，明天哪个股票又会上涨，这两天新闻里说了什么。但似乎对于需要思考的内容，讨论都不超过 3 天。

除此之外，群里弥漫的，往往就是今天赚了钱的人的得意扬扬和亏了钱的人的后悔不迭，恰如诸葛亮吟诵过的那样："世人黑白分，往来争荣辱：荣者自安安，辱者定碌碌。"每次打开这个小微信群，我就会感到一股躁动的气息扑面而来。

一叶落而知天下秋，做股票投资的投资者，不少心态都是如此。也就无怪乎总会有人规劝亲朋好友不要去"炒股票"，赚到钱踏踏实实存银行，或者买房子，一家人和和美美，比什么都强！

其实，股票投资本来大可不必如此忐忑。看看沃伦·巴菲特和查理·芒格，九十多快一百岁的人了，每天轻轻松松，谈话之间充满智慧与幽默，财富则是多到一般人几百辈子都赚不来。反观那些"炒股票"的投资者，天天心情七上八下，财富却多年都在原地打转。两相对比，我们是不是该明白点什么？

没错，那些"炒股票"的投资者，完全搞错了。他们像赌钱那样做投资，而不是像企业家那样做投资，因而南辕北辙，徒劳无益。那么，什么是"像赌钱那样做投资"，什么又是"像企业家那样做投资"？

对于股票来说，有两类主要的指标。一类是股价、市值，也就是"别人对企业的定价"，是"最近交易的那个人觉得这家企业应该值多少钱"，而不是"这家企业真的值多少钱"。另一类，则是总资产、净资产、收入、利润、现金、股息，是"财务报表上这家公司值多少钱"，近似于（不完全等同于）这家公司真的值多少钱。

对于关注前一类指标的投资者，他们所做的，就是"赌博式的投资"。而关注后一类指标的人，尤其是那些通过后一类指标，看到企业本质的人，则是在做"和企业家一样的投资"。

那么，企业家是怎么投资，或者说怎么经商的呢？去和一个开餐厅的人聊，他会跟你说，这两天客人多了还是少了，客人的口味怎么样，服务员的工资又涨了多少，为什么我的餐厅口碑好，隔壁的餐厅口碑差。没错，他在分析自己的生意。

作为财务上的总结，这个餐厅老板会跟你说，餐厅今年收入是多少，支出是多少，结余是多少。如果再详细一些，他还会告诉你，厨房用具磨损了一些（在会计上叫折旧），过两年得换新的，有些应给供货商的钱还没有给（在会计上叫应付账款），因此现金还能存银行吃点利息，等等。

如果以上的这些分析结果总体上来说都还挺正面，那么这家餐厅的老板，会过得很开心。到了年底，他把获得的利润，分出来一部分给自己作为奖励，剩下的继续投入经营，如此就万事大吉。而如果以上的分析结果有些负面，那么他就得想点办法，改进餐厅的生意经。或者更进一步，干脆把餐厅卖了，换个更好的生意。

以上这些，就是企业家的工作方式，扎实、稳定，充满了商业的理智。那么，里面有没有一句话涉及“我这个餐厅别人觉得值多少钱”呢？没有，一句这样的话都没有。

假设一家餐厅，每年的税后净利润是 100 万元，那么作为企业家的老板就会挺开心的——100 万元不是个小数字。2021 年，根据上海市人力资源和社会保障局的数据，全口径城镇单位就业人员的平均工资为每月 11 396 元。根据统计学常识，工资的中位数低于这个数字。（因为有些人工资超高，会把平均数拉得比中位数高得多。）也就是说，从工资中位数的角度来看，100 万元的税后净利润，相当于差不多 10 个人一年的工资了。

这时候，如果有人跑过来对这位企业家说，对不起，虽然你觉得自己的餐厅不错，但是我就是觉得你的餐厅不太好。你不承认也无所谓，反正我这么认为。现在我跟你谈个交易，我只想给你3倍PE（市盈率）估值买你的餐厅，也就是300万元。虽然300万元在上海只能买到半套大点儿的房子，但是我就是觉得你的餐厅只值这个价。当然，卖不卖是你的事情，你完全可以选择不卖。

请问，面对这个开价的人，这位企业家的心情会受到影响吗？他当然不会。一份相当于10个人收入的营生，只出半套大点房子的价格就想买，才不卖呢。

这位企业家只会像看傻子一样看着这个出价的人，挥挥手让他走开，然后继续享受自己的好生意，每年踏踏实实地赚自己的100万元。他的内心深处毫无波澜，甚至还有点想笑。

以上，就是一位真正的企业家，对于自己的生意所持有的态度。现在，把上面例子中的餐厅换成股票，把跑来报价的路人换成市场每天滚动的报价，你就应该明白我的意思了吧？

别以为以上的故事纯粹是我杜撰，根本不会有人对一个正经生意给出3倍PE估值的报价。在2022年的香港股票市场（简称港股市场），真的有一些非常稳健的公司，被市场给出了2～4倍PE估值的报价。正如彼得·林奇所说，只要在市场里活得足够久，你什么样的估值都能看到。

对于那些“像企业家那样做投资”的价值投资者来说，他们关心自己投资组合里所有公司的基本面情况，就像上文的餐厅老板关心自己的餐厅一样。至于市场给出的报价，不管是否今天高、明天低，后天便宜到不要命，他们都毫不理会。他们的心情，就像经营餐厅的那位企业家一样，稳定而踏实。

对于聪明的企业家来说，他能利用上面那个路人的报价。当路人的报价太高时，比如对100万元利润的餐厅报出5 000万元的价格，他就会把手上的餐厅卖掉。而如果之后买家报出300万元的卖价，他就把餐厅买回来。当利润为100万元的餐厅报价2 000万元，而利润也是100万元的发廊报价300万元时，他会把餐厅卖了，买回来6个发廊，自己还余下200万元。（在实际投资中，资产对比的工作不会这么简单，但宗旨是一样的。）

交易之间，他的财富逐渐增长，但是他的心情毫无波澜——一切都是那么水到渠成。

而对于那些“炒股票”“像赌钱那样做投资”的投资者，随着每个路过餐厅的人喊出一个新的价格，他们的心情就会波动一次。报价5 000万元，心情激动得要命；报价300万元，心情沮丧得要死。久而久之，不但心情搞得乱七八糟，餐厅的生意也因无人照看而日渐萧条。

现在，你明白什么是“像企业家那样做投资”了吗？没错，一个真正的价值投资者，就像一个管理着企业的企业家，关照着自己投资组合里的几十家企业。他的决策理智而精明，他的心情宁静而安详，而他的财富也会逐年增长。

那么，为什么还有那么多人喜欢“炒股票”呢？正所谓“大道甚夷，而人好径”。大道多么宽广，但是可怜的人们啊，就是喜欢走崎岖的小路。这个老子两千多年前就在《道德经》里讲清楚的道理，你想明白了吗？

价值投资的真谛

在我大学毕业，刚参加投资工作的时候，我经常听到人们讨论市场。在这其中，绝大多数时候，人们讨论着股价、指数点位、基金净值（净值等于持股市值的总和），等等。

偶尔，也会有人提到一个词——“基本面”。但是，这个“基本面”往往被淹没在一堆其他“面”里，比如“消息面”“资金面”“技术面”“政策面”，似乎“基本面”只是众多关注点中的一个方面罢了。

以上所说，就是股票市场的常见状态。人们以为，股票市场中真正的财富，是由股价、以股价为基础所构成的指数点位和基金净值所组成的。而企业的基本面，也就是企业的真实经营状态、财务报表数据、有效资产，等等，只不过是解释股价的一个方面。

多年以后，我才明白，这种“股价最重要”“基本面只是诸多影响股价因素中的一个”的理论，真是大错特错。这正是“举世混浊，众人皆醉”。

企业基本面是投资的全部价值所在

对于商业投资来说，任何有一点商业常识的人都会知道，当我们花钱买下一家公司，或者一家公司的部分股权时（很少有人会一下收购一家公司100%的股权），我们获得的价值，与我们付出了多少钱，或者别人给这家公司多少报价，其实毫无关系。

在购买股权时，投资者获得的真正价值，无非就是这家企业、这部分股权本身的商业价值。别人，或者说市场，愿意给这部分股权什么样的报价，和这部分股权到底值多少钱，其实一点关系都没有。

但是，为什么到了股票市场，事情就会变得不一样呢？

为什么因为股票市场有着比股权市场更加活跃的报价，我们就应该认为，股票市场上企业的价值依托于股价，而不是企业的真正价值，也就是基本面？

一个聪明的投资者应该意识到，沃伦·巴菲特的那句名言“价格是你付出的，而价值才是你得到的”，才是这个市场上的真理。

当我们花钱买了一家公司的部分股权时，不论这种交易行为，是发生在线下（股权交易市场、产权交易所），还是线上（公开股票交易市场），事情的本质都不会有一点点的改变。我们在交易中所出的价格、别人对我们买到的股票所给出的价格，和这笔交易带来的真正价值，其实毫无关系。

当一家公司的盈利是100元时，市场给出100倍的PE估值，这家公司的市值就是10 000元；市场给出3倍的PE估值，市值就是300元。但是，公司的盈利会因为这种报价改变吗？基本上不会。（在反身性的作用下会有小幅改变，但是幅度一般不大，在此不论。）

所以说，当股价改变时，公司还是那个公司，价值还是那个价值，只是有些人给的报价不同罢了。

找到价值的锚

在参加工作多年以后，当明白了股价只是投资组合价值之上的浮云，只有投资组合本身的商业价值才是真正到手的东西以后，我如大梦初醒，开始从另一个角度看待证券市场。

在短期，什么是股价上涨、下跌？股价上涨代表价值增加，下跌代表价值减少吗？不不不，它们之间一点关系都没有。股票价格上涨，代表市场情绪高昂，反之代表市场情绪低沉，仅此而已，和股票本身的价值一点关系都没有。

在短期，股票指数上涨、下跌以后，价值会随之改变吗？也不会。股票指数是由无数股票价格构成的，它本身是一个价格指数。它的变化和价值毫无关系。

在短期，当基金净值上涨、下跌时，价值在改变吗？这件事情得分开看。如果基金净值上涨，只是由于持仓股票的估值改变，那么基金净值上涨就和股票价格变动一样，只是情绪的波动。而如果净值上涨来自投资经理的交易导致的价值增加，则另当别论。

当一只股票的价格，从10元涨到20元，估值也同时从30倍PE上涨到60倍时，聪明的投资者不会沾沾自喜，他会看到危险。而当一只基金的净值，从2元下跌到1元，其投资组合对应的盈利却稳定在0.1元时，聪明的投资者也会知道，现在基金的PE只有10，机会开始变得比风险要大。

当我们能够从“价值才是我们所得到的，价格只是市场情绪的反映”这个角度来思考股票投资时，我们才会找到自己投资真正的“锚”。

所以说，对于价值投资者而言，我们要做到“举世誉之而不加劝，举世非之而不加沮”，只衡量价值，不衡量股价。中国古老文化的人文精神，在今天发源于西方市场经济的价值投资上，竟然得到了完美的再现。

价值投资者需要自己的价值数据

能够从价值而不是价格的角度看待自己投资组合的投资者，一定不会满足于一般股票交易系统所提供的数据。

这种市面上常见的股票数据，往往会很明确地告诉你许多信息，比如你的股票账户中所包含的股票组合，现在市值是多少，与去年相比变化了多少，打败了多少其他投资者，等等。这些数据往往做得简单易懂，让人一目了然。

但是，这些数据不会告诉你，你的账户现在所拥有的证券对应的净资产是多少，每年净利润是多少，股息是多少，这些基本面的数据与去年相比变动了多少，等等。

同时，聪明的投资者也不会满足于绝大多数基金提供的报表。这些报表往往会告诉你，基金净值是多少，投资组合包含哪些股票，但是不会告诉你，这些股票的基本面数据加在一起是多少。

同样，聪明的价值投资者也不会满足于股票指数的点位播报。比如，“今年沪深 300 指数，比去年上涨了 20%”，这个数据并不完善。我们更希望得到的数据是这样的：“今年沪深 300 指数比去年上涨了 20%，其中净利润上涨 8%，PE 上涨 11%，股息上涨 10%，股息率下降 9%，净资产上涨 9%，市净率上涨 11%。由此可见，这是一个基本面和估值同时抬升的行情。”

对于明白了“价值才是最重要的，价格只不过是浮云”的投资者来说，以上这些基于价值的数据，并不容易取得。原因很简单，这个市场中绝大多数投资者，并不关心这些基本面的数据，因此相应的计算也就比较少。

在这一点上，巴菲特做得非常优秀。在伯克希尔 - 哈撒韦公司几十年来的年报中，开篇永远都是公司的基本面数据（他主要使用净资产这一个指标）。

不过，感谢现代计算机技术的成熟，以上这些基本面数据虽然不是随手可得，但是只要我们沉下心来，用 Excel 表稍加计算，这些数据都是很容易获得的。

只要有了这些基本面数据，在面对变幻莫测的股价、指数点位、基金净值时，价值投资者就能做到“知其然，又知其所以然”——不仅知道这些市场价格的变化，还熟知背后基本面的变动。

价值投资者的绝招：利用市场

在看透了价格，搞清楚价值以后，投资者要做的最后一件事，就是利用市场。

当市场以低廉的价格甩卖很有价值的资产时，为什么不成人之美、顺手接下呢？当市场以高昂的价格抢购盈利能力并没有那么强的资产时，为什么不顺水推舟、卖给它算了呢？

在股票市场一买一卖的交易之中，短视的人们看到的，是股价的变动。他们总是以为，只有短期的低买高卖，3 元买进 4 元卖出，才是赚钱。

但是，对于交易，聪明的价值投资者有着完全不同的理解。交易的目的，绝对不是赚取短期利润，抓住一阵股价上涨，躲开一阵股价下跌。交易真正的目的，在于低价买入好资产，高价卖出不值这么多钱的资产。

在这基于价值的一买一卖之中，聪明的投资者利用市场的无知，一步步增加自己投资组合的价值，对于股票价格的波动则视若浮云。

这种价值的增加，在短期看来并没有什么效果——资产的价格在短期和价值的增加似乎毫无关系。但是，多年以后，当价值的增加累积到一定地步时（比如巴菲特以万倍为计算单位的增幅），价格的上升是必然发生的。

“忘记价格，搞清价值，利用市场。”学会这三句话的投资者，可谓领悟了价值投资的真谛。

巴菲特 54 年投资业绩的启示

关于巴菲特，许多人都知道他投资做得好，长期回报率大概在一年20%。但是，不少人对这份优秀投资业绩的许多细节，缺乏足够的了解。

不过，作为历史上最伟大的投资老师，巴菲特早就把自己的投资业绩挂在伯克希尔－哈撒韦公司（以下简称 BRK 公司）的官方网站上，任何人都可以把 PDF 文件下载下来，仔细研究。

这份投资业绩包含两个指标：公司的净资产（可以认为是不可交易、停留在账面的基本面），以及公司的股价（可以变现的价格，类似基金的净值、活跃的股价）。这两个指标一个是价值的基础、不可变现，一个是价值的外延、可以变现，共同构成了巴菲特的长期投资业绩。

最近，我就仔细研究了巴菲特从 1965 年（起始日期为 1964 年底）到 2018 年，整整 54 年的投资业绩。在这份投资业绩中，我们可以看到很多有意思的方面。

为什么研究 1965 年到 2018 年的投资业绩

首先，需要说明的是，为什么这里只研究巴菲特 1965 年到 2018 年的投资业绩，不研究 2019 年及以后的呢？很重要的原因是，巴菲特从 2019 年开始，不再公布公司的每股净资产增长。

在 1965 年到 2018 年的整整 54 年中，BRK 公司的年报，每年都会公布 3 个数字：公司每股净资产的变化、股价的变化、标普 500 指数的变化（包含股息的全收益回报）。

但是，从 2019 年开始，由于公司逐步转变成非上市公司控股集团、会计准则导致的错配、回购导致账面净资产和实际价值脱节，巴菲特认为净资产在尽可能地反映了公司价值整整半个多世纪以后，已经越来越不能作为公司价值有效的参考。

因此，如果我们要研究巴菲特的业绩，同时把这种业绩分成公司净资产（不可变现的基本面）和股价（可变现的金融市场定价）两个维度来研究，那么我们能利用的资料，只有 1965 年到 2018 年这 54 年的数据。

至于 2019 年以后的情况，由于巴菲特所说的 3 点导致净资产和股票价格脱节的情况，在中国市场尚不明显，因此我们可以暂时放在一边。毕竟，54 年的数据也足够多啦。

长期净资产增速约等于股价增速

纵观这 54 年，BRK 公司的长期净资产增速，基本等于其股票价格增速。明白这一点，对我们研究价值投资，非常有好处。

在这 54 年中，BRK 公司的净资产 CAGR（年复合增长率）为

18.7%，股价 CAGR 为 20.5%，而同期标普 500 指数回报（包含股息）的 CAGR 仅为 9.7%。而这样的增长速度，在 54 年的复利作用下，带来的变化是巨大的。

根据 BRK 公司公布的 2018 年年报，公司净资产在 54 年中的整体回报是 1 091 899%，股价的整体回报是 2 472 627%，而标普 500 指数的整体回报（包含股息）只有区区 15 019%。

可以看到，BRK 公司的净资产增速和股价增速，在长期几乎是相等的，二者都甩开股票指数增速一大截，彼此之间的差异也只有 1 倍左右（2 472 627% / 1 091 899% = 2.26）。

由此，我们可以看到，如果投资者可以在很长的时间中，保持自己投资账户的基本面不断增长，包括净利润、净资产、股息等，那么长期的市值、净值增长，是水到渠成的事情。

从长期来看，赚到基本面，但是赚不到钱，是不可能的。

基本面增长并非一成不变

不少投资者都知道，巴菲特长期的基本面数据 CAGR 大概在 20% 左右（所以股价变动差不多也是这个数）。但是，许多人僵化地认为，长期 20% 的 CAGR 意味着每年都差不多是 20%。

实际上，巴菲特的基本面变动速度，并不是一成不变的。这个速度有时候很快，有时候很慢，有时候甚至还有负数。

比如，1976 年，BRK 公司的净资产飙升了 59.3%，1985 年，飙升了 48.2%。甚至到了 1998 年，BRK 公司的净资产再次在 1 年里飙升了 48.3%，如表 1-2 所示。

表 1-2 BRK 公司在 54 年中的净资产、股价和相应年份标普 500 指数（含股息）的变动

（%）

年份	净资产	股价	标普 500 指数（含股息）	年份	净资产	股价	标普 500 指数（含股息）
1965	23.8	49.5	10.0	1992	20.3	29.8	7.6
1966	20.3	−3.4	−11.7	1993	14.3	38.9	10.1
1967	11.0	13.3	30.9	1994	13.9	25.0	1.3
1968	19.0	77.8	11.0	1995	43.1	57.4	37.6
1969	16.2	19.4	−8.4	1996	31.8	6.2	23.0
1970	12.0	−4.6	3.9	1997	34.1	34.9	33.4
1971	16.4	80.5	14.6	1998	48.3	52.2	28.6
1972	21.7	8.1	18.9	1999	0.5	−19.9	21.0
1973	4.7	−2.5	−14.8	2000	6.5	26.6	−9.1
1974	5.5	−48.7	−26.4	2001	−6.2	6.5	−11.9
1975	21.9	2.5	37.2	2002	10.0	−3.8	−22.1
1976	59.3	129.3	23.6	2003	21.0	15.8	28.7
1977	31.9	46.8	−7.4	2004	10.5	4.3	10.9
1978	24.0	14.5	6.4	2005	6.4	0.8	4.9
1979	35.7	102.5	18.2	2006	18.4	24.1	15.8
1980	19.3	32.8	32.3	2007	11.0	28.7	5.5
1981	31.4	31.8	−5.0	2008	−9.6	−31.8	−37.0
1982	40.0	38.4	21.4	2009	19.8	2.7	26.5
1983	32.3	69.0	22.4	2010	13.0	21.4	15.1
1984	13.6	−2.7	6.1	2011	4.6	−4.7	2.1
1985	48.2	93.7	31.6	2012	14.4	16.8	16.0
1986	26.1	14.2	18.6	2013	18.2	32.7	32.4
1987	19.5	4.6	5.1	2014	8.3	27.0	13.7
1988	20.1	59.3	16.6	2015	6.4	−12.5	1.4
1989	44.4	84.6	31.7	2016	10.7	23.4	12.0
1990	7.4	−23.1	−3.1	2017	23.0	21.9	21.8
1991	39.6	35.6	30.5	2018	0.4	2.8	−4.4

资料来源：BRK 公司网站。

事实上，不光1年的情况如此，有时候连续几年，BRK公司的净资产变动都非常巨大。

比如，在1995年到1998年的4年中，BRK公司的净资产分别上涨了43.1%、31.8%、34.1%、48.3%。在这短短4年里，BRK公司的净资产就增加了275%。

1976年到1977年则是另一段高增长时期，在这两年中，BRK公司的净资产分别增加了59.3%、31.9%。而在之后的1981年、1982年、1983年中，BRK公司的净资产分别上升了31.4%、40.0%、32.3%。

有高光时刻，就有低迷的年份，否则这54年的综合净资产增速就不会是18.7%。

在1973年和1974年，BRK公司的净资产分别只增长了4.7%、5.5%。而在1999年、2000年、2001年，净资产增速分别是0.5%、6.5%、-6.2%。3年的时间里，BRK公司的每股净资产原地踏步。

那么，为什么巴菲特会在有些年份里，取得非常高的净资产增速（高得似乎超出正常企业经营可能产生的回报），有的年份里又没法取得增长呢？其中一个很重要的原因，在于资产配置效率。

一直以来，巴菲特都非常强调资产配置的效率。也就是说，资本需要从低效率的项目（比如租金回报率只有1%到2%的房地产）上配置到高效率的项目（比如3到5倍市盈率估值、10%股息率的股票）上。如此腾挪资本，会带来比正常企业经营高得多的投资回报。

反之，当巴菲特没找到如此腾挪的空间时，净资产增速自然就没法变得太高了。

如果从10年的角度来看，这种差异会变得更大。从1965年到

1974年，BRK公司的净资产只增加了301%；从1976年到1985年，净资产暴增了1 628%；从1989年到1998年，净资产增加了1 172%；从1999年到2008年，净资产只增加了87%；从2009年到2018年，净资产只增加了202%——这个数字和1965年到1974年的数字差别不大。

股价变动和净资产变动之间差异巨大

BRK公司的股价（也就是BRK公司的股东可以实际变现的价格，类似基金的净值）和BRK公司的净资产（类似投资组合的基本面数据）之间的变动差异，在历史上也曾经大到让人惊异的地步。

比如，从1976年到1985年，BRK公司的净资产只增加了1 628%，但是其股价却暴涨了5 922%，差异达到4 294%。在如此巨大差异的背后，自然是BRK公司股票的市净率在这一段时间内的大幅上升。

而从1995年到1999年，也就是2000年科技股泡沫达到顶峰之前的5年，BRK公司的净资产增加了277%，但是股价只上升了175%。与此同时，公司的市净率也有所下跌——那是一个人们只看科技股，抛弃了几乎所有传统公司的时代。

从2008年到2017年，也就是又一个美国新产业公司受到追捧的时代，BRK公司的净资产增加了172%，股价却只上升了110%。很明显，传统企业在这一时期再次被抛弃。而在2021年到2022年的市场风格逆转之后，以BRK公司为代表的传统企业又一次受到市场青睐。

BRK公司如此巨大的净资产与股价之间的差异，非常明确地告诉我们，优秀的基本面增长虽然必然在长期带来股价的增长，但是两者短期之间的关系可能非常混乱。而对于只看股价，不管基本面的投资者来说，这正是让他们感到困惑的地方。

从巴菲特整整54年的投资业绩中，我们还能学到许多其他经验。任何对此有兴趣的投资者，都可以到BRK公司的官方网站上，检阅公司的年报。那些数字清楚地记录了BRK公司半个多世纪的投资历史，以及一位睿智、富有的老人用自己半个多世纪的投资业绩告诉我们的关于投资的真理。

对于这种宝贵经验传授，巴菲特慷慨分享，分文不取。当媒体问他，在百年以后，希望人们会记住你是一个怎样的人？是一位成功的投资者、一位富豪，还是一位慈善家？巴菲特诚恳地回答："我希望人们会记住，我曾经是一个好老师。"

价值投资不等于长期投资

在证券市场，很大一部分投资者都醉心于投机。比如，很多时候人们喜欢说"炒股票"，而不是"投资股票"，一个"炒"字就道出了人们热衷于短平快的投机交易的现实。

在投机氛围浓厚的市场中，能够专心于价值投资，就变得难能可贵。不过，在进行价值投资时，不少投资者又犯了一个错误——以为价值投资一定是长期投资。

其实，价值投资和长期投资，代表了完全不同的两个含义。前者指的是投资时只追求价值增加，不管价格波动，后者指的是投资时间的长短。

简单来说，长期投资不一定是价值投资。同样，价值投资也不一定是长期投资，只要是基于价值进行的投资都是价值投资，哪怕其周期只有三天，也一样是价值投资。下面，就让我们仔细分析一下。

首先让我们来看看，为什么长期投资不一定是价值投资。这个问题比较好理解，比如在内地股票市场，不少个人投资者会抱着“买了以后只要不卖就不算亏”的信念，在亏损发生以后一直“捂”下去，等待解套。

这种“不卖就不亏”的观念的形成，一部分来自内地股票市场较少发生退市（“捂”得时间长了经常有转机），另一部分则来自投资者脆弱的、不敢面对亏损的心理。不管是哪一种情况，“捂住一只亏损的股票不卖”的投资行为，时间再长，也不能算价值投资。

比如，当一位投资者在2007年全球油价高峰期，以10多倍PB（市净率）在A股市场买入中国石油公司的股票以后，即使他“捂”上十几年，也无法避免巨大的亏损。

但是，当另一位投资者在2020年全球油价低谷期，以0.3倍PB在港股买入同一家公司的股票以后，他会在短短两年里赚到不少钱。在这里，长期但不价值的投资（买得太贵）带来的是亏损，短期但价值的投资带来的却是收益。

再来看看“为什么价值投资不一定是长期投资”，或者说“为什么有时候价值投资的持续时间也不长”。

查理·芒格所代表的价值投资流派的价值投资确实必然是长期投资（但是长期投资仍然不必然是价值投资）。在芒格的投资方法中，他通常会找到优秀的企业，以一个合理的价格买入，然后等待企业成长——这种等待必然是漫长的，企业的成长不可能一蹴而就。

虽然芒格是伟大的价值投资者，他的理论却只是价值投资整体框架的一个子集。事实上，即使是芒格一辈子的合作伙伴，巴菲特也经常坦言芒格的投资方法和自己有一些不同，并且说芒格的方法也许更适合芒格自己（需要在持有期里承受巨大的波动）。

只要一笔投资的目标是找到价值，而不是捕捉价格的波动，那么这笔投资就是价值投资。在这里，时间并不重要，尽管大部分价值投资的时间的确会相对比较长一些。

下面，就让我们来看几个例子。在这几个例子中，价值投资的周期可以不太长，甚至比较短。

在2014年下半年到2015年的内地ETF（以及LOF）基金市场，有一种交易可以让投资者赚到不少钱。一般来说，盯住同一个指数的ETF基金，相对于指数的波动幅度应该是一致的。但是，在2014年下半年到2015年的内地市场，由于市场波动幅度太大，很多ETF基金的波动幅度显示出明显的差异。

比如，对于两只同样盯住沪深300指数的ETF基金，在上一个收盘价完全盯住指数价值的前提下，它们的价格涨幅在同一天内有时会有差异，一只上涨1%，另一只上涨0.4%。这其中0.6%的差异，又会在几天以后消失。

这时候，对于持有ETF基金的投资者而言，当发现自己的ETF基金上涨了1%，另一只盯住同样指数的ETF基金只上涨了0.4%时，他就可以把自己的ETF基金卖掉，买入更便宜的。在扣除手续费以后，这一笔交易大致会增加0.5%的持仓价值。

几天以后，当这两只 ETF 基金的波动差回归时，这个投资者可以把持仓再换回来。很明显，这笔交易是价值投资，因为它在开始交易的时候就实现了价值增加，但是它持续的时间非常短。

再比如，在同样是被时间证明的价值投资者、沃尔特·施洛斯和裘国根的投资框架中，“交易”是一个非常重要的因素。他们经常在买入一只股票的两三年，甚至几个月以后，就因为发现了性价比更高的股票，而来个高卖低买。

这种中短期的交易会带来价值的增长，并不着眼于对未来价格的判断，因此是纯正的价值投资，但是很显然不是长期投资。

所以，当我们进行价值投资时，重要的问题不是投资时间的长短，而是我们是否判断清楚了投资带来的价值增长？一笔投资只要能让价值增长，只要不是基于对价格波动的猜测而进行的，就一定是价值投资。而一笔投资如果没有带来价值的增长，那么哪怕持续了一百年，也不是价值投资。

带着寻找价值增长的眼光，考虑每一个投资和交易机会，才是完整的价值投资哲学。

从四大争议看价值投资的“神”与“形”

中国著名的国画家齐白石说过一句名言：“学我者生，似我者死。”意思就是说，一个人如果能学到他的精髓，学到他的神韵，就可以画出非常好的国画。但是，如果这个人只是画和他类似的画，比如他画虾，这个人也画虾，画得还一模一样，那么这个人必然没法在国画领域做到出类拔萃。

在价值投资中也是一样。投资者需要学习和掌握的，是价值投资的“神”，而不是价值投资的“形”。但是，许多投资者被价值投资的“形”所蒙骗，过分追求复制价值投资大师的投资技巧，结果丢掉了价值投资最核心的“神”。

那么，价值投资的“神”是什么呢？一句话，“长期价值增长”。

从这句话，我们还可以派生出另外一句话：“避免任何可能导致基本面稳定增长消失的风险，同时忽视别人对这种增长的看法（市场价格)。”简单一点，投资者记住“长期价值（基本面）增长”这一句话、6个字，就足够了。

除了“长期价值增长”这个价值投资的“神”以外，所有的投资手段，都可以归为价值投资的“形”。

所谓“形”，遵循的就是《孙子兵法》所说的“水因地而制流，兵因敌而制胜。故兵无常势，水无常形”。根本没有哪个“形”，需要刻板地去遵守，说什么非它不可，凡是与之不同的都是邪门歪道。

“形”存在的目的，只不过是依据当时的情形，最好地达到价值投资的“神”而已。当外在条件发生变化时，再遵守以前那个“投资之形”，就变得毫无必要。

不信，就让我们来看几个案例。

集中还是分散

投资应该集中还是分散，也许是不少投资者最喜欢讨论的一个话题。一些投资者觉得自己选到一两个好公司就行了，反正很多投资大师也是这么做的嘛！另一些投资者觉得他们太懒，干吗不多买一些公司？两派争吵不休，难有结果。

其实，如果我们来看各位价值投资大师的持仓，会发现集中的有，分散的也不少。

查理·芒格就是有名的集中投资者，他的持仓价格波动巨大，巴菲特有时候都受不了，说“大概只有查理能忍受这么大的波动吧”，不过芒格的长期业绩很好。巴菲特和陈光明的投资也比较集中，彼得·林奇、沃尔特·施洛斯和曹名长则都比较分散。

无论集中还是分散，以上这些投资者在长期都取得了不错的投资业绩。显然，集中和分散，并不是价值投资的“神”。

要不要用杠杆

在投资中要不要用杠杆这件事，也让不少投资者感到矛盾。更矛盾的事情，来自巴菲特。

这位“狡黠”的美国老人，一方面跟投资者说：“别用杠杆做投资！它会让你在市场的动荡中亏光，等不到长期价值被发现！”另一方面，巴菲特自己则通过早期的合伙基金、中晚期的保险公司模式，把投资杠杆用了个够。

结果，不少学巴菲特用杠杆的投资者，到证券公司借钱，甚至场外配资，在诸如2015年的市场大幅震荡中亏损惨重。而听了他的话，死活不肯用杠杆，只用自己的积蓄做投资的人，又很难赚到太多钱。

其实，杠杆的用与不用，也只是投资中的“形”而已。用不用杠杆，得看这个杠杆是否能服务于“长期价值增长”这个价值投资的

“神”。只不过，我们要把“长期”“价值”“增长”这3个词，都好好揣摩清楚才行。

如果一种杠杆，可能在长期导致价值消失，比如因为股价短期大跌，导致强制平仓，那么这种杠杆就是“坏的杠杆”，就不符合价值投资的“神”。

反之，如果一种杠杆并不会因为短期价格下跌而导致账户的永久性损失，反而因为杠杆的放大效应和价值的增加（注意这两者同样重要），会更好地促进“长期”“价值”“增长”，那么这种杠杆就是“好的杠杆”。巴菲特所用的杠杆，就属于这种类型。

所以说，在投资中用杠杆和不用杠杆，并不是必然的好与坏的对立关系，它们无非是不同的“价值投资之形”而已。

估值还是质量

在中国市场，很多投资者为买股票到底应看重质量还是估值，经常争论不休。

有人认为，只要企业质量足够好，估值不用管，然后说查理·芒格就是这么讲的。也有人说，只要估值足够好，企业质量就不用管，因为查理·芒格的前辈本杰明·格雷厄姆就是这么说的。

其实，无论企业的估值还是质量，都是价值投资的“形”，本质上都是为了“长期价值增长”这个“神”服务的。

价格相似时，当然黄金比废纸要好，质量在这时候远比价格重要。但是当黄金10万元/克时，再闪耀的黄金也是糟糕的投资，而如果同时废纸1元/吨，那么依靠贩卖废纸赚钱，又有何不可？

在 2021 年初达到顶峰的内地抱团股泡沫和美国中概股泡沫中，不少投资者错误地以为，只要企业质量足够好，多少估值都不重要。在后来两年的市场中，这种过分看重“企业质量之形”，忘记“长期价值增长之神”的投资方法，使部分投资者承受了巨大的亏损。

对于这次泡沫，宁泉资产的创始人杨东在 2022 年底有一段评价，总结得十分到位：“这两年（投资者）热衷的赛道投资，更多的是一种针对景气度的趋势投资。(但是）价值投资的核心是估值定价（也就是对企业质量进行估值)。凡是认为估值不重要，甚至认为看重估值就已经落伍了（的人)，这些人就不是在做价值投资。”

其实，如果我们牢牢抓住价值投资的“神”，也就是“长期价值增长”，那么有时候依据当时特定的市场环境，我们甚至可以完全跳出“质量”和“估值”的讨论，另辟蹊径。

比如，王亚伟早年在管理华夏大盘精选基金时，就利用当时中国市场的特性，寻找上市公司资产注入和重组的机会，在 2006 年到 2011 年之间，使得投资组合的对应净资产取得了高达 40% 左右的 CAGR。随之而来的，是当时该基金的净值，也以大约 40% 的 CAGR 高速增长。

王亚伟的这种投资方法，甚至完全跳出了“估值”和“质量”的讨论范畴，但是在当时仍然是一种有效增加长期价值的方式，因此也就无碍其取得优秀的投资业绩。

指数基金一定是好投资吗

巴菲特说过，对于不太熟悉证券投资的普通人来说，与其费劲自已选股票、找基金，不如买一只费率低的标普 500 指数基金。

结果，不少投资者听了巴菲特的这句话，就学了巴菲特的“形”，而不是背后价值投资的“神”，以为只要想投资又不爱动脑筋，那么“无脑”买一只指数基金就行了。结果，几年下来，许多投资者受伤惨重。

为什么照抄“巴菲特说买标普 500 指数基金”的“形”，随便买买指数基金，就会出问题呢？这里，要从巴菲特为什么说“买标普 500 指数基金”说起。

粗心的投资者把巴菲特所说的“买费率低的标普 500 指数基金”，简化成了“买指数基金”。这里面漏掉的两个要点是非常要命的——标普 500 指数和费率低。

首先，巴菲特为什么说的是标普 500 指数？美国有很多指数，纳斯达克指数、道琼斯指数、标普 100 指数、各种行业指数、风格指数，等等。

这些指数的编制委员会不同、编制方法不同，巴菲特却专门挑了标普 500 指数来说，这证明巴菲特是认可标普 500 指数的编制方法、规则，以及负责管理标普 500 指数的委员会的。

其次，巴菲特还加了一个定语，费率低。

在说这句话时，巴菲特主要推荐的，是约翰·博格创立的先锋基金公司的指数基金，而先锋基金公司的指数基金有两个特点：第一个是前面说的费率非常低，第二个是规模庞大、管理稳健。这也就意味着，购买这种指数基金，能够最好、最高效、最准确地复制标普 500 指数的走势。

所以，在听到巴菲特说“普通投资者应该购买费率低的标普 500 指数基金”时，只学了价值投资的“形”的投资者，学到的是“我要买指数基金，仅此而已，巴菲特都说了指数基金适合小白”。

结果，在资本市场的不少行情中，这部分投资者都蒙受了不小的损失。比如，在 2022 年下半年的一些香港股票市场高股息率指数基金的暴跌中，一些“我想购买香港高股息率股票，所以就随便选了个指数基金”的投资者，蒙受了不小的损失。同样，在 2021 年到 2022 年期间，当一些市场主流指数把高估值股票纳入指数，或者提高权重，把低估值股票（往往也是表现不好的股票）踢出指数时，指数的价值也受到了折损。

而聪明的投资者，则会从中学到价值投资的“神”：我要找一个好的股票指数，这个股票指数的基本面必须像标普 500 指数那样稳健，给投资者带来每年 10% 到 12% 的复合增长，同时估值还不能太高（标普 500 指数的 PE 估值长期在 20 倍左右），最后我还要选择一只靠谱的指数基金。

以上四个例子，充分向我们展示了价值投资中的“神”与“形”之间的区别。

投资者需要牢记的是，所有价值投资的外在形态，都不是最终的意义。价值投资的各种方法、形态、手段、技巧，其根本的目的，都在于服务“长期价值增加”这个最核心的价值投资之“神”。

随着市场环境、投资能力圈、社会文化的变化，各种价值投资之“形”，都可以巧妙变化，只要它们能够真正服务于“长期价值增长”这个唯一的目的。

忘记市值的三个技巧

在价值投资中，对长期投资回报率（即长期回报率）最没有用的指标之一，恐怕就要数投资组合的市值。由于长期投资回报率只来自价值的增长，投资组合的市值其实完全无关紧要。市值五年不涨不说明任何问题，有价值的公司市值五年不涨反而是一个很好的投资机会。反之，市值连涨五年也不一定是好事，历史上的大泡沫都是这么来的。

对于这种情况，价值投资大师菲利普·费雪有过一句尖锐的评价："股票市场上充满了对价格了如指掌，但是对价值一无所知的人。"

巴菲特也说："在投资以后，就要做好市场关门 10 年的准备。"股票市场关门 10 年，市值又从何谈起呢？股神的谆谆教诲，用意正在于此。

在日常工作中，尽管明白了"长期投资回报只来自投资组合的价值增长，和短期市值波动毫无关系"，但由于种种原因，我们很难躲开市值对我们的影响。

比如，几乎所有的投资组合账户系统都会告诉我们，今天的市值又变动了多少，而很少有系统会告诉我们，今天的账户市值虽然上涨了 3%，但是其实基本面没有任何变化。或者告诉我们，今天市值虽然下跌了 1%，但是由于重仓股发布了业绩预报，因此其实持仓的年度利润、净资产又增加了多少。

打开手机、电视，事情也是一样，每天播报的新闻都是今天的指数波动了多少，几乎没人会跟我们说，过去一个星期，因为成分股发布了多少年报，所以某某指数对应的净利润又增加了多少。

同样，在面对基金投资时，我们看到的绝大多数信息，都是某某基金净值增加了多少，而很少有人会说，某某基金今年持仓的股票，综合股息增加了多少。

与市值这个指标的无孔不入相比，投资组合的价值究竟是多少，几乎无人问津。在这样的氛围下，想要忘记市值，实在不是一件容易的事情。

那么，在价值投资工作中，我们如何能够忘记市值，从而专注于价值的增长呢？这里，就让我分享三个我认为行之有效的小技巧。

编制自己的价值计算器

首先，忘记市值的最重要的技巧，就是投资者需要编制自己的价值计算器。

比如，当我们买了一些股票时，我们应该制作一个基于这些股票财务报表的、合并了所有持股的综合财务报表。比如对于一个 100 元的股票账户，其中一只股票占比 40%，市盈率为 5，另一只占比 60%，市盈率为 10，那么这两只股票贡献的盈利就分别是 8 元、6 元，综合盈利是 14 元。

由此，我们就得到一个股票账户的综合财务报表。如果今天账户市值增加了 10%，估值也会相应提高 10%，但晚上打开报表一看，综合盈利毫无变化。

限于合并财务报表工作的复杂度（比如有的公司销售利润率很低，有的很高，因此合并销售收入意义不大），我往往只考虑 3 个指标：净利润、净资产、股息。当然，如果投资者愿意把更多指标纳入自己的价值计算器，也未尝不可。

与计算股票相似，其实我们可以把所有资产，都纳入同一套计算体系。比如，当一个 100 元的账户持有 20 元的现金时，我们可以按现行的 2.5% 的无风险利率计算出，这 20 元的现金每年产生 0.5 元的净利润，等价于 20 元的净资产，同时派发 0.5 元的股息（相当于 100% 派息率的公司，派息率 = 股息 / 净利润）。

在有了这样一个自己的投资组合价值计算器以后，我们就可以用这个“价值计算器”，去对抗市场上随手可得的“市值计算器”。

比如，在做每年的年度工作计划时，我们可以放弃通用的“今年希望股票账户投资回报率达到 30%”，改为“今年的任务是在商业品质不降低的前提下，让投资组合对应的综合财务报表的净利润、净资产、股息，分别增加 25%。”

当然，尽信书，则不如无书，世界上没有一个硬性数字指标，能代表真正的投资价值。因此，细致的读者一定能发现，我在上文的描述中，加入了一句“在商业品质不降低的前提下”。当自己编制的投资组合价值计算器告诉我们，今年的综合财务报表中的数值增加了多少时，财务数字以外的最终商业价值的衡量，仍然需要我们自己把关。

其实，巴菲特在长达几十年的时间里都是这么做的，而且他只用了一个指标，也就是净资产。每年伯克希尔 – 哈撒韦公司的净资产增长，都被他写在年报里。

远离随处可见的市值计算器

如果要在投资中尽量忘记市值，专注于价值增长，那么“编制自己的价值计算器”的另一面，是我们需要努力远离随处可见的市值计算器。

比如，投资者需要意识到，每天的股票价格波动，其实丝毫没有对价值产生影响。因此，我们是否需要每天检查投资组合的价格涨跌呢？是否需要关注基金净值的变动呢？是否需要设定每个季度、每年的股票市值回报考核指标呢？答案自然是否定的。

只要能够做到远离随处可见的市值计算器，那么投资者自然就能更容易地忘记市值，专注于价值的增加。

不过，对于机构投资者来说，远离市值计算器并不是一件容易的事情。如果没有市值计算器，不少机构投资者会发现，自己根本无法找到一套有效的投资经理考核机制。

在现在通行的机构投资者工作流程中，考核市值的变动往往被认为是有效的，甚至是唯一有效的方法。因此，不少机构投资者都对投资经理的业绩变动，有着频繁的考核。这些考核大多以季度、年度为单位，有一些也会采用更短的月度考核。

从价值投资的角度来看，这种考核自然不合理，这样的“市值计算器”很难说得上和长期价值有什么关系，大多数短期业绩仅仅来自运气而已。

有些机构因此试着用三年，甚至五年的标准来进行考核，不过这种时间拉长的考核仍然是基于市值的，而资本市场从来没有说过，价格一定会在三年或五年的周期里反映价值。要知道，在2000年科技股泡沫破裂前的五六年里，巴菲特的账户市值表现可谓一塌糊涂。中国著名的价值投资者，比如曹名长、陈光明、裘国根，历史上的投资业绩也经常有几年不尽如人意的时候。

那么，对于机构投资者来说，用前文提过的刚性的“价值计算器”来考核，就是一个有效的方法吗？很遗憾，这个方法可能更糟糕。如果只考核投资组合的综合净利润、净资产，那么投资经理直接拿计算器算一下，买市场上PE、PB最低的股票就行了，难道还会有比这样的考核标准更容易糊弄的吗？

鉴于此，个人投资者，或者有一个非常聪明的考核委员会主观定夺企业价值的机构投资者，在日常考核上会更有优势。他们会比只用市值计算器的投资者高明一大截，甚至优于只用机械的价值计算器的投资者。

多阅读价值投资者语录，多思考商业价值

忘记市值的第三个技巧，就是在自己的脑子里多灌输价值投资的理念，同时在日常工作中多思考商业价值。这两点既属于形而上的道，又属于形而下的术。

以我自己来说，我有一个价值投资大师的语录合集，摘抄了本杰明·格雷厄姆、查理·芒格、霍华德·马克斯、约翰·邓普顿、彼得·林奇、乔尔·格林布拉特、菲利普·费雪、塞斯·卡拉曼等诸多价值投资大师的语录，当然还有最爱说话的巴菲特的语录。每天拿这本合集念上10分钟，既巩固了价值投资理念，又顺带复习了英文，何乐而不为。

在日常工作中，聪明的价值投资者需要把工作重心多放在思考企业的价值上，以基于商业规律的真实商业价值作为投资组合的思考核

心，以自己的价值计算器作为辅助工具，而尽量不要管账户的市值今天变动了多少。

充分利用以上三个技巧，我们自然就会发现，我们在投资中开始越来越多地在意价值，对市值的留意会越来越少，直至几乎完全淡忘。只要我们的投资价值持续增加，那么在长期，市值的增加也是一件水到渠成的事情。

价值投资的天花板在哪里

不少投资者认为，价值投资的天花板大概是长期复利[㊀]回报为20%。当然，复利为20%是非常优秀的投资业绩，足够支撑起长期非常优秀的投资回报。

但是，基于种种原因，20%的复利回报，不一定是价值投资的天花板。这里，就让我们来仔细分析其中的原因。

CAGR = 20%是非常优秀的长期投资回报

首先，我绝没有小看20%复利回报的意思。每10年，20%的CAGR可以把投资者的资产变成原来的6倍，每20年则可以变成原来的38倍。

在巴菲特主掌伯克希尔－哈撒韦公司（BRK公司）长达半个多世纪的时间里，接近20%的CAGR给投资者带来了巨额回报。根据BRK公司在2022年发布的年报，在1964年到2022年的58年中，公司股价的复合增速是19.8%，这把公司股价变成原来的37 876倍。

㊀ 复利也称CAGR，即Compound Annual Growth Rate，复合年均增长率。

正是因为BRK公司在半个多世纪里，取得了20%左右的CAGR，因此在感叹这样的投资奇迹之余，许多投资者也谦虚地给自己画了一个心理上的天花板：既然股神的长期投资回报是20%，那么我的长期投资增速应该也是20%，总不能我比股神还厉害吧？

谦虚且崇拜股神，的确是一件好事，正如《格言联璧》所云："谦卦六爻皆吉，恕字终身可行。"不过，"价值投资的天花板是20%的复利回报"这种想法，虽然足够谦虚，但是不够完善。基于种种原因，价值投资者在相当长的时间内的复利回报，完全可以超过20%。

巴菲特也曾超过20%

首先，需要指出的是，巴菲特在58年中取得20%的CAGR，并不意味着他的投资回报率一直是20%。实际上，在早年，巴菲特的回报率曾经远高于20%。

通过分析BRK公司的年报，我们可以把其基本面和股价的增长，简单分为两个阶段：2000年以前和2000年以后。

首先，从BRK公司的净资产增速来看，在1964年到2000年，其净资产的CAGR高达26.0%，而从2000年到2018年（2018年以后公司不再公布净资产数据），增速则只有9.7%。

从股价来看，事情也差不多。在1964年到2000年的36年里，BRK公司股价的CAGR是27.2%，2000年到2022年则是8.9%。

很显然，当资金规模变大以后，巴菲特的投资回报率逐渐下降。即使在中后期，他的投资得到了保险浮存金带来的杠杆的大力支持，这种规模变大带来的制约也是显而易见的。

在接受采访时，巴菲特自己也经常表示，过大的规模给投资带来了极大的挑战。如果没有规模的限制，给他一笔小资金，投资回报率可以高很多。

以我自己的投资案例来说，2022年夏天，我在港交所买入了一家央企的股票。当时，这家央企的市净率只有不到0.3，几乎没有长期负债和应收账款，业务也在稳健增长。

这简直就是捡钱的投资。后来，这家公司的股价在一年不到的时间里，果然上涨了大概80%，兑现了极低估值带来的投资回报。

当时，我把这只股票的仓位，加到了账户的10%，成为我彼时的第一大重仓股。因为钱少，市场流动性完全没有对我的交易造成干扰。

事实上，我之所以只买到仓位的10%，完全是出于分散投资的考虑，即单只股票所占仓位不能超过10%的投资纪律，满仓也不过是一念之间的事而已——庞大股票市场提供的成交量，对于小型投资者来说，满仓根本不是问题。

但是，如果是BRK公司面对同样的投资机会，事情会变成什么样？ 2022年，BRK公司的总资产，换算成港币大概是78 267亿港元。而我在2022年把仓位提到占投资组合10%的这家公司的股票，全年的成交量加在一起，都不到400亿港元。

根据一般认为的“长期买入总量无法超过总成交量的20%，否则会显著影响价格”的经验，BRK公司如果想买这只股票，最多只能买80亿港元，也就是它总资产的大概0.1%，对其整体投资的影响微乎其微。

显然，过大的资金规模对巴菲特造成了严重的限制，很多普通投资者看似唾手可得的投资机会，庞大的 BRK 公司几乎完全无法涉足。因此，在资金规模变大以后，巴菲特的投资回报率下降，也就不足为奇了。

税收制约了巴菲特回报率的增长

资本利得税、企业所得税等税收，也制约了巴菲特的长期投资回报率的增长。而这些税收，对于中国市场的公募基金、私募基金、个人投资者来说，要么是影响微乎其微，要么是根本不存在。

以巴菲特 2003 年在中国香港市场买入，又在 2007 年卖出中国石油的股票为例，他在 2007 年的致股东的信中写道，这笔给他带来大约 40 亿美元回报的交易，让他付出了 12 亿美元的税。

当然，巴菲特的不少投资，并不是都像这笔交易一样快进快出（持续了大概 4 年）。以投资比亚迪公司为例，这笔交易从 2008 年开始，2022 年到 2023 年逐步开始退出，持续了大概 15 年。另外一些交易持续的时间则更长，甚至是一直持有，从未卖出。

那么，额外的、中国的股票投资者往往不会遇到的税收问题，会给巴菲特带来多大的麻烦呢？让我们来做一个简单的测试。

以巴菲特在 1964 年到 2000 年之间取得的 26% 的净资产 CAGR 为例，我们可以试着算一算，如果没有税的影响，这 26% 的增速会变成多少。

鉴于美国历史上的资本利得税、企业所得税等的税率，变动十分复杂，因此我们只能采用估算法。

以常见的资本利得税为例，让我们假设一个 40 年的周期（1964

年到2000年是36年）。假设持股周期平均为10年，股票卖出后的资本利得税是25%，这意味着巴菲特税前的投资回报率要达到大约29.4%，才会在税后取得在1964年到2000年之间取得的26%的净资产CAGR。而如果把持股周期定为20年，则税前投资回报率也得有27.8%，才会在税后取得26%的净资产CAGR。

对于目前完全没有资本利得税，一般来说也没有其他税的中国投资者来说（私募基金会面对一些增值税，企业账户则会面对一些企业所得税），投资的环境是非常友好的。对于内地股票市场的投资者来说，只要持股时间在1年以上（对价值投资来说是很短的一段时间），那么就连红利税都不用交。

微税，甚至免税的环境，给中国投资者的投资回报超过巴菲特带来的“20%CAGR的心理天花板”，带来了更多的可能性。

制约大多数投资者实现20%以上长期投资回报率的原因

从以上的分析，我们可以看到，尽管价值投资者往往把巴菲特在长期取得的20%的投资回报CAGR，作为价值投资理所当然的天花板，但是，如果没有规模、税费等原因，20%的天花板并不是不可突破的。

所以，一位足够聪明、有着巴菲特般商业理解能力的中国投资者，在小规模资金和微税环境下，长期的基本面价值增长达到30%，并不是不可能的事情。根据价值投资的理论，长期股票市值的变化，和长期基本面价值增速相差无几，BRK公司长达半个多世纪的数据就是明证。

但是，为什么许多投资者觉得，取得长期投资回报非常困难，甚至连 20% 都遥不可及呢？实际上，如果我们仔细观察投资者的回报，会发现 20% 的 CAGR 确实是一个非常罕见的数字。

阻碍投资者取得高额回报的原因有很多，巴菲特超强的商业洞察力也绝不是唾手可得的技能。除了超强的商业洞察力，投资者难以取得高额回报的另一个重要原因，在于人们过于重视股价、市值的波动，过于轻视基本面的增长。

在和一位保险机构的投资者聊天时，他用诙谐的语气指出了自己工作的压力：上级要求他牛市要取得相对收益，熊市要取得绝对收益。结果，这种过于重视市场波动的要求，让他在牛市和熊市里“脚上沾了泥甩不掉，看到金子也捡不了”。

而巴菲特的与众不同之处，恰恰在于他根本不管市值波动，哪怕在 2000 年科技股泡沫破灭之前、2018～2021 年的美国科技股牛市中，连续多年跑输市场，老先生也视若不见。

正是这种对价格毫不关心，却对价值锱铢必较的投资方法，成就了巴菲特长期优秀的业绩。而对于遵循巴菲特之道的、足够聪明的中国投资者，由于上述原因的存在，应当可以在相当长的一段时间里（当然肯定少于 58 年，否则资金规模扩大带来的负面影响一样会发生），超越巴菲特长期回报率的天花板，收获比 CAGR 为 20% 更高的投资回报，虽然这绝不是一件容易的事情。

投资价值相对论

在诸多投资方法中，价值投资无疑是最简单，也是最容易带来长期回报的。君不见，全世界最优秀的投资者中，一大半都是价值投资者。这些前辈的成功，告诉了我们这条投资道路比较好走。

价值投资的目标，自然是发现价值。但是，不少投资者对价值的理解，却停留在静态的层面，认为有价值就是有价值。其实，我们应该用一种更加动态的方法理解投资价值——所有投资价值的高低，都是相对的。

在不少刚学习价值投资的人看来，有价值的东西就是有价值，因此只需要买入并持有，等待价值像自己规划的那样兑现在价格中就行了。这种做法固然没错，也可以让投资者赚到不错的利润，但它并不是最好的方法。

要知道，所有的投资，其价值高低，其实都是相对的，而不是绝对的。也就是说，一个资产有没有价值，并不完全取决于它本身，而更多地取决于与所有资产相比，它是不是更有价值。

让我举几个简单的例子，你就会明白投资价值的这种“相对性”有多么重要。

对于具有相同商业内涵的两家公司 A 和 B 来说，如果 A 公司的股价是 10 倍 PE 估值，那么它的股票可能很有价值。但是，如果 B 公司的股价是 5 倍 PE 估值，那么显然，A 公司的股票没有 B 公司有价值。

如果两只股票的估值都是 5 倍 PE，那么虽然这个估值已经足够吸引人，但是其中商业内涵更好的公司，比如净资产回报率（ROE）更高、增长更快、现金流更好、负债更少的公司，那么很明显，即使估值一样，这家公司的股票也比另一家公司有价值。

投资价值的相对性，不仅反映在两只股票中，还可以反映在其他任何地方。

比如，2000年，中国一线城市的房地产，其房价和年租金的比值只有10左右，而同时股票市场的平均PE（市值和年利润的比值）是60到70，那么相对来说，房地产就有价值得多。结果，在后来的20年里，房地产的表现远远好于股票。

而到了2015年，创业板综合指数（399006）的PE一度高达大约150。这意味着这个股票指数的年均回报率（PE的倒数）只有1/150，也就是0.7%。相比之下，银行理财产品的回报率大概在3%到4%。很显然，股票指数在这个时候没有现金有价值。从这个估值算起，在后来的许多年里，创业板综合指数的表现远逊于现金。

其实，我们只要仔细想想，就会明白，投资的价值永远处于不断变化中。举例来说，我自己列入A股和港股观察名单的股票（估值不高，而且商业模式我能看懂），往往有数百只之多。这些股票每天都在交易，它们之间的价格比值天天都在变化。我又怎么能认为，今天最有价值的几只股票，过了半年或一年以后，还是最有价值的那几只呢？

如果我们仔细看历史上有名的价值投资大师，就会发现他们也绝不是“买入并持有，丝毫不动”，而是进行了无数的交易。

本杰明·格雷厄姆在投资时，就非常强调通过交易，不停地把贵的股票卖出，买入便宜的股票。他的理论继承者沃尔特·施洛斯，则更是以同时持有几百只股票，不停地交易，寻找相对最优的投资标的闻名。即使是倡导长期投资的巴菲特，如果我们仔细观察他的投资，就会发现他其实也在不停地交易。

事实上，巴菲特非常强调“资本配置的最优性”，也就是不停地把资本从回报率较低的项目上抽出来，投入回报率更高的项目上去。就在2022年，巴菲特刚刚清仓了富国银行，又在油价上涨时不停地买入西方石油的股票。谁说巴菲特不喜欢交易，只做长期投资呢？

需要注意的是，价值投资者的交易和投机者的交易，有一个本质的区别，那就是价值投资者的交易，是不断寻找相对价值的过程，而投机者的交易，是不断追随市场价格变动的过程。看起来都是交易，其实背后的哲学完全不一样。

那么，为什么不少投资者经常会把价值投资理解成“长期持有不动”呢？这是因为，长期投资一只股票不动摇，是人们最容易理解、故事性最强、最容易传播的价值投资方法。想想看，你是更容易记住“巴菲特买可口可乐赚了大钱”这个故事，还是更容易理解“巴菲特买来卖去做过好多交易”呢？

而且，长期价值发现、有长期的商业眼光，是价值投资中交易的核心。因此，对于任何价值投资者来说，“长期眼光”都是必需的。由此简单衍生出“价值投资就是长期持有不动”，也就情有可原了。

放弃对价值刻板、单一的认识，抱着长期的眼光，不断怀疑自己现有头寸的相对最优性，不断发现相对更优的投资标的，灵活地根据投资价值的变化而改变自己的头寸，这才是价值投资的更高境界。

对于这种灵活性，中国古代的大经济学家计然，用一句“行如流水”概括得淋漓尽致。

根据《史记》记载，当越王勾践天天卧薪尝胆，急于灭掉仇敌吴国时，他的大臣计然对他描述了这样一个投资策略，可以帮越国搞到足够的钱来攻打吴国：“贵上极则反贱，贱下极则反贵。贵出如粪土，贱取如珠玉，财币欲其行如流水。”

翻译成白话文就是，计然说，商品（投资品）的贵贱并不是固定的，而是在不停地变化。价格高了、价值低了就卖掉，价格低了、价值高了就买进来，让财富如流水般川流不息，这样就可以赚大钱。

越王勾践依计而行，“修之十年，国富，厚赂战士，士赴矢石，如渴得饮，遂报强吴，观兵中国，称号‘五霸’”。十年以后，越国钱财如山，于是重赏战士。在战场上，拿到钱的越国战士冒着箭雨冲锋，就像渴了的人喝水那样兴奋。越国由此灭吴，成为春秋五霸之一。

说到金钱对战争的作用，插一个历史小典故。据说在清朝，曾国藩统率的湘军，工资相当于民众平均工资的数十倍之多，还不算打下城池以后抢掠的钱。当时，有“一人当湘军，全家做地主”之说。由此，湘军才得到了足够的战斗力，最终攻破了南京城。看来，“香饵之下，必有悬鱼；重赏之下，必有死夫”，诚不我欺。

其实，价值是相对的，我们人生的际遇又何尝不是？这个世界上没有最好的人生，也没有最坏的人生。身无分文确实很糟糕，但是比疾病缠身要好；孤身一人确实不开心，但是比仇家遍地要好；劳碌地工作确实让人乏味，但是这样的日子也比破产欠债好得多。

对于这变幻莫测的人生，我们需要做的，是在志得意满时功成身退。要知道，成功的欲望无穷无尽，人永远不可能得到满足。正如古人诗云：“上蔡东门狡兔肥，李斯何事忘南归？功成不解谋身退，直待云阳血染衣。”

心灰意冷时，我们要试着重拾希望。毕竟，我们觉得再糟糕的生活，也许是别人梦寐以求的日子。如果一个瘫痪在床的病人可以重新站起来，或者一个双目失明的人重见光明，那么即使股票账户亏损了100%，对他来说又算得了什么呢？

回到投资中，我们得永远记住，我们手上的投资，大概率不是世界上最好的投资。我们需要不停地寻找更好的投资，让我们的投资组合变得质量更高、估值更低、安全性更佳。这样孜孜不倦的投资态度，而非总是持有不动，才是价值投资的更高境界。

第2章　理解资本市场的密码

高股息率有多大的魔力

价值投资的理念是“道”，是价值投资的基础。但是光懂“道”是不行的。在真正的投资中，我们还需要懂价值投资的“术”。

在这一章里，我就尽可能地给你多讲讲价值投资中的“术”，讲讲那些价值投资者必须知道的资本市场的密码。

高股息率有多大的魔力？高弹性股票为什么会损害你的投资回报？为什么在二级市场（也就是常说的股票市场）更容易捡漏？资本市场的行情会经历哪四个阶段？我们如何发现资本市场中“沉默的螺旋”，又如何避免市场中的噪声？价值暴冲现象究竟是怎么一回事？当资本市场达成共识时，我们又应该做什么？

中国古人有云：“一物不知，儒者之耻。”对于今天的价值投资者来说，事情也是一样。我们不应该像狂热的教徒一般，只会念叨“价值投资好”，却不知道资本市场上的各种细节。

一位真正的价值投资者，在他无比坚定的投资信念背后，必然是极其广博的知识面，以及非常丰富的投资经验。一位真正的价值投资者，应当了解这个市场上的所有事情。

在沪深300指数成分股中检验高股息策略

西格尔教授的高股息率模型

在价值投资的经典著作《股市长线法宝》[1]（作者杰里米·西格尔，现为沃顿商学院教授）中，西格尔教授进行了一个有趣的统计，指出了高股息率的用处。（出自英文原版第九章“如何打败市场”。）

在这个统计中，西格尔教授在每年年底，把标普500指数的成分股，按当时的股息率，分成5组。然后，统计这5组股票在下一年的股价表现，并在长期进行加总。

结果显示，在半个世纪的时间里（1957年到2006年），股息率从高到低的5组股票，分别可以把1美元变成675美元、419美元、136美元、97美元、93美元。而标普500指数的全收益回报，则会把1美元变成176美元。

西格尔教授的模型清楚地指出，在标普500指数的成分股中，以每年换股一次的频率，持续买股息率最高的股票，会获得比股票指数好得多的投资回报。那么，在中国市场，这个规律是否也存在呢？

---

[1] 已由机械工业出版社出版。

高股息策略在沪深 300 指数成分股中的检测模型设计说明

在中国市场上，沪深 300 指数是和美股的标普 500 指数几乎同等地位的存在。因此，我对沪深 300 指数的历史成分股进行了研究。结果显示，西格尔教授所发现的高股息率带来高回报的规律，在中国市场同样存在。

根据 Wind 资讯提供的信息，沪深 300 指数于 2005 年 4 月 8 日发布，基日为 2004 年 12 月 31 日。同时，其成分股的细节信息，包括最早可得到的数据始于 2005 年。因此，本研究以 2005 年 12 月 31 日而非基日的 2004 年底，作为起始日期。

我按照西格尔教授的模型，在每年的 12 月 31 日，按当时的股票价格和上一年的股息，计算沪深 300 指数 300 只成分股的股息率，并按股息率从高到低将股票分为 5 组，计算每组股票在下一年的价格表现平均值。

比如，使用 2005 年全年的股息和 2006 年 12 月 31 日的股票价格，计算 2006 年 12 月 31 日当日的股息率。根据股息率将股票分组后，计算每组股票在 2006 年 12 月 31 日到 2007 年 12 月 31 日的价格表现。

如此选取数据，是为了尽可能地还原当时的交易状态，让模型计算出真实可交易的结果。

也就是说，如果在计算 2006 年 12 月 31 日的数据时，选取 2006 年而不是 2005 年全年的股息数据，模型就会面临一个问题：在实际交易中，2006 年的全年股息要等 2007 年 4 月左右才会全部知道。如此设计的模型，因为未来才知道的信息被带入了当时的交易中，所以在实际交易中是不可执行的。

此外，在统计时，我在每个时间点，都选用了当时沪深300指数的成分股，而非现在的成分股，统计它过去十几年的表现。如此统计，会包含一些当时在指数中，但是现在已经不在指数中，甚至已经退市的股票，最大限度还原真实交易的情况。

最后，需要指出的是，在统计5个股票组的股票价格时，我遇到了一个小小的技术问题，这个问题其实可以忽略，但是为了模型计算的严谨，在此一并指出。当我把沪深300指数的300只成分股，按股息率从高到低分为5组，每组60只股票时，会遇到股息率为0的股票数量过多的问题。

比如，按2005年12月31日的股价和2004年全年的股息计算股息率，股息率为0的股票共有69只。那么，这69只投票中，哪60只应该被分配在最后1组？哪9只被分配在倒数第2组？

显然，这个问题无解。哪9只股票放在倒数第2组都是可以的。为了解决这个头疼，但是无关痛痒的小问题，我在模型中加入了一个随机数，随机将类似情况下的股息率为0的股票，进行了一个排序。

由于绝大多数股票是有派息的，因此这个随机排序对整体的结果并没有显著的影响。但是，如果读者试图复制这里的研究，会发现最后一组的股票价格表现，可能会与本书中的结果稍有不同，其原因正在于此，特意说明。

模型显示高股息率股票在长期取得显著超额收益

叙述完了高股息率模型的设计，让我们来看看，高股息率股票的表现究竟如何。结果显示，沪深 300 指数中的高股息率股票，在长期显著战胜了其他股票以及沪深 300 指数。（此处采用了包含股息率回报的全收益指数，以便和股票复权价格对比。）

模型测算的结果如表 2-1 和图 2-1 所示，从 2005 年 12 月 31 日到 2023 年 5 月 14 日（下称 2005 年到 2023 年），在这 17.4 年中，沪深 300 全收益指数变成了原来的 5.8 倍，对应的 CAGR 为 10.6%。

表 2-1　沪深 300 指数成分股按股息率从高到低分为 5 组，各组股票价格及沪深 300 全收益指数点位累计表现情况（原始数据）

日期	股息率排名 1～60 股票价格增长（倍）	股息率排名 61～120 股票价格增长（倍）	股息率排名 121～180 股票价格增长（倍）	股息率排名 181～240 股票价格增长（倍）	股息率排名 241～300 股票价格增长（倍）	沪深 300 全收益指数点位增长（倍）
2005/12/31	1.0	1.0	1.0	1.0	1.0	1.0
2006/12/31	2.2	1.8	2.0	2.3	2.0	2.3
2007/12/31	7.2	5.5	5.1	6.3	5.9	5.9
2008/12/31	2.9	1.9	2.0	2.3	2.2	2.0
2009/12/31	7.0	4.5	4.4	4.7	4.9	4.1
2010/12/31	6.5	4.3	4.1	5.2	5.0	3.6
2011/12/31	5.1	3.2	2.9	3.3	3.4	2.7
2012/12/31	5.3	3.5	3.2	3.4	3.4	3.0
2013/12/31	4.9	3.4	3.2	3.6	3.5	2.8
2014/12/31	8.2	5.6	5.0	5.0	4.9	4.4
2015/12/31	9.6	7.3	5.8	6.2	5.9	4.7
2016/12/31	9.2	6.7	5.0	5.1	4.7	4.3
2017/12/31	11.1	8.6	5.7	4.8	4.6	5.3
2018/12/31	9.3	6.8	4.0	3.4	3.1	4.1
2019/12/31	11.7	9.3	5.5	4.5	4.4	5.7
2020/12/31	13.4	10.6	6.8	6.9	5.4	7.4

（续）

日期	股息率排名 1～60 股票价格增长（倍）	股息率排名 61～120 股票价格增长（倍）	股息率排名 121～180 股票价格增长（倍）	股息率排名 181～240 股票价格增长（倍）	股息率排名 241～300 股票价格增长（倍）	沪深 300 全收益指数点位增长（倍）
2021/12/31	14.0	10.7	6.9	6.6	6.1	7.1
2022/12/31	13.1	9.0	5.6	4.9	4.7	5.7
2023/05/14	14.6	9.9	5.7	4.7	4.7	5.8
CAGR（%）	16.7	14.1	10.5	9.3	9.3	10.6
假设的 50 年获得的总回报（倍）	2 246	746	148	87	86	157

资料来源：Wind 资讯。

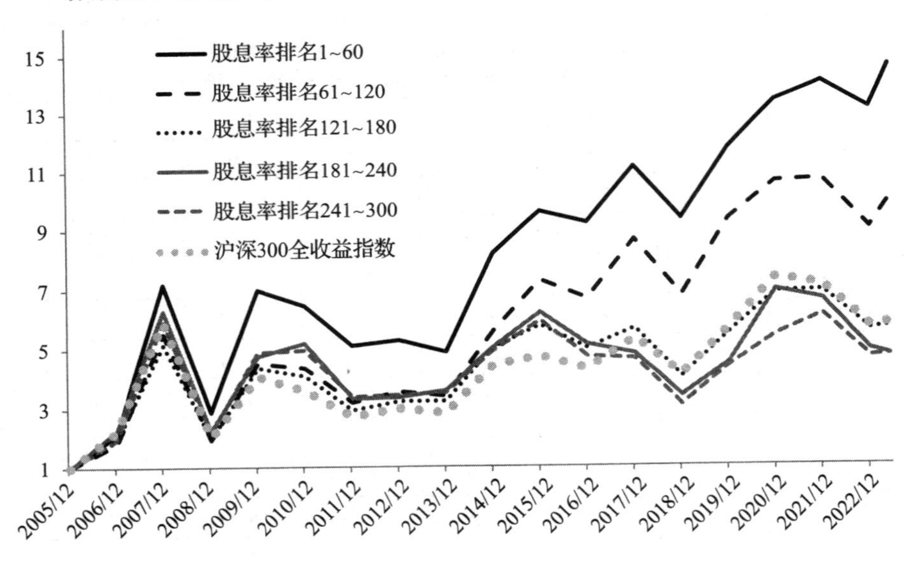

图 2-1　沪深 300 指数成分股按股息率从高到低分为 5 组，各组股票价格及沪深 300 全收益指数点位累计表现情况（原始数据）

资料来源：Wind 资讯。

而股息率从高到低的 5 组股票，分别把初始资本变成了原来的

14.6 倍、9.9 倍、5.7 倍、4.7 倍、4.7 倍，对应的 CAGR 分别为 16.7%、14.1%、10.5%、9.3%、9.3%。

考虑到以上对 A 股的分析包含的时间只有 17.4 年，西格尔教授对标普 500 指数的研究则横跨 50 年，因此我们按以上的 CAGR，计算在 50 年的时间里各组股票会取得的回报，我们得到了一组更加惊人的数字。

结果显示，以上 5 组股票的 CAGR，在 50 年的时间里，会把投入的资本分别变成原来的 2 246 倍、746 倍、148 倍、87 倍、86 倍，同期沪深 300 全收益指数则为 157 倍。

在标普 500 指数中得到的 5 组股票结果分别为 675 倍、419 倍、136 倍、97 倍、93 倍，标普 500 全收益指数则为 176 倍。

可以看到，在 50 年的假设测算中，沪深 300 全收益指数的回报和标普 500 全收益指数相差无几，但是高股息策略明显在中国市场更加有效，这应当是中国市场相对不够成熟的投资氛围造成的。

高股息率股票在各个时间段的具体表现分析

从每年的回报率来看，高股息率股票（第 1 组和第 2 组）表现出了比较明显的“熊市少赔钱，牛市多赚钱”的规律。不过，这种规律并不是永远存在。以下，是对高股息率股票从 2005 年底到 2023 年各个具体阶段的分析。

如表 2-2 所示，在 2006 年到 2007 年的大牛市里（2005 年 12 月 31 日至 2007 年 12 月 31 日，以下均遵从此规律），高股息率股票价格显著跑赢了指数和其他股票。股息率最高的一组股票，在这两年的回报率分别是 115.9%、233.0%，而同期沪深 300 全收益指数的回报率只有 125.2%、163.3%。

表 2-2 沪深 300 指数成分股按股息率从高到低分为 5 组，各组股票及沪深 300 全收益指数回报率各年表现情况（原始数据）

（%）

起始时间	结束时间	股息率排名 1～60 股票回报率	股息率排名 61～120 股票回报率	股息率排名 121～180 股票回报率	股息率排名 181～240 股票回报率	股息率排名 241～300 股票回报率	沪深 300 全收益指数回报率
2005/12/31	2006/12/31	115.9	82.6	95.7	127.3	97.9	125.2
2006/12/31	2007/12/31	233.0	202.0	163.1	176.8	199.1	163.3
2007/12/31	2008/12/31	−59.9	−64.7	−61.0	−64.2	−63.1	−65.6
2008/12/31	2009/12/31	142.4	131.5	116.8	110.7	123.5	98.6
2009/12/31	2010/12/31	−7.6	−3.8	−6.6	9.3	1.4	−11.6
2010/12/31	2011/12/31	−20.8	−26.4	−28.0	−36.1	−31.9	−24.0
2011/12/31	2012/12/31	3.5	10.6	9.8	1.2	1.8	9.8
2012/12/31	2013/12/31	−7.8	−4.0	0.0	6.2	2.0	−5.3
2013/12/31	2014/12/31	67.8	64.4	56.2	41.5	40.2	55.8
2014/12/31	2015/12/31	17.2	30.8	14.8	23.1	20.6	7.2
2015/12/31	2016/12/31	−4.1	−8.6	−13.5	−17.4	−20.5	−9.3
2016/12/31	2017/12/31	20.9	29.5	13.4	−6.3	−1.6	24.3
2017/12/31	2018/12/31	−16.2	−21.7	−29.3	−29.9	−33.8	−23.6
2018/12/31	2019/12/31	26.0	37.6	37.0	32.6	42.0	39.2
2019/12/31	2020/12/31	14.0	13.7	25.0	55.2	24.4	29.9
2020/12/31	2021/12/31	4.9	0.7	0.6	−4.7	12.4	−3.5
2021/12/31	2022/12/31	−6.6	−15.7	−18.9	−25.7	−23.6	−19.8
2022/12/31	2023/05/14	11.2	10.8	1.5	−3.8	1.0	1.8

资料来源：Wind 资讯。

在 2008 年的大熊市里，高股息率股票带来的优势并不明显。这可能是由于，在 2007 年底，所谓“股息率相对最高的股票”，绝对股息率也并不高。在 2007 年底，股息率最高的一组股票，股息率也只有 1.8%。相比之下，这个数字在 2005 年则是 7.9%，如表 2-3 所示。

表 2-3 沪深 300 指数成分股按股息率从高到低分为 5 组，各组股票当年股息率平均值及所有股票股息率平均值（原始数据）

（%）

日期	股息率排名 1～60 股票股息率平均值	股息率排名 61～120 股票股息率平均值	股息率排名 121～180 股票股息率平均值	股息率排名 181～240 股票股息率平均值	股息率排名 241～300 股票股息率平均值	所有股票股息率平均值
2005/12/31	7.9	3.5	2.1	0.9	0.0	2.9
2006/12/31	5.0	2.2	1.1	0.3	0.0	1.7
2007/12/31	1.8	0.8	0.5	0.3	0.0	0.7
2008/12/31	6.7	2.9	1.7	0.8	0.0	2.4
2009/12/31	2.2	1.1	0.7	0.4	0.0	0.9
2010/12/31	3.0	1.3	0.7	0.4	0.0	1.1
2011/12/31	4.4	2.2	1.4	0.7	0.1	1.8
2012/12/31	4.5	2.1	1.3	0.7	0.1	1.8
2013/12/31	5.2	2.7	1.5	0.8	0.2	2.1
2014/12/31	3.5	1.6	1.0	0.5	0.1	1.3
2015/12/31	3.9	1.6	1.0	0.5	0.1	1.4
2016/12/31	4.2	2.0	1.1	0.5	0.1	1.6
2017/12/31	3.9	1.9	1.1	0.5	0.1	1.5
2018/12/31	5.2	2.8	1.8	1.0	0.3	2.2
2019/12/31	4.7	2.4	1.3	0.6	0.1	1.8
2020/12/31	5.0	2.1	1.0	0.4	0.1	1.7
2021/12/31	5.1	2.0	1.0	0.4	0.1	1.7
2022/12/31	5.8	2.7	1.3	0.6	0.1	2.1
股息率年平均值	4.6	2.1	1.2	0.6	0.1	1.7

资料来源：Wind 资讯。

由此可见，股息率带来的在熊市中的保护，可能更加需要绝对值意义上的高股息，而不是股息率相对其他股票较高。

在随后2009年的牛市中，高股息率股票再次跑赢市场，当年股息率最高的一组股票回报率为142.4%，最低一组则为123.5%。有意思的是，同期沪深300全收益指数的表现只有98.6%，这是由于部分权重特别大的股票表现较差——沪深300指数并不是一个等权重指数，而本计算中各组股息率股票的回报率，则是按等权重方式计算的。

在2010年到2013年的4年弱市中，高股息率股票并没有表现出明显的优势，股息率最高的一组股票在4年中价格累计下跌了30.2%，最低的一组累计下跌了28.3%，同时沪深300全收益指数也下跌了30.2%。

同样，这一现象的原因，可能还是高股息率股票在2009年底“实际上并不高的股息率”。当时股息率最高的一组股票，股息率的平均值也只有2.2%，而在2008年底，这个数字则是6.7%，之后的2009年则高股息率股票价格表现优秀。

在2014年到2015年的大牛市中，高股息率股票表现优异。股息率最高的一组股票，两年平均回报率分别为67.8%、17.2%，次高组分别为64.4%、30.8%，相比之下，最低组则只有40.2%、20.6%，沪深300全收益指数回报率则为55.8%、7.2%。

在之后的2016年到2018年的3年震荡市中，高股息率股票再次表现出牛市多涨、熊市少跌的特点。

在2019年到2021年的高估值股票牛市中，高股息率股票则遭遇了自己的滑铁卢。在这3年中，市场追捧短期表现好、股价高，同时估值也高的股票，市场上甚至流行“只买贵的不买便宜的股票”“怕高就是苦命人”的观点。

2019年，股息率最高的一组股票的回报率为26.0%，最低一组则为42.0%，同时沪深300全收益指数的回报率为39.2%，高股息率股票回报率大幅跑输市场。2020年，股息率最高的一组股票回报率仅为14.0%，同时沪深300全收益指数回报率为29.9%。2021年，股息率最高、最低的两组股票，回报率分别为4.9%、12.4%。

经历了3年的低迷之后，到了2022年和2023年（截至5月14日，下同），高股息率股票的超额收益再次回归。2022年，股息率最高的一组股票价格下跌6.6%，最低的一组则下跌23.6%，沪深300全收益指数下跌19.8%，高股息率带来显著的抗风险能力。

在2023年的上涨中，股息率最高的一组股票价格上涨了11.2%，次高组上涨了10.8%，最低组则只上涨了1.0%，同时沪深300全收益指数只上涨了1.8%。

综合以上分析，我们可以得出以下总结。

1. 在标普500指数的50年历史中被证明有效的高股息策略，经过数据检测，在A股市场的沪深300指数成分股中也非常有效。

2. 高股息策略在沪深300指数成分股中的有效性，由于市场相对不成熟，比在标普500指数中表现出来得更高。

3. 与之相对的低股息率股票在长期的回报率，则会比指数更差。

4. 高股息率股票组的有效性，主要发生在股息率绝对值很高的时候（比如5%到7%）。在大牛市的顶点，当几乎所有股票的股息率都很低，最高一组也不过2%左右时，相对股息率较高、但是绝对股息率不高的股票的超额收益并不明显。

5. 高股息策略并不是在所有时候都有效。当市场出现 2019 年到 2021 年的极度追高风格时，高股息策略也会在几年的时间里承压。对于很多投资者来说，过短的考核周期（比如几个月或者一两年）会让他们在这种高股息策略无效的情况下，感到巨大的压力。

6. 以上高股息策略是非常机械的统计规律，其最重要的意义，是指出了“高股息率”这个特质所能带来的超额回报，而不是提出一个机械的交易执行规则。

当然，如果投资者机械地执行以上策略，从历史回测的数据来看，也会取得不错的投资回报。但是，聪明的投资者有理由做得比机械的模型更好。

如果投资者能够从主观判断的角度，选出长期股息率更高（股息率更高和每股自由现金流更好在很大程度上是重叠的）的一部分股票，并且根据股价和股息率的波动适时进行调整，那么他能获得的收益，必然会高于根据简单的年度财务数据筛选的 60 只股票组成的投资组合。正如查理·芒格所说：“人们往往会把可以量化的东西看得过重，因为他们想发挥自己在学校里面学到的统计技巧，于是忽略了那些虽然无法量化，但是更加重要的东西。我一生都致力于避免这种错误，我觉得我这么干挺不错的。”

高弹性股票是长期回报之敌

在证券投资中，不少投资者都喜欢找“弹性高”的股票，意思就是价格波动率大，涨的时候涨得够高的股票。至于弹性大的股票往往跌的时候跌得也多，不少投资者是不在乎的：跌的时候我跑得快啊，怕啥？（其实很多人只是嘴上说说，到头来，真能跑掉的没几个。）

不仅许多个人投资者如此，就是连以专业著称的机构投资者，也有不少喜欢高弹性股票的。我就见过不少机构投资者，一看到某某股票价格波动不大、股性不强，就会说：哎呀这只股票弹性太小了，就算涨起来也赚不到钱，我们还是看看那些“性感”一些的股票吧。

从长期投资来说，股票价格的高波动率、高弹性，恰恰是投资回报率的敌人。这里，就让我们从两组指数，看看股票价格的高弹性是如何伤害长期投资回报率的。

熟悉资本市场的人都知道，早年的申银万国证券（后与宏源证券合并为现在的申万宏源证券）编制了两组指数，来记录高 PE、低 PE 股票在长期的价格表现。在长期，高 PE 股票指数的表现远逊于低 PE 股票指数。这是很容易理解的，高估值本来对投资来说就不是什么好事。

数据显示，从开始的 1999 年 12 月 31 日，到 22 年以后的 2022 年 5 月 24 日，申万高 PE 指数从 1 000 点勉强涨到了 1 055 点，而申万低 PE 指数则从 1 000 点涨到了 6 192 点。同时，申万高 PE 指数在这个阶段的估值只下降到原来的约 3/5，申万低 PE 指数的估值则下降到原来的约 1/5。很明显，高 PE 指数在长期的表现，远远逊于低 PE 指数。

但是，非常有意思的是，如果投资者想找那些“短期有可能暴涨的股票指数”，那么申万高 PE 指数绝对是个更好的选择。长期回报率高得多的低 PE 指数，带来的短期刺激，相比之下要少很多。

这里，让我们做一个测试，以股票指数每日上涨超过 2% 的次数，来衡量一下高PE指数和低PE指数，哪个更“性感”。在2000年到2022年的近23年中（具体数据日期为1999年12月31日到2022年5月24日，下同），申万高PE指数当日上涨超过2%（不包含2%，下同）的次数，为590次，而同期申万低PE指数当日上涨超过2%的次数，只有466次，如表2-4所示。

惊不惊喜，意不意外？一个指数23年来点位几乎没变，但是日内上涨超过2%的次数，竟然比另一个22年涨了5倍的指数（更遑论两者估值变动还不一样），还要多大概20%。也就是说，投资高PE指数相对于投资低PE指数来说并不赚钱，只可以赚到更多的“性感”和“心跳”。

让我们来看一看每年的数据，在2000年到2022年的近23年中，申万高PE指数当年日涨幅超过2%的次数大于申万低PE指数的，占到16年。只有在2001年、2003年、2006年、2007年、2014年的5年里，申万高PE指数的日内大幅上涨次数小于申万低PE指数。平均来说，每年申万高PE指数日涨幅大于2%的次数，比申万低PE指数多了5次。

再看2015年到2022年（2014年12月31日至2022年5月24日），在这7年半中，由于种种原因，申万高PE指数日涨幅大于2%的次数，平均每年比申万低PE指数多了足足14次。但是，在这7年中，申万高PE指数从1 184跌到1 055点，下跌了约11%。申万低PE指数则从5 543点上涨到6 192点，上涨了约12%。而且，申万低PE指数的估值在这期间下降了50%，申万高PE指数的估值则上升了大约25%。

表 2-4　申万高 PE 指数和申万低 PE 指数对比

日期	指数点位		指数 PE		起始时间	结束时间	日涨幅大于 2% 的次数（次）			日跌幅大于 2% 的次数（次）		
	申万高 PE 指数	申万低 PE 指数	申万高 PE 指数	申万低 PE 指数			申万高 PE 指数	申万低 PE 指数	申万高 PE 指数日涨幅大于 2% 的次数 – 申万低 PE 指数日涨幅大于 2% 的次数（次）	申万高 PE 指数	申万低 PE 指数	申万高 PE 指数日跌幅大于 2% 的次数 – 申万低 PE 指数日跌幅大于 2% 的次数（次）
1999/12/31	1 000	1 000										
2000/12/31	1 598	1 525	185	31	2000/01/01	2000/12/31	20	15	5	13	17	−4
2001/12/31	1 168	1 218	173	23	2001/01/01	2001/12/31	6	7	−1	17	14	3
2002/12/31	966	1 039	172	21	2002/01/01	2002/12/31	19	14	5	21	15	6
2003/12/31	748	1 317	159	19	2003/01/01	2003/12/31	9	16	−7	4	5	−1
2004/12/31	526	1 200	127	12	2004/01/01	2004/12/31	21	18	3	27	13	14
2005/12/31	382	1 197	106	8	2005/01/01	2005/12/31	25	17	8	38	14	24
2006/12/31	628	2 732	152	17	2006/01/01	2006/12/31	21	28	−7	20	15	5
2007/12/31	1 656	7 985	221	27	2007/01/01	2007/12/31	62	64	−2	32	35	−3
2008/12/31	606	2 546	65	7	2008/01/01	2008/12/31	49	47	2	68	73	−5
2009/12/31	1 218	5 510	148	22	2009/01/01	2009/12/31	44	44	0	37	30	7
2010/12/31	1 209	4 431	201	12	2010/01/01	2010/12/31	27	21	6	33	18	15
2011/12/31	800	3 471	62	9	2011/01/01	2011/12/31	14	14	0	32	20	12

（续）

日期	指数点位		指数 PE		起始时间	结束时间	日涨幅大于 2% 的次数（次）			日跌幅大于 2% 的次数（次）		
	申万高 PE 指数	申万低 PE 指数	申万高 PE 指数	申万低 PE 指数			申万高 PE 指数	申万低 PE 指数	申万高 PE 指数日涨幅大于 2% 的次数 – 申万低 PE 指数日涨幅大于 2% 的次数（次）	申万高 PE 指数	申万低 PE 指数	申万高 PE 指数日跌幅大于 2% 的次数 – 申万低 PE 指数日跌幅大于 2% 的次数（次）
2012/12/31	757	3 805	59	9	2012/01/01	2012/12/31	17	15	2	25	9	16
2013/12/31	878	3 441	80	8	2013/01/01	2013/12/31	23	16	7	17	16	1
2014/12/31	1 184	5 543	81	12	2014/01/01	2014/12/31	10	19	–9	13	7	6
2015/12/31	1 802	6 421	152	12	2015/01/01	2015/12/31	63	46	17	44	34	10
2016/12/31	1 265	6 021	127	11	2016/01/01	2016/12/31	22	12	10	22	10	12
2017/12/31	976	7 545	97	12	2017/01/01	2017/12/31	2	1	1	11	1	10
2018/12/31	617	5 846	55	7	2018/01/01	2018/12/31	22	16	6	29	19	10
2019/12/31	842	7 303	72	8	2019/01/01	2019/12/31	31	11	20	21	8	13
2020/12/31	1 253	7 314	119	9	2020/01/01	2020/12/31	36	14	22	25	14	11
2021/12/31	1 446	6 636	121	6	2021/01/01	2021/12/31	35	8	27	27	8	19
2022/05/24	1 055	6 192	102	6	2022/01/01	2022/05/24	12	3	9	17	8	9
累计次数（次）							590	466	124	593	403	190

资料来源：Wind 资讯。

那么，为什么高 PE 指数当日大涨的次数更多，但是长期表现却更差呢？原因很简单，高 PE 指数当日大涨，并不来自它的内在价值增加，而是来自它更高的波动率。在硬币的反面，高 PE 指数当日大跌的次数，也远多于低 PE 指数。

结果，长期下来，更高的波动率虽然让高 PE 指数在短期看起来更“性感”、更“有弹性”，但是这并不改变其在长期会折损价值的本质。

需要指出的是，以上的检测结果是对“日涨幅大于 2%”做出的。在其他一些参数下计算，比如每周、每月，涨幅大于 5%、10% 等，得到的结果也大体相同，这也符合分形几何的原理。限于篇幅，在此不再一一列出结果。有兴趣的读者，可以自己动手计算。

如果说低 PE 指数和高 PE 指数，这两组指数的波动率不同，是由 A 股市场长期的“炒热门（高估值股票）不炒冷门（低估值股票）”的传统所导致，只是间接反映了股票弹性（冷热与否）和长期回报率之间的负相关关系，那么长江证券所提供的一组基于波动率的股票指数，则更好地告诉了我们，股票的高弹性是长期回报率之敌。

根据 Wind 资讯提供的数据，长江高波动率指数“在 A 股市场中选择历史波动率高、流动性好的前 100 只股票作为指数成分股”，而长江低波动率指数则是“选择 A 股市场中历史波动率较低、流动性相对较强的前 100 只股票”。

如表 2-5 所示，从 2001 年 12 月 31 日到 2022 年 5 月 24 日，长江高波动率指数从 1 013 点跌到了 643 点，跌幅约为 37%。同期，长江低波动率指数从 1 252 点上涨到了 8 123 点，涨幅约为 549%。很明显，对于长期投资来说，高波动率绝对是投资回报率的敌人。

表 2-5 长江高波动率指数和长江低波动率指数对比

日期	指数点位		起始时间	结束时间	日涨幅大于 2% 的次数（次）		长江高波动率指数日涨幅大于 2% 的次数 – 长江低波动率指数日涨幅大于 2% 的次数（次）	日跌幅大于 2% 的次数（次）		长江高波动率指数日跌幅大于 2% 的次数 – 长江低波动率指数日跌幅大于 2% 的次数（次）
	长江高波动率指数	长江低波动率指数			长江高波动率指数	长江低波动率指数		长江高波动率指数	长江低波动率指数	
2001/12/31	1 013	1 252	2001/01/01	2001/12/31	9	6	3	21	15	6
2002/12/31	712	1 147	2002/01/01	2002/12/31	30	9	21	34	6	28
2003/12/31	576	1 087	2003/01/01	2003/12/31	20	2	18	15	1	14
2004/12/31	460	869	2004/01/01	2004/12/31	37	11	26	42	4	38
2005/12/30	372	759	2005/01/01	2005/12/31	33	13	20	44	13	31
2006/12/29	742	1 465	2006/01/01	2006/12/31	33	24	9	20	18	2
2007/12/28	2 171	4 457	2007/01/01	2007/12/31	67	66	1	37	33	4
2008/12/31	764	2 053	2008/01/01	2008/12/31	63	53	10	71	60	11
2009/12/31	1 825	3 630	2009/01/01	2009/12/31	48	26	22	37	27	10

2010/12/31	1 906	3 704	2010/01/01	2010/12/31	34	16	18	33	18	15
2011/12/30	1 130	2 912	2011/01/01	2011/12/31	22	9	13	37	13	24
2012/12/31	1 130	2 960	2012/01/01	2012/12/31	28	8	20	31	8	23
2013/12/31	1 353	3 282	2013/01/01	2013/12/31	30	8	22	28	11	17
2014/12/31	1 637	5 422	2014/01/01	2014/12/31	28	13	15	26	5	21
2015/12/31	3 114	8 360	2015/01/01	2015/12/31	76	59	17	48	39	9
2016/12/30	2 317	8 405	2016/01/01	2016/12/31	29	13	16	30	12	18
2017/12/29	1 344	8 740	2017/01/01	2017/12/31	13	0	13	24	0	24
2018/12/28	795	6 686	2018/01/01	2018/12/31	34	4	30	43	10	33
2019/12/31	822	7 447	2019/01/01	2019/12/31	28	8	20	27	5	22
2020/12/31	782	7 821	2020/01/01	2020/12/31	36	8	28	30	10	20
2021/12/31	819	8 795	2021/01/01	2021/12/31	16	1	15	22	2	20
2022/05/24	643	8 123	2022/01/01	2022/05/24	13	3	10	18	7	11
累计次数（次）					727	360	367	718	317	401

资料来源：Wind 资讯。

在这 20 多年中，长江高波动率指数日内上涨超过 2% 的次数，达到 727 次，比长江低波动率指数的 360 次多了足足一倍多。当然，从日内下跌幅度超过 2% 的次数来说，事情也是一样，长江高波动率指数在此期间达到了 718 次，而长江低波动率指数只有 317 次。

以上的例子告诉我们，对于长期投资回报来说，股票价格具有高弹性，绝对是有害无益的事情。当我们为股票价格在短期内大涨而感到兴奋时，却不知道，“所有命运赠送的礼物，早已在暗中标好了价格”。这种更频繁的股价在短期内大涨所带来的“刺激”“性感”的代价，是更差的长期回报。

那么，为什么更刺激、更高的股价波动，会带来更糟糕的长期回报呢？原因很简单，波动越高的地方人气就越旺，人气越旺的地方价格就越高（看看周杰伦演唱会的门票价格你就知道了），价格越高长期投资回报率就越低，如此而已。

我亲爱的读者，现在，你还会为了今天的大涨而兴奋，为了明天的大跌而沮丧吗？

为什么在二级市场更容易捡漏

文玩市场中的捡漏从何而来

在文玩市场上，有个词叫“捡漏”，意思就是捡到别人漏下来的、售价远低于实际价值的文玩。一旦捡漏成功，就可能以几十元的价格，买到价值几千元、几万元的藏品。

那么，什么地方能捡到漏呢？大家都知道，文玩最集中、质量最好的地方，就是各个文物拍卖行。这些拍卖行每年都会举办不少拍卖活动，那么在拍卖市场上，能捡到漏吗？

答案很简单：不行。因为在文物拍卖市场上，所有被拿出来拍卖的文物，文化内涵何在，价值多少，拍卖行都明明白白地做过调查。而来竞拍的人，也都对文玩物件有不错的了解。在这种市场上，大家轮番举牌，怎么容易捡到漏呢？

要说文玩行业如何捡漏，要点一定是要去信息不对称的地方。在农村找老物件，在国外的旧货市场找别人不认得的东西，等等。至于在灯火辉煌的拍卖市场，想捡漏，那简直比登天还难。

也就是说，如果要捡漏，那么你的交易对手，一定得比你对文玩的了解要少，甚至要少很多才行。由此可见，“捡漏”这个投资收益颇丰的投资技巧，说到底，依靠的是交易双方的信息不对称。

股权投资很难捡漏

文玩市场如此，资本市场也是一样。在资本市场上，如果我们的交易对手非常聪明，那么就很难捡漏。反之，如果我们的交易对手对企业的理解很不到位，天天基于一些别的原因进行交易（比如价格的涨跌），那么我们捡漏的概率就会大增。

从捡漏的角度来说，一级市场，也就是股权投资市场，并不算是一个好地方。

为什么这么说呢？让我们想一想，在股权投资市场，当 PE 基金、VC 投资机构、天使投资人等股权投资者，试图参与一家企业的股权投资时，它们面对的交易对手是谁？

很明显，它们面对的交易对手，基本上都是企业的创始人、核心团队，或者，有时候交易对手是企业更早期的投资者（它们通过交易进行股权转让）——这些投资者是经验丰富的股权投资高手。

显然，这些交易对手，对企业的理解，都是非常到位的。甚至对于一些内部不为人知的事情，这些交易对手比后来的股权投资者，懂得多得多。在这种交易环境下，一级市场投资者，也就是股权投资市场的投资者，就很难在交易中“捡漏”。

当然，一级市场诞生了很多伟大的基金，但它们的盈利着眼点并不是“捡漏”，而是发现真正优秀的企业，并给它们成长机会。也就是说，它们并不是以低于价值的价格去购买股权，而是看到了，或者有时候是蒙对了企业未来的发展。

不过，对于一级市场的投资者来说，当面对企业的投资请求时，很多时候并不容易区分哪些是“真正为了未来的发展而希望进行融资”，哪些是“借别人的钱来冒自己不敢冒的险、填自己不敢跳的坑”。

毕竟，每一家抛出融资需求的初创企业，都会说“我们有充分的决心，企业有远大的未来”。但是，很多时候，真实情况并不让人满意。

当面对这种“股权投资者和企业创始团队之间的信息差”时，由于投资者无法像创始团队那样了解企业，因此很多时候，股权投资者需要面对一个糟糕的困境：发展得真好的企业往往不要钱，来要钱的企业往往真实情况一般般。

对于以超高速成长的初创企业来说，它们往往会以成熟企业难以企及的速度增长。对于成熟企业来说，营业收入每年增长 10% 就算有不错的业绩，有 20% 就算良好，而如果能增长 30%，那么就可以算是出类拔萃了。

比如，在 2011 年到 2021 年的 10 年里，贵州茅台公司的营业总收入 CAGR 是 19.5%，以高速增长闻名的比亚迪公司，其间营业总收入的 CAGR 为 16.0%，调味品行业的龙头海天味业营业总收入的 CAGR 也只有 15.2%。

以上这些公司，都是内地资本市场公认的优秀公司，年复合增长率也不过在 15% 到 20%。但是，在一级市场，增长快速的初创企业，营业收入可以以每年几倍的速度增长。

这时候，看着企业高速飙升的流水，企业的创始团队是非常明白企业的价值的。现在问题来了，如果这样的企业真需要融资，创始团队是会自己凑钱、找亲戚朋友凑钱，还是会去找素未谋面的股权投资机构呢？

面对这么好的机会，如果你是创始团队，你找谁？

我曾经有两个创业的朋友，一个是做农产品和食品的，一个是做教育培训的。在企业发展的早期，他们的企业每年的收入都增长好几倍，两年就能翻十倍。如果一切顺利，那么企业体量三年就能变成原来的三五十倍。当他们的企业需要融资时，他们不约而同都选择了自己找亲戚朋友凑钱，而不是找股权投资机构。

正是这种交易对手的专业性，导致在一级市场进行股权投资是一件非常困难的事——需要钱的企业不一定好，好的企业大多不需要钱（尤其是不需要你的钱）。在这样一个大家都是专业人士的市场里，“捡漏”的确不是一件容易的事情。

为什么二级市场容易捡漏

与一级市场相比，二级市场，也就是我们常说的股票市场，简直就是捡漏的天堂。这是为什么呢？其中的区别，要从两个市场不同的定价机制说起。

在我们刚刚讨论过的一级市场，每一笔股权交易，都是股权投资者和企业创始人，或者早期投资基金谈出来的。那么，在二级市场呢？

在二级市场，一家公司的股票，主要由三种人持有。第一种是上市公司的大股东，一般持有 50% 甚至更多的股份。第二种是上市公司的次重要股东、一些长期战略投资者，一般会占到 20% 或 30% 左右。第三种人，则是相对更小的股东，占到 10% 到 20%。

有意思的是，二级市场活跃的股票价格，不是由大股东决定的——最懂上市公司的大股东，往往交易得最少。而且，他们的每一笔交易，都要受到严格的监管，需要发布公告，等等。

对于次重要股东和战略投资者，事情也类似，他们交易的次数会稍微多一些，但是并不频繁。

在二级市场，最活跃、成交量最大的投资者，也就是交易行为对价格影响最大的投资者，是最后一种投资者。这些投资者持股占比不高，对公司的理解也最差，但是他们交易得最多。而这最多的交易量，决定了市场的价格。

以邮储银行（601658）为例，根据 2021 年年报，这家国有大型银行的第一大股东是中国邮政集团有限公司，持股比例为 67.38%，第二大股东则是购买在港交所上市的邮储银行股票的港股股东合集，占比 21.48%。第三到第五大股东则是一些长期投资者，累计占比 4.43%。

很显然，以上的五大股东，要么没有频繁交易，要么根本不影响 A 股价格（港股股东合集）。以第一大股东为例，中国邮政集团有限公司在 2020 年到 2021 年，增持了大约 2.5% 的股票，按邮储银行当时大约 4 000 亿元的总市值，成交额大概是 100 亿元。

那么，2020 年到 2021 年邮储银行的 A 股成交总金额是多少呢？答案是 2 800 亿元。持股占比达到 2/3 的第一大股东，实际成交的金额，只占了两年成交金额的不到 4%。除了前五名投资者，邮储银行只有 6.71% 的股票在其他投资者手中（根据 2021 年年报）。而这些投资者的频繁交易，决定了邮储银行的股票在二级市场的价格。

现在，你应该很清楚为什么二级市场容易“捡漏”了吧？在二级市场，投资者的交易对手，在绝大多数情况下，既不是对公司了如指掌的大股东，也不是对公司知之甚详的重要战略股东，而是对企业并不太了解的为数众多的投资者。

对于这些为数众多的投资者来说，他们在股市进进出出，每天的价格波动影响着他们变现的金额，因此这些价格波动远比企业的长期真实状况来得重要。与这些投资者做交易，当然就更容易“捡漏”了。

以上所述，就是二级股票市场比一级股权市场更容易“捡漏”的原因。聪明的投资者，现在你知道该怎样利用这种机会增加自己的财富了吗？

投资中“沉默的螺旋”

什么是“沉默的螺旋”

在新闻传播学中，有一个经典理论——“沉默的螺旋”，描述了为什么我们不容易听到少数派的声音，哪怕这些声音才是正确的。

“沉默的螺旋”理论指的是，当一个人感到他的意见在群体中属于少数时，那么无论他认为自己的意见正确与否，他都会由于害怕被持不同意见的多数派报复或孤立，而相对不愿意表达自己的少数派观点。

而当一个人怯于表达自己的少数派观点时，这种观点就会变得更加小众，导致其他持有这种观点的少数派，变得越发不愿意表达自己的观点。

当这种“因为意见属于少数派所以不敢表达→不敢表达导致意见变得更加属于少数派”的螺旋形成时，少数派就会彻底沉默。

当“沉默的螺旋”发生时，我们在一个群体中，将很难听到少数派的声音，只剩下最为大众的理论，无论这个理论是对是错。而那些少数派的观点，即使是正确的，也会被“沉默的螺旋”吞噬。

在资本市场上，我们经常可以看到“沉默的螺旋”。

当“沉默的螺旋”发生在投资者群体中时，投资者将很难从身边人的声音中，找到理性的投资建议。当“沉默的螺旋”发生在基金公司、投资公司内部时，投资决策将变成“一言堂”，而投资组合则会在这种无脑的“一言堂”的带领下，走向平庸，甚至亏损。

小公司泡沫中"沉默的螺旋"

让我们来看一看，在资本市场的历史上发生过的"沉默的螺旋"。

在2011年、2013年连续出现的小公司泡沫中，A股市场对于当时的蓝筹股，给予了非常低的估值。当时，一家公司即使拥有优秀的财务报表，只要公司规模较大，市场就会给出相对更低的估值。

此时，资本市场充满了对蓝筹股的鄙视，甚至一些投资者将"蓝筹股"比作"烂臭股"。这时候，在几乎所有的投资者交流会议、群聊中，只要有人表达对蓝筹股的喜爱和对其低估值的不理解，就会遭到嘲笑：你究竟懂不懂投资？大公司有什么想象力？

在这种时候，研究员不敢给基金经理推荐蓝筹股，基金经理不敢买蓝筹股，个人投资者不敢追股价低迷的蓝筹股。对于蓝筹股这种相对优质，而且当时估值更低的股票，证券市场中理性的声音陷入了"沉默的螺旋"。

事实证明，蓝筹公司仍然是中国经济的中流砥柱。在后来的2014年、2017年、2020年三次牛市中，蓝筹股一扫之前的低迷，成为牛市的主力军。但是，在早年忽视了"沉默的声音"，跟随市场主流的"不喜欢蓝筹股"的理论做投资的人们，无法享受到这些投资回报了。

高估值股票泡沫中"沉默的螺旋"

有道是"历史不会简单重演，却会压着相似的韵脚"。在2020年到2021年（主要是上半年）的A股高估值股票泡沫（也叫抱团股泡沫）中，这种"沉默的螺旋"再次上演。

在高估值股票泡沫中，资本市场热衷于购买估值高的股票，回避估值低的股票，即使它们的基本面从长期来看并没有什么不同。

当时，资本市场上经典的理论有：“股票高估自然有高估的道理，低估自然是因为市场发现股票质量不好，所以要买就要买高估值的股票。”“看重股票估值是过时的投资方法，今天的投资就要展望未来，要看到前途，不要纠结基于过去财务数据的估值。”“看重估值的人总是说风险，敢买高估值股票的人却实实在在地赚到了钱。所以前者永远在说风险，后者则越来越有钱。”

在2020年到2021年上半年的高估值股票泡沫中，那些对估值仍然看重，认为投资需要考虑估值的投资者，成为市场上绝对的少数派。

当这些投资者说出“投资还得看估值”的时候，会遭到同行的嘲笑，会遭到客户的奚落，销售人员也会抵触这种做法。毕竟，谁不知道“现在投资不能看估值”呢？而为了在行业中生存，这种声音也就越变越小。

当这种“看重估值”的声音成为少数派以后，越来越少的人就“在螺旋中沉默”，越来越少的人敢于直接说出“我认为估值非常重要”。

更有意思的是，当这种“沉默的螺旋”在资本市场发生时，它比在新闻传媒中的螺旋更进了一步。这种观点上的“沉默的螺旋”开始和股票价格产生互动。

当越来越少的人敢于说出“估值仍然很重要”时，市场在短期就越发受到“投资不用看估值”，甚至“买股票就要买贵的”的影响，越来越多的资金开始冲向高估值股票，导致这些股票的价格继续上涨，同时低估值股票的价格继续下跌。

这时候，在“沉默的螺旋”中试图说出真话的投资者，不但会面临周围人的言语压力，他们的投资业绩也会变差（低估值股票在短期越跌越多），导致他们更加没有勇气，也没有底气说出自己心里的话。就这样，资本市场的扭曲螺旋，终于在沉默中达到极致。

但是，任何违背商业规律的事情，在长期终究无法持续。投资中，估值永远是最重要的一个因素（另一个是资产质量）。在后来的 2021 年下半年到 2022 年，高估值股票价格终于下跌，而之前过于追逐高估值股票的投资者，也因此蒙受了巨大损失。

逆向说话不容易

“沉默的螺旋”之所以存在，主要的原因，是逆向说话并不容易。其实，不光在今天的资本市场说出逆向的话不容易，自古以来这就不是一件容易的事情。

《旧唐书》记载，隋朝末年，天下大乱，群雄并起。李密作为杨玄感的首席谋臣，和杨玄感一道起兵造反。起兵成功以后，有一天，有人劝杨玄感称帝，杨玄感就问李密意见如何。

李密回答：“昔陈胜自欲称王，张耳谏而被外；魏武将求九锡，荀彧止而见疏。今者密若正言，还恐追踪二子。”

这段话是什么意思呢？李密是说，秦朝末年，陈胜起兵以后想要称王，张耳劝陈胜不要称王，因此遭到陈胜疏远。而在汉朝末年，曹操有称帝企图时，荀彧劝谏曹操不要称帝篡汉，结果遭到疏远。我今天如果逆你杨玄感的意思，劝你不要称帝，恐怕要追随当年张耳、荀或两位的脚步啊！

以李密和杨玄感的交情（李密是杨玄感之父杨素给杨玄感找来的重要帮手），李密尚且不敢贸然逆杨玄感的意思说话，在今天的资本市场，想要说出逆市场而行的话，其难度之大，也就可想而知，“沉默的螺旋”也就因此形成。

如何在投资中避免“沉默的螺旋”

正是因为“沉默的螺旋”存在，因此对于好的投资公司、基金公司来说，一种极度扁平的交流氛围，是绝对不可或缺的。

在传统企业中，尊卑有别、长幼有序的情况往往比较明显，普通员工见到高级管理者，以及总经理、董事长，往往毕恭毕敬，唯唯诺诺。这种氛围，固然有利于公司上下拧成一股绳提高管理效率，但是对于形成良好的信息讨论环境，却是毫无用处。

由于投资公司、基金公司中的工作，是完全以做出决策的正确与否衡量的，与公司的运行效率没有太大的关系，因此在这些公司中，哪怕等级再低的员工，也必须能够自由、毫无压力地表达自己对投资的看法。这样，才能够避免形成“沉默的螺旋”。

要知道，在投资行业中，等级再高的管理者，都有可能犯错，永远不犯错的投资者完全不存在。这时候，一种极度扁平、倡导自由发言、没有尊卑和阶级的文化氛围，就能够以最大的可能性让员工站出来，阻止错误的商业判断被付诸投资行动中去。

反之，如果一家投资公司、基金公司的文化氛围，是唯领导制，唯级别论，低等级员工在面对高等级员工时完全不敢反驳，只敢说

“领导讲的真对”，那么在这种公司的投资工作中，就很难避免“沉默的螺旋”。领导的投资决策一旦有错，公司就会在没有阻碍的情况下，做出错误的投资决策。

对于没有组织和团队，依靠自己做投资的人来说，我们也需要认识资本市场中“沉默的螺旋”，明白在大众中流行的言论，往往会受到这种“螺旋”的干扰。

当我们听到资本市场中只有一种主流观点时，个人投资者需要明白这种观点是如何形成的，认识到“不是说的人多的观点就有理”。

在不被市场主流观点影响的同时，投资者也需要增强自己的研究能力，发掘出主流舆论不看好，甚至完全忽视的投资机会。在我的投资经历中，大概90%，甚至95%的好投资机会，都来自自己从数据、公告、资料中找到的线索，极少有线索来自市场流行的言论，主流的市场言论总是在吹捧一些糟糕的投资机会。

避免“沉默的螺旋”，找到资本市场真正的投资机会，才是投资工作中的专业技巧所在。

行情的四个阶段：绝望、怀疑、成熟和陶醉

在描述市场价格的运行周期时，美国逆向投资大师约翰·邓普顿说过一段名言，被我奉为圭臬：“行情总是在绝望中诞生，在怀疑中成长，在乐观时成熟，在陶醉中结束。”

现在，就让我们来聊聊投资中经常遇到的这4个阶段，看看在历史上的一些价格周期循环中，这4个阶段是如何展现的。

在绝望中诞生

在投资工作中，不少投资者喜欢从新闻、研究报告中，寻找合适的投资标的。殊不知，这样做很难找到最优秀的投资标的，原因恰如邓普顿所说："行情总是在绝望中诞生。"

在市场最绝望时，投资者可以找到对于长期来说最优秀的价格。这些价格有时候简直低得离谱，但是如果我们能够理智地分析资产的长期价值，就会发现这些价格绝对是错误的。

比如，在 2022 年 10 月香港股票市场最惨淡的时候，我在港股中找到一些央企的股票，其市净率估值在 0.2 倍上下。这个估值，对于稳健经营、净资产回报率在 8% 左右的公司来说，几乎是不可想象的。但是，在绝望的行情中，我们就能找到这样的估值。

再比如，2000 年，内地一线城市的住宅类房地产，其租金回报率达到了惊人的 8% 左右。也就是说，一间月租金 2 500 元，年租金 3 万元的房子，售价不过 38 万元。站在今天的房地产市场，我们会觉得这种价格不可想象。

伴随着不可想象的价格的，一定是市场最绝望的情绪。这种绝望不仅仅表现在可以感知的投资者的情绪上，更体现在一些不可感知的地方——人们并不是充满抱怨地谈论这些资产，而是根本不会有几个人愿意聊这些资产。

想想看，道理确实如此。如果大家都对一种资产感到"绝望"，那么有谁愿意出价呢？又有谁愿意谈论它呢？但凡还有不少人愿意谈论的投资，都还没到"绝望"的地步，有道是"没人愿意踢一条死狗"。

由于一种陷入绝望境地的资产，虽然价格足够低廉，但是也不会有多少人有兴趣聊起它，因此对于价值投资者来说，指望通过新闻报道、论坛聊天、同行间泛泛的讨论，就找到这些投资标的，基本上是不可能的。

要发现这些投资标的，按彼得·林奇的话说，得靠自己去“翻石头”。

在以上所说的两个例子中，港股极度被低估的投资机会，在当时几乎没人提起，只有覆盖全市场的数据表格才会一丝不苟地告诉投资者，这里还有一些很便宜的公司。

而在 2000 年的房地产市场中，一些一线城市（比如上海）甚至推出了外地人买房送户口的政策，可见当时的房地产市场冷清到了什么地步——根本没多少人主动购买，只能靠户口来吸引人。

绝望中的行情，往往会给投资者提供最低廉的价格。不过值得注意的是，这种绝望期通常会非常漫长，甚至能压垮一些非常坚韧的投资者。

所以说，对资本市场的敬畏，在任何时候都不该被忘记。和不少人理解的意思不同，这种敬畏并不是指对资本市场的理智和明智的定价能力的敬畏，而是指我们要对资本市场的非理性和残酷保持敬畏。

在“绝望的资产”终于被记起来之后，行情会来到第二个阶段：在怀疑中成长。

在怀疑中成长

当行情走出“绝望”阶段以后，坚守其中的投资者并不会过上一帆风顺的日子，他们会迎来第二个挑战阶段：怀疑。

在一种资产价格的“绝望”阶段中，资本市场对这种资产的印象，会差到糟糕透顶，甚至觉得这种资产没有一点点价值。

很有意思的是，这种“你就是个垃圾，你没价值”的市场主流印象，许多时候和真正的价值毫不相干。反过来，当市场觉得某种资产很有价值时，也许这种“资产”其实没有一点价值，经典的例子就是虚拟货币。

当资产的价格逐步从“绝望”走向“成长”时，资本市场在之前漫长的“绝望期”保持的刻板印象，并不会立即消失。之前的批评者现在带着惊愕的目光，看着这种“没有价值”的资产开始涨价。

在懊恼自己没从中赚到钱之后，市场舆论往往会以更加猛烈的态势，嘲讽价格的上涨。于是，投资者就会遇到一个尴尬的境地：一方面资产价格在慢慢上涨，另一方面市场舆论并不友好。

于是，资本市场上一种著名的现象出现了：牛市多长阴（它的反面则是熊市多长阳）。这种现象指的是，在市场的上涨周期中，投资者反而会遇到最猛烈的回调。这种回调，就是在怀疑的舆论中产生的。

以标普500指数在1987年遇到的情况举例，我们就可以很清楚地看到，什么是“牛市多长阴”。

从1982年开始，标普500指数结束了长达十年左右的震荡市。在所谓的“里根宽松大循环”[一]的带动下，标普500指数开启了将近20年的大牛市。标普500指数从100点附近一路上涨，到1987年10月初涨到了大约320点。

㊀ 从里根总统开始，美国进行的金融宽松周期。

但是，在 1987 年 10 月的大调整中，这个指数在短短 4 个交易日里，就从 10 月 13 日的 314 点，暴跌到了 10 月 19 日的最低 216 点，跌了几乎 1/3。

不过，4 个交易日下跌 1/3 又怎样呢？2000 年，标普 500 指数最高达到了 1 552 点。在 1987 年的怀疑气氛中，抛弃股票而去的投资者，后来不知道有多后悔。

在乐观时成熟

行情的第三个阶段，邓普顿将其称为“乐观的成熟阶段”。这时候，价格的上涨已经持续了一段时间，那些在“绝望”阶段出现的怀疑论，也已经被持续上涨的价格消磨殆尽。

在这个阶段，人们开始普遍意识到资产的价值。但是，这时候的价格已经和价值非常匹配，而且随着参与者的不断增多，很难找到定价错误的资产。人们开始变得乐观起来，便宜的资产已经渺无踪迹，市场交易价往往会高出价值一些。

在“乐观的成熟阶段”，人们倾向于投入大量的精力，在已经不便宜的资产中寻找错配的价格。有趣的是，他们的这种精力本来应该用在“绝望”阶段，那时候随便分析一下都可以发现大量价格和价值的错配。

在“乐观的成熟阶段”，股票分析师们用复杂的模型，定义一只股票究竟应该值 13.5 元还是 14.2 元，却忘记了 5 年前这只股票只卖 3 元。房地产投资者们努力分析各个楼盘之间的差距，得出“这个每平方米 6 万元的楼盘，其实比那个 5.5 万元的更好，因为配套设施更成熟”的、看似聪明的结论，却忘记了10年前这个楼盘每平方米只要1万元。

在2021年底到2022年秋天的内地可转债市场中，我就看到了一个成熟的阶段。2021年初，可转债市场遭遇了一场血雨腥风，不少可转债的价格下跌到70元、80元，而其发行公司并没有多少违约风险。这时候的可转债市场，其实有许多黄金机会。当时，却没有多少投资者进行可转债的分析。

但是，到了2021年底到2022年秋天的这段时间，市场对确定性收益和下行风险控制的需求较多，许多可转债已经比较昂贵，转股溢价率普遍达到20%，甚至更多。这时，新上市的债券，往往会冲到120元、130元，而其转股价值往往只有90～100元，纯债价值也不过90多元。

这时候，可转债市场明显已经走入成熟，人们对定价开始变得乐观起来，20%、30%的溢价率代表的就是这种情绪。

当时，我在各种投资论坛、社交圈里，看到大量对可转债的详尽分析，比如“这只可转债转股溢价率有10%，虽然溢价，但是比平均的30%还是好了点儿，同时正股上涨潜力大，可以持有”。只不过，在这种成熟期，还有多少盈利空间可以争取呢？

“目将眇者，先睹秋毫；耳将聋者，先闻蚋飞；口将爽者，先辨淄渑；鼻将窒者，先觉焦朽；体将僵者，先亟奔佚；心将迷者，先识是非：故物不至者则不反。”（语出《列子·仲尼》。）在“乐观的成熟阶段”，市场已经很难让投资者轻松赚钱。这时候，对于价格的分析却是数量最多、模型最复杂、理论最丰富、看起来最有道理的时候，即以上所谓的“心将迷者，先识是非”。

只不过，成熟阶段一切的纷繁与复杂，以及让人微醺的乐观气氛，都无法阻挡最后一个阶段的到来：陶醉。

在陶醉中结束

应该说，约翰·邓普顿爵士（他在1987年被伊丽莎白二世女王授予爵士爵位）是一个优雅的人，他使用了“陶醉”这个词，来描述行情的最后一个阶段。如果是我，可能更愿意用“癫狂”，来描述行情最后的疯癫与狂暴。

在行情的最后一个阶段，价格的暴涨占据了绝对的主流。“绝望”阶段中的遗忘、“怀疑”阶段中的质问、“成熟”阶段中的锱铢必较，已经被“陶醉”（或者“癫狂”）阶段中的暴躁所取代。

在这个阶段，理智的分析已经无法为飞涨的价格找出合适的解释，哪怕把正统模型的估值参数换成最宽容的数字也不行。人们的着眼点，全然在暴涨的价格本身，至于背后的资产究竟值多少钱，价格是否太离谱，已经没有多少人关注。

当理智的分析已经没法给价格背书时，“陶醉”阶段的市场开始创造新的逻辑。

在2000年美国科技股泡沫中，人们开始用高得离谱的市销率，来解释没有盈利的科技股公司应当如何估值。公司只要能卖出东西，哪怕是赔本卖，市场就能给估值。这类估值方法后来也被称为“市梦率”——市值与梦想的比率。而梦想究竟怎么定价，谁也说不清楚。

在2020年到2021年的A股抱团股泡沫中，投资者们喊出了“不买对的，只买贵的”“怕高就是苦命人”的口号。试问，这个世界上哪有付出的价格越高越好的道理？但是在当时“陶醉”阶段的市场环境中，人们就是相信。

在1989年的日本房地产泡沫中，人们惊奇地发现，卖掉东京的土地就能买下整个美国。好像有点不合理，但是这有什么关系呢？也许东京真的值这么多钱？

在“陶醉”，或者“癫狂”的市场阶段，昔日被绝望的人们所遗弃的资产，现在已经被抬到云霄。怀疑论早已被扔到九霄云外，成熟的估值模型也没有了用武之地，投资者们陶醉着、癫狂着，享受着价格上涨带来的快乐。

且乐生前一杯酒，何须身后千载名？

以上所述，就是行情的四个阶段：绝望、怀疑、乐观与陶醉。人类所有资本市场的波动，都逃不开这四个阶段。

身在其中而不自知的投资者，在这些阶段的轮番碾压中，丢失了自己的钱财，咒骂市场是个肮脏的屠宰场，发誓再也不涉足其间。而理智的投资者，则从这些阶段的循环往复中，找到自己的交易机会，赚取一笔又一笔的钱财。

也许，这样的周期循环，和其中的喜怒哀乐，就像当年诗人曹松所低吟的那样：“凭君莫话封侯事，一将功成万骨枯。”

有趣的价值暴冲现象

在价值投资中，资深投资者都会知道一件有意思的事：价值投资者可以在价值被低估时买入股票，在价值被高估时卖出股票，但是从低估到高估的价值发现过程，也就是价格向价值靠拢的过程，往往并不“价值”。

比如，一位投资者觉得某个公司的股票值5元，他以3元的价格买入，以6元的价格卖出，这两笔交易都是基于对价值的合理判断，充满了价值投资的理性意味。

但是，股票价格为什么会从3元涨到6元呢？是因为市场发现了这只股票价值为5元吗？一般来讲，事情都不会是这样的。市场基本上无时无刻不处于短期波动和躁动之中，一定是基于什么奇怪的理由，人们对这只股票进行了短期投机，一下把股票的价格给抬上去了而已。

所以，对于价值投资来说，我们需要应对一个奇怪的、略有些分裂的现象。一方面，价值投资者在做出自己的投资决策时，是完全基于价值的。另一方面，我们投资的股票在最终实现价值时，所依靠的短期逻辑，又是非价值的。

这种矛盾给不少执着的投资者带来了挑战。如果他执着于价值发现原则，那么他就没法理解股价在价值发现过程中的波动与荒诞。如果他执着于市场的波动，那么他又会沉迷于这种波动，忘记自己该做的事情只是价值发现而已。

现在，就让我们来聊一聊价值发现过程中（也就是被低估的价格向价值回归的过程）一个有趣的现象——价值暴冲。

什么是价值暴冲

首先，让我们来看看，什么叫“价值暴冲”。所谓价值暴冲，指的就是长期被低估的资产价格，在短期内以非常快、非常猛烈的速度，突然开始上涨。

由于这种资产在之前已经沉寂多年，似乎完全被人们遗忘，因此即使它的价格远低于价值，市场上仍然没有人愿意投资它。许多舆论包围着这种资产，比如“再便宜也不值得投资”“某种因素导致价值永远不会被发现”，等等。而更多的情况，则是这种资产完全被主流市场遗忘，没有多少人愿意提起它。

但是，一旦价值暴冲开始，一个沉寂多年、价格远低于价值的资产的价格会以极快的速度上涨。这种暴冲的速度之快、幅度之大、持续时间之短，和之前长期被严重低估的状况完全不同，会让人们感到难以理解——为什么昨天还是沉闷的低估资产，今天就变成股价暴冲的当红投资品了呢？

那么，为什么会产生价值暴冲现象呢？其中的逻辑非常简单，这种看似谁都意想不到的离谱现象，我用几段话就能给你讲明白。

价值暴冲是怎么产生的

对于价值暴冲的产生，有 3 个条件是必备的：长期低迷的价格、极低的估值和仍然优秀的价值。

当一种一直很优秀的资产，在价格长期低迷，甚至持续阴跌时，市场上所有的短期投资者、交易者，都会倾向于卖出这种资产。原因很简单，有谁能忍受一个价格 3 年不涨，甚至 5 年都不涨的资产呢？

不过俗话说得好，有买就有卖，有大额卖出一定就有等额买入。当股价 3 年或 5 年不涨的时候，当所有交易者的信心和兴趣都被磨光的时候，他们卖出的股票并不会掉到真空中，那么又是谁在买呢？

在这种价格长期极度低迷的环境下，基本上只有公司自己、公司的实际控制人，以及非常看重长期价值的投资者还会买股票。在漫长的价格煎熬中，看重短期价格波动的投机者，几乎都交出了自己的筹码。市场的筹码，几乎完全落到了长期投资者的手中。

但是，价值并不会永远被埋没，这也是市场存在的核心。当有一天，股票价格突然以某种莫名的原因（也许是一个非常小的事件），出现一点点上涨时，沉寂了多年的博弈，会进入一种怎样的状态？

一方面，基于短期价格波动交易的投机者，这时候会被价格上涨吸引过来。毕竟，这些投资者眼里看到的主要不是价值，而是上涨的价格。只要价格在上涨，哪怕是没有任何价值支撑的资产（比如虚拟货币），投机者也愿意买入。

另一方面，对于在多年的价格低迷中坚守的上市公司（通过回购股票）、实际控制人、长期价值投资者来说，他们从来不看重短期的价格波动，多年的价值坚守也不会因一点点的涨幅结束，他们看不上这一点点的价格上涨，恰如当年他们不为价格下跌所动一样。

如此一来，一个长期价格低迷、价值受到低估的资产，在沉寂多年后的一点点价格上涨，就变成引燃“价值暴冲”的火星。筹码已经完全集中到了只看重长期价值的一方，投机者没有持仓，想追涨买入，投资者有持仓，但看不上一点点的价格上涨，因此不肯卖。

在一个只有大量买盘，没有多少卖盘的市场里，按交易的术语来说，盘面会变得“很轻”，一点点的价格上涨会引发更大幅度的价格上涨，资产突然从多年的无人问津变得炙手可热，价值暴冲由此开始。

价值暴冲和之前的价格低迷，这两者的对比如此鲜明，让人乍感不可思议。但是其中的逻辑，是不是很简单？

历史上的价值暴冲案例

说完了原理，让我们来看看，在投资历史上真实发生过的价值暴冲。

从2013年2月到2014年11月，上证银行指数低迷了将近2年。其间，上证银行指数从约670点缓慢下跌到约530点。2014年11月，指数的估值已经相当低。根据Wind资讯的数据，11月20日上证银行指数的估值为4.7倍PE、0.86倍PB，对应着18.3%的ROE。

结果，从2014年11月20日到2015年1月5日，在这短短一个半月里，上证银行指数从529点（收盘点位，下同）上涨到829点，30个交易日就上涨了约57%。

从20世纪60年代末期到1982年，美国标普500指数低迷了十几年，其间指数点位基本没变。当然，基本面价值的增长并不会因此止步。结果，从1982年8月到1983年7月，标普500指数突然从大约105点上涨到170点，11个月上涨了大约62%。

1997年到2003年，亚洲金融危机以后的恒生国企指数点位，也是多年低迷，不但不涨还跌了不少。但是，其间中国经济的发展并没有止步，该指数的估值越来越低。

结果，从2003年5月到12月底，恒生国企指数在7个月的时间里突然从2 200点左右上涨到了5 300点附近，涨幅达到约140%。

以上这些例子，都是历史上真实发生过的价值暴冲。在暴冲之前，它们都含有产生价值暴冲的 3 个要素：长期低迷的价格、极低的估值和仍然优秀的价值。在人们不经意之间，价值暴冲突然开始，让所有之前看衰它们的投资者措手不及。

需要指出的是，我所描述的这些例子，都还只是历史上发生过的、指数级别的价值暴冲现象。具体到单只股票，这种现象更是数不胜数，在此不再枚举。有兴趣的投资者，可以自己翻翻各只股票的历史，相信会有不少发现。

了解价值暴冲的意义是什么

以上的分析，就把“价值暴冲”讲明白了。现在，有的投资者可能信心满满：我掌握了投资密码！下次只要在价值暴冲的前夜买入，不就可以一夜暴富了吗？

且慢，价值暴冲现象虽然客观存在，但是它并不容易把握，也不应该成为投机的依据，导致价值投资者认为自己也可以转行做投机，从而快速致富。

利用价值暴冲做投机，这种看似不错的方法的主要问题，在于其前置时间实在太长（往往需要忍耐长达几年的股价低迷），启动事件又过于微弱——任何小型的价格上涨都可能引发价值暴冲，但不是所有小型的价格上涨都会引发价值暴冲。

因此，只要投资者判断错误，也就是把不是价值暴冲的小型上涨，判断成了价值暴冲，他就会被套牢几年，从而失去当时投机的意义。（当然，投机失败，被动做了价值投资，倒也未尝不是一件好事。）

那么，既然依据价值暴冲做投机并不上算，对于价值投资者而言，理解价值暴冲又有什么意义呢?

从增加投资收益的角度来说，理解价值暴冲现象对于价值投资来说，其实没有任何意义。既然价值投资买入的原因是价值被低估，卖出的原因是价值被高估，那么从被低估到被高估的过程，是以何种方式实现的，对于价值投资的结果来说，本质上并没有任何影响。

但是，从丰富投资阅历的角度来说，理解价值暴冲现象的客观存在和发生原因，可以让投资者对于这个变幻莫测的市场，有更加深刻的理解。毕竟，之前低迷多年的股价突然在短期内暴涨，这种现象实在是太有趣了。

也许，“价值暴冲”这种前后截然相反、大大超出线性思维预判的市场现象，最大的意义在于提醒我们：不要预测市场的波动，不要试图通过抓住买卖时机进行投机，这样做难度太大，太不容易赚钱。

对于那些在熊市里备受煎熬的价值投资者，价值暴冲现象也告诉他们：不要灰心，真正属于你的钱早晚会来。至于回报产生的方式，却不一定是我们所能预料到的。

投资者要学会“接飞刀”

在看橡树资本的创始人霍华德·马克斯先生的笔记时，我被其中一段文字深深触动。这段文字描述的，正是在市场逆风时，价值投资者应该有的投资态度。在这里，请允许我用比较多的篇幅，把这段文字先翻译下来。

“我观察到，那些事后被证明是最优秀的投资，总有一些共性，包括逆向、迎难而上，以及投资一开始的不舒适。不过，有经验的投资者，却会从逆向、不从众的投资中，感觉到一种独特的舒适。

“举个例子，每当信用债市场崩溃的时候，许多人就会说，‘我可不会去接飞刀（资本市场术语，意指在价格快速下降的时候买入），这太危险了’。他们往往还会很聪明地加上一句，‘我得等到尘埃落定、不确定性消除的时候，再去投资’。

“当然，这些看似聪明的论述背后，隐含的真实情况是，他们被市场吓到，不知道该怎么办，也不敢动手。对于这种飞刀掉下来的情况，我所知道的是，等飞刀落地、尘埃落定、危险消除的时候，那些难得一见的投资机会早就没了。

“当你做出一个买入决定时，如果你感到很舒服、很安心，周围的市场环境一点儿都不让人害怕（比如经济蒸蒸日上，企业报表一年赛一年好看），那么你买的价格肯定不低。因此，那些特别赚钱的投资，在刚开始的时候，很少能让人感到舒适。

“所以，我的工作，就是作为一个专业的逆向投资者，用我的专业技术和小心谨慎，去接住正在掉下的飞刀。这也正是为什么衡量一种资产的内在价值如此重要。如果我们能对一种资产的内在价值有正确的认知，这种认知就可以让我们在别人恐慌的时候接住下落的飞刀，而这正是通向高回报、低风险投资的大道。”

在这段文字中，马克斯先生描述了价值投资在面对价格快速下跌的资产时，进行投资的几个要点：要清楚地知道这个资产值多少钱，然后在价格远低于价值的时候，勇于承担短期的风险，勇于面对内心的不舒适，勇敢地接住“掉落的飞刀”。这样，投资者才能以优异的价格买到合适的资产。

马克斯先生尤其指出，这种优质的投资，在刚开始买入的时候，必然是让人感到不舒服的，一边买一边跌，一边跌一边买，身边的投资者还都在看你的笑话，你的业绩严重跑输同行，基金的持有人还会打电话来骂你。但是，当所有人都感觉舒适的时候，这种资产必然不是这个价格。

其实，在中国历史上，也有一个“接飞刀”的故事，与今天马克斯先生所说的道理，有异曲同工之妙。

秦朝末年，天下大乱。陈涉首难，豪杰蜂起。在沛县一带（今江苏徐州西北），也有一伙人打算起兵。但是一切都准备好了，谁来当头，大家没数。《史记·高祖本纪》记载，“萧、曹等皆文吏，自爱，恐事不就，后秦种族其家，尽让刘季。”萧何、曹参等人，怕万一失败，当头领的肯定会被秦王朝恨之入骨，搞不好就是抄家灭门之祸，就都让刘邦当头领。大概的意思是，反正你平时混得也不怎么样，往日就是个无赖，真失败了你背个锅，总比我们这些家大业大的人背锅强。结果刘邦当了起义军的头领，后来的事情，大家都知道了。这把飞刀接得凶险，但也接得漂亮。

不可否认的是，在逆市场而动、接住下落的飞刀时，没有人会感觉舒服。这种逆人性而动的投资方法，让即使是最有经验的投资者，也会感到一丝恐慌。而那些经验不足的投资者，更是会被吓得噤若寒蝉。但是，只要投资者对资产价值的判断正确，那么这种恐慌的感觉，终究会在逆势而动的交易中，在那被飞刀割得鲜血淋漓的双手里，变成巨大的财富。

别在周期顶点和底点做总结

在证券市场上，不少投资者非常勤奋，善于学习最新的知识，每天总是让自己处在最新的研究报告、新闻、分析文章中。但是有意思的是，证券市场并不是一个“越勤奋收益就越高”的地方。过于勤奋地学习最新的知识，很可能会让自己陷入一个误区：在周期的顶点或底点做总结。

对于某一种证券的价格究竟为什么上涨，为什么下跌，每个人心里都有自己的想法。但是，当价格演绎到极致、周期走到顶点时，绝大多数声音，会告诉我们“价格是对的”，也就是“贵自然有贵的理由，便宜自然有便宜的道理”。

以原油市场为例，国际原油的价格一会儿冲到 100 美元以上，一会儿跌到 30 美元以下。过去，我们已经看到了不少周期的顶点（以及底点）。

那么，国际油价究竟应该是多少美元呢？其实，从生产成本来看，在 2022 年时，国际原油生产商的平均成本，在每桶 60 美元左右。

当然，没有商品的价格会一直待在成本线附近，尤其是原油这种波动巨大的大宗商品。那么，当原油涨到 100 美元以上时，最好的解释，应该是“油价太高了，它在长期大概率会跌下来”。反之，则是“油价太低了，在长期会涨上去”。

对于油价的这种“由周期峰值向均值回归”的特性，霍华德·马克斯先生做过更加具体的描述。

当原油价格远高于生产成本时，原油开采商会增加供应（毕竟多采油就能多赚钱），而消费者则会减少使用，更多的人会购买小排量的汽车，甚至电动车，塑料回收的力度会增加，等等。

反之，当油价远低于生产成本时，原油开采商会减少生产（毕竟赚得不多，原油不开采出来又不会坏，将来贵了再卖），消费者则会增加消费，供给减少，消费增加，就又会导致油价向均值回归。

以上逻辑，是我们在油价的周期顶点（或者底点）真正应该思考的。但是，回忆一下，在油价到达周期顶点与底点时，我们听到的市场上最流行、最新的逻辑，是以上的这些逻辑吗？

绝对不是。当油价在周期顶点（比如2007年的140美元）时，市场上最新的逻辑，往往是这样的：国际政治形势不稳导致原油供应短缺；原油储备消耗殆尽，所以供应会越来越少；中国和印度的经济增长空间巨大，所以将来原油会越来越不够用；美元超发导致油价上升。如此种种，都在试图向我们证明，眼下的高油价会是永恒的。

反过来，当油价很低（比如2020年的20多美元）的时候，我们听到的是什么呢？经济萧条导致原油消耗量下降，原油供应商之间有矛盾，所以没人肯减产，新能源的发展导致对原油需求减少。所有的逻辑，都在试图告诉我们，油价就应该低。

对于那些勤奋地学习最新、最流行的理论的投资者来说，他们在周期的顶点与底点，学到的就是以上这些逻辑。但是，这些逻辑是错误的。它们不是仔细推理的结果，而是因为价格如此，为了牵强地解释价格而拼凑出的逻辑。

这些拼凑出来的逻辑，就像先射箭，再画靶子，看起来箭箭命中靶心，实则对提升作战技巧毫无帮助。这些投资的逻辑，看起来都能解释当前的高价格（或者低价格），其实对提高投资技巧毫无用处。

不仅原油市场如此，在股票市场、债券市场、房地产市场，甚至收藏品市场，我们也都会看到无数个在周期顶点（或底点）做出的结论。这些结论，无一不自圆其说地解释了当时离谱的价格，但是过几年再看，无一不错得可笑。

那么，为什么在周期的顶点或底点，我们所看到的总结逻辑，往往是错的呢？这是因为，在周期的顶点或底点，做出与市场价格走向相反的逻辑分析，是需要承受巨大压力的。

想想看，全市场都肯为了某个资产付出高价，基金经理喜欢它，负责销售的业务员也喜欢它，前两天买入它的投资者赚得盆满钵满，甚至当房价高昂的时候，家里人也喜欢让你买房。这时候，面对这种如日中天的资产，写出一篇“这个资产太贵了”的分析，需要多大的勇气？

从古到今，有勇气才能写出来的东西，就一定不容易写出来。

遥想当年，明朝初期的燕王朱棣起兵造反，经过数年艰苦的靖难之役，终于拿下南京城，赶走了他的侄子建文帝，自己当皇帝。如日中天的朱棣，找来当时天下文人的领袖方孝孺，让他给自己写登基诏书。

方孝孺不肯，朱棣强逼，结果方孝孺提笔写下四个大字——燕贼篡位。朱棣大怒，腰斩方孝孺，并灭其十族，连坐被杀者八百七十三人。（中国历史上往往只灭九族，朱棣加上了方孝孺的朋友和学生一族，创造了著名的“灭十族”。）

“燕贼篡位”四个字，连累了无数人被砍杀，许多人会问一句“值吗”。写出一篇逆周期而动，可能让自己轻则挨骂、被扣奖金，重则丢了饭碗的文章，又有多少人会认为值得去做？

所以说，天下趋炎附势者多，据理力争者寡。自古以来，有几个方孝孺呢？需要勇气才能做的事情，自然就不会有多少人去做。只有能获得眼前利益的事情，才会让人们趋之若鹜。

现在，你应该明白了，为什么在周期的顶点或底点，很难在市场上听到真正正确的逻辑了吧？那么，在周期的顶点或底点，我们能轻易根据那些到处都是的流行的逻辑，做出投资的总结吗？

避免资本市场噪声的 4 种方法

在资本市场，我们会遇到许许多多的信息。那么，信息是越多越好吗？绝对不是。在这许许多多的信息里，很多都是噪声。只有成功避开资本市场的噪声，聪明的投资者才能找到自己的投资金手指。

资本市场充斥着噪声

在日常生活中，我们有许多与信息打交道的方式。比如，我们会说“开卷有益”“兼听则明”，我们在与陌生人交谈时，传统的礼貌也是让我们先听对方把话说完，然后再发表自己的观点，不听别人说话不被认为是一种礼貌的行为。

但是，在充满了噪声的资本市场，这些传统的方式并不好用。其中主要的原因，就是资本市场的噪声实在是太多了。如果我们遵循传统的“兼听则明”“让别人先把话说完”的方式，很大概率，我们每天都会陷入浩如烟海的噪声之中。

鉴于此，不少聪明的投资者都会努力避免资本市场的噪声，有一些投资者甚至会采取一些不近人情的做法。我听说以前有一位非常成功的基金经理，就对公司的研究员说："不用来找我汇报你们对市场的看法，因为你们（找到的大部分信息）都是市场的噪声。"

虽然"你们都是市场的噪声"这句话很伤人，但是这位基金经理连续多年高达40%左右回报的业绩，让大家不得不佩服。

据说，这位基金经理找研究员沟通的方式，是绝对单向的。他只会在自己需要信息的时候，找研究员要某个特定的信息，而研究员对他的主动信息输出则被彻底切断。

结果，往往是研究员为他提供了一堆他需要的信息，但是并不知道他想不想买这只股票，也不知道他最后做决策的依据是什么。于是有不少人抱怨："× 总找我要了一堆资料，我跟他说这只股票不能买，结果人家买了又卖，赚完了钱，我还搞不懂为什么，这样的工作实在是太打击人，太没有成就感了啊！"

一个例子：2022年10月港股市场的噪声

其实，对于资本市场上充斥着噪声，任何一位久经市场考验的投资者都会感到认同。尤其在资本市场价格演绎到极端时，这种噪声就会变得更多，甚至充斥整个市场。在这种特别极端的时候，只要"打开"耳朵听，几乎99%的信息都是噪声。

我仍然记得在2022年10月，港股市场处于最低谷时，资本市场充斥着"香港股票不能投资"的观点。当时，恒生指数从2021年初的最高31 183点，一路暴跌到2022年10月31日的最低14 597点。在短短不到两年的时间里，恒生指数跌去了约 53%。

在 2022 年 10 月的最低点，港股中不少优质公司的股票已经非常便宜。我记得当时，我在港股的大量持仓的股票 PE 估值都低于 5 倍，股息率都高于 8%，有些甚至达到 10% 以上。在这时候，继续看空这个市场，明显是有问题的。

资本市场的噪声却不同，它并不是市场的预测者，只是市场的情绪宣泄器。

2022 年 10 月，资本市场上流行大量的理论看空港股，其中一些典型的有：中国经济不行了；外资撤出导致市场大跌；港股估值体系重构；个人投资者信心溃散；大股东控股比例太高导致小股东投资股票没有价值；离岸市场的构造导致港股永久折价，等等。如此种种言论，充斥资本市场。

我还记得，当时噪声的弥漫，随着市场的暴跌，达到了让人惊愕的程度。我所在的一个关注港股的微信群，群友们每天能发上千条信息（或者说噪声），从早到晚渲染港股的恐怖，证明为什么这个市场不值得投资。这些信息山崩海啸般袭来，让每一个阅读完这些信息的人，都感觉港股真的要完了。

结果，认真阅读这些信息的投资者，完美错过了抄底港股的机会。恒生指数在短短 3 个月的时间里，就从 2022 年 10 月 31 日的 14 597 点，反弹到了 2023 年 1 月 27 日的最高 22 700 点，反弹幅度高达约 56%。而这样的反弹，在之前充斥市场的噪声里，极少被提及。我当时很努力地试着说了几句积极的话，但是很快就被排山倒海般的负面情绪淹没了。

那么，既然资本市场的噪声这么多，对投资者的影响又如此糟糕，作为聪明的投资者，我们应当如何避免资本市场的噪声呢？这里，有 4 个我认为比较有效的方法。

避免低质量的信息源，专注阅读高质量的信息

第一个有效的方法，就是避免低质量的信息来源。在今天的新媒体时代，这种低质量的信息来源特别多，每个微信群、网络论坛里，都会流传各种各样的信息。而这些信息，对于投资来说，大多是无用的，它们只是市场情绪的宣泄器。

反之，一些有水平的传统证券媒体，仍然在每天输出不少优质的信息。这些信息往往登载在这些传统媒体的公众号、网站、app 上，通过购买它们的报纸和杂志也能阅读到。对于聪明的投资者来说，选择靠谱的、高质量的信息来源，尤其重要。

求证每条信息的作者是谁

这个方法，要求我们求证每条信息是什么人发布的，没有明确发布者的信息，大多可以视作流言，我的做法是基本上一概不管。从某种程度上来说，“求证信息的作者是谁”也是一种避免噪声的方法。

在传统媒体时代，基本上每篇稿件、分析文章，都有明确的作者。我们只要看一下这个作者是不是靠谱，就会知道这篇稿子值不值得看。

比如，霍华德·马克斯的每一篇投资备忘录一发出来，据说全球会有几分之一的投资者打开阅读。

为什么大家都会仔细阅读他的投资备忘录呢？因为在几十年的时间里，马克斯的投资备忘录都很好地判断了资本市场的机遇和风险，给了大家许许多多发人深省的思考。因此霍华德·马克斯这个名字，就代表了他所发布的信息的质量——把时间和脑细胞花在这样一个名字写的文章上，不会错。

多阅读数据、公告和原始资料

要获取资本市场高质量的信息，避免噪声，还有一个很有效，但是也很枯燥的方法，就是多阅读数据、公告，以及各类原始资料，少看别人写的分析（或者说别人编的故事）。

其实，这种多阅读原始材料，少看编辑好的文章的方法，和对美食的追求是一样的。对于真正懂得享受美食的人来说，一大堆新鲜的原材料才是最好的选择，加上自己优秀的烹饪技术，这些原材料就会变成一道美味。

对于美食家来说，最不能接受的，就是现在充斥市场的料理包、预制菜、外卖等。要知道，一道菜在塑料袋里封上几天，或者在路上跑半个小时，送到嘴边早就不是那个味道了。日本有一家著名的面条店，甚至有“面条做好后必须在 1 分钟以内端到顾客桌上”的严格规定，为的就是保持面条的口感，避免因被面汤浸泡时间过长而丧失风味。

可惜的是，今天的人们大多喜欢方便快捷的食品，对自己加工食材早已丧失了耐心和兴趣。在资本市场，事情也是一样。人们热衷于阅读现成的分析和故事，却对自己阅读枯燥的原始资料意兴阑珊。

反复阅读经典的投资理论

最后，一个让自己远离资本市场噪声的有效方法，就是反复阅读经典的投资理论。

在自然界中，如果我们完全靠躲避病毒、细菌的方法，试图让自己不生病，是完全不可能的，我们的生活环境中充满了各种各样的病毒和细菌。我们的身体之所以能保持健康，主要靠的并不是完全不接触这些病毒和细菌（虽然在少部分情况下这也是一个非常有效的方法，比如针对艾滋病病毒的防御），而是我们自身的抵抗力、免疫力。

在资本市场，事情也是一样。在今天的信息世界里，完全不接触资本市场的噪声，是不可能的。你的手机总会推送信息给你吧？朋友来找你聊天，你不能连杯咖啡都不陪人家喝吧？即使是原始资料，里面也会有不少“噪声资料”。

其实，就算像巴菲特那样躲在奥马哈，在今天的信息世界里，你还是或多或少地会接触资本市场的噪声。

这时候，经常性地阅读一些经典的投资理论，让这些正确的投资方法充斥我们的脑袋，就成为抵抗资本市场噪声的有效方法。我自己的做法，是每天花十几分钟，阅读一些经典原著，比如巴菲特、彼得·林奇的语录等，这样既巩固了投资理念，又能顺带温习一下英文，相信你也能找到属于自己的巧妙方法。

以上，就是避免资本市场噪声的4个有效方法。正所谓“信息就是金钱”，只要我们能避免噪声带来的无效，甚至负面的影响，能够多利用正确的信息为自己服务，那么我们的投资，也就离成功不远了。

当市场达成共识

在日常生活中，共识是一件重要的事。比如，好好学习将来容易有好前途，适当运动有助于健康，等等。这些都是人类社会多年来的生活经验总结，凡事多听大家的意见，往往不会错。

但是，在资本市场里，当市场参与者们达成共识时，事情却变得微妙起来。

在面对市场共识的时候，新入行的投资者套用日常生活中的经验，以为大家都这么认为肯定没错，结果往往被坑。愤世嫉俗者则认为，只要市场取得共识，那么这个共识肯定是错的，凡事得要逆向而动才行，结果又常常误判。

那么，究竟在什么情况下，市场会对投资标的是否值得买卖达成共识？我们又应该如何判断这种共识？这里，就让我们来分析几种不同的情况。

当市场共识看空

市场对投资产品的共识，无非聚焦于两点：不值得买（看空），或者值得买（看多）。

在第一种情况下，市场觉得某个标的不值得买，这时候又有两种情况：市场是对的，市场是错的。有意思的是，在资本市场，这两种情况都会出现。这时候，逆市场而动不一定能赚到钱。

比如，对于一只公司连年亏损，代码上带了星号+ST，股价还在上蹿下跳的股票，市场会觉得能买还是不能买？问问身边的投资者，很大概率他们会告诉你，不能买。按照相关监管规定，一些机构投资者无论自己想不想买，都不能购买这类股票。在这个例子中，显然市场是对的。

再比如，一些经济不发达，人口大量外流，地处偏远，旅游业也没发展起来的小城市，虽然房价很低，但是大多数投资者都认为，这些小城市的房子并不值得购买。在多数情况下，这种市场共识也是对的。

但是有些时候，市场共识却是错的。

比如，2008年底，市场共识是不能抄底美股、A股和港股，因为全球金融危机实在太可怕；2014年夏天，市场共识是不能买蓝筹类股票；2015年夏天，市场共识是分级基金A端不能买；2022年10月，市场共识是港股不能买。事后看来，在这些时候，显然市场共识都是错的。

现在，聪明的读者，你发现以上两种市场共识的区别了吗？

在第一种共识中，市场认为不能买的资产，往往具有糟糕的基本面，以及糟糕的历史价格表现。而在第二种共识中，市场认为不能买的资产，长期基本面都很不错，但是历史价格表现同样糟糕。

也就是说，当历史价格表现糟糕的时候，市场极大概率（甚至可以说百分之百）会认为，这种资产不能买。不信，你可以试着回忆一下，上次某个投资标的，价格表现一直很糟糕，但是市场共识是它能赚钱，是在什么时候？

至于市场共识究竟对不对，可就两说了。有的价格表现糟糕的资产，基本面也一样糟糕，而有的资产基本面其实很优秀。正所谓“乞丐有可能会变成皇帝（明朝开国皇帝朱元璋当过一阵子乞丐），但不是每个乞丐都会变成皇帝”。

所以，当我们遇到市场共识说“不能买”的时候，我们需要做的，是沉下心来分析，这种资产的长期基本面究竟如何？如果结论是负面的，那么市场共识就是对的。如果结论是正面的，那么我们就找到了投资的宝藏：这个资产不仅好，价格还很便宜。

在我写下这段文字的2023年2月，市场的共识是，绝大多数投资者都认为，“银行股太差，不能买”。我试图表达自己对银行的看好，结果挨了不少投资者的骂。

看看现实，在这个时候，银行的杠杆率历史最低，2008年流行于美国银行的金融衍生品几乎绝迹，坏账率处于低位（信用体系的建立居功至伟），竞争对手（P2P、网络金融等）偃旗息鼓，同时房地产走出低谷，消费和经济水平开始爬升，银行股的估值则处于历史最低位，虽然来自地方政府债务的问题不容忽视，但是瑕不掩瑜。

更重要的是，系统重要性银行对经济的极端重要性不言而喻，国家也一再强调金融稳定的重要性。而中国的货币总量，仍然在以每年10%左右的速度增长。

那么，这一次市场共识的结果，又会怎样呢？

当市场共识强烈看多

“只要某种资产过去价格表现糟糕，市场共识就是不能买”的反面，是市场认为能买、看多的情况。你猜对了，既然市场共识看空都建立在“过去价格表现糟糕”上，那么市场共识看多的前置条件，一定是“过去价格表现很好”。

不信，你回忆一下，当市场共识强烈看多的时候，哪一次是最近价格表现一般般的？

但是，与市场共识看空不同，由于市场共识看多在绝大多数（或者说全部）情况下，是因为资产价格过去表现优秀，因此当市场共识看多时，置身其中的投资者几乎很难赚到钱。

2000 年，美股投资者一致看好科技股，A 股投资者也非常亢奋，觉得股票是世界上最好的资产；2007 年，在 A 股的大牛市中，人们认为市场估值体系要重构（在后来的许多牛市里，估值重构这个词一再出现）；很快，到了 2015 年，A 股投资者再次认为估值要重构（以至于我后来听到“估值重构”这 4 个字就害怕）；2021 年，抱团股投资者认为自己持有的这些股票和重仓这些股票的基金，会是“永远的神”；2017 年，房地产投资者认为只要买了房，今后无论是生活还是丈母娘，都不会再给自己压力。

在以上这些例子中，市场共识带来的买入热情，无一例外都来自之前飞涨的价格。而跟随这种强烈看多的市场热情买入的投资者，也都无一例外倒了霉。

所以，与市场共识看空，结果有时正确有时错误不同，市场共识看多的诱因一定是飞涨的价格，而飞涨的价格一定导致糟糕的投资回报，因此根据市场共识看多而买入的投资者，绝大多数都赚不到钱，甚至很大概率会亏损。这是市场共识看多与看空的不同之处。

历史经验中的共识

其实，不仅今天的市场共识靠不住，在战争史上，人们对于战争发展前景的共识，往往也靠不住。

与今天市场的“价格下跌就看空，价格上涨就看多”非常类似，在历史上，人们对战争胜败的共同预期，往往基于“敌我力量对比”这个变量。敌众我寡就得输，就不敢打，敌寡我众就能赢，就应该打。

三国时代，当曹操拿下了荆州，合并了荆州水军，以水陆数十万大军逼近江南时，东吴孙权朝廷上上下下，人人震恐。孙权问大家该怎么办，绝大多数人的共识就是投降。

《三国志·周瑜传》记载，当时东吴群臣的普遍回答是：“曹公，豺虎也……挟天子以征四方……今操得荆州……蒙冲斗舰乃以千数……兼有步兵，水陆俱下……愚谓大计不如迎之。”意思就是，曹操今天已经控制了中央政权，又得到了荆州水军，这仗还怎么打？投降算了！（跟今天的“价格表现这么差，怎么能买”的市场共识，是不是很像？）

但是，周瑜、鲁肃在客观分析了形势之后，劝孙权抵抗到底。时年26岁的孙权血气方刚，“拔刀斫前奏案曰：诸将吏敢复有言当迎操者，与此案同！”（语出《江表传》。）意思是，孙权拔刀砍断桌案，誓与曹操不共戴天，敢再言投降者如同此桌案。

于是，孙权修书一封给曹操，上面写了四句话：“春水方生，公宜速去。足下不死，孤不得安。”然后整顿兵马，命令周瑜、鲁肃、程普等带领数万军队，与刘备残余势力联合抗曹。

当然，时年53岁，足足比孙权大了一辈的枭雄曹操，定然不会因为一封书信就此远去。随后，赤壁一战，曹军大败，天下三分从此开始，江南孙吴数十年基业也就由此战而定。

后来，唐代的诗人胡曾写下了《咏史诗》，赞叹这段历史：“烈火西焚魏帝旗，周郎开国虎争时。交兵不假挥长剑，已挫英雄百万师。”

赤壁之战的故事，也就被人们代代相传。

在面对“朝堂共识”的压力时，孙权拔刀斫案，终于避免了俯首称臣的耻辱，开创了雄踞江南的东吴政权。而今天的投资者们，在面对市场的共识时，又怎能对市场共识言听计从呢？

要知道，那些市场共识虽然听起来言之凿凿，各种理论说起来头头是道，但背后无非是被价格暴跌吓破了胆，或者被价格暴涨蒙蔽了心而已。至于究竟资产有没有价值，该买还是该卖，举世纷纭，又有多少人搞得明白？

在看透市场共识，不被市场共识扰动的同时，更要学会利用市场共识，这才是聪明人的投资之道。

第3章　理解行业规律

投资国企的四大理由

中国人有句老话："三百六十行，行行出状元。"每个行业，如果我们仔细研究，都会发现有其不同于其他行业的地方。每个行业都有自己的优势，也有自己的劣势。

"能攻心则反侧自消，从古知兵非好战。不审势即宽严皆误，后来治蜀要深思。"清代赵藩在成都武侯祠题下的这副对联，放在今天的行业研究里，也至为恰当。把各个行业搞明白，利用其中的优势，回避其中的劣势，我们就能做出优秀的投资决策。

在这一章里，你会看到我对许多行业细节问题的研究与分析。在行业研究中需要如何理解技术变革？投资国企有什么好处？互联网行业的趋势是怎样的？为什么中国的消费行业竞争格外激烈？送礼型消费品的优势是如何产生的？网购对各个不同行业带来的冲击有何区别？出版行业的优势、劣势有哪些？公用事业公司的天然护城河又在哪里？

把握技术变化，且看三种趋势

人类从原始时代发展到如今高度文明的主要动力，就是我们所采用的技术。千万年以来，人类所采用的技术不断更迭，推进了我们社会的逐步发展。在原始人眼中毫无用处的沙子，在封建时代可以筑成城墙，在今天可以做成算力近似无限的芯片，这就是技术变更的伟大之处。

对于投资来说，不可避免的事情，是投资者要面对技术的改变。对于企业的长期价值来说，技术的变与不变，会带来怎样的不同？这里，就让我尝试把技术的变化趋势划分为三种不同的类型，这三种类型包括：几乎不改变、有可能发生巨大变动、逐渐进步。

下面，就让我们来看看，这三种不同的技术变化趋势，会对企业价值带来什么不同的影响。

几乎不改变

对于不少企业来说，它们所面对的技术环境，是几乎没有任何改变的。当然，完全不改变的技术环境并不存在，任何人也没法预测 50 年以后的技术环境。这里所说的不改变，是指在投资所涵盖的时间范围内，也就是一般来说在 10～20 年的时间跨度里，我们看不到技术改变的可能性。

比如，很多传统材料行业的技术变革就很小。这些材料的开采和冶炼已经经历了很长周期的发展，能再进行技术升级的空间比较有限。同时，由于它们的产成品比较单一，因此也很难在产品设计上应用新的技术。诸如钢铁、煤炭、造纸、林木、水泥等，大多属于这一范畴。

同时，这些行业的上下游，技术变革也不大。以钢铁为例，上游的铁矿石开采技术没有太大的变化，下游诸多用钢行业的技术变化也不大（技术变化和商业周期是两回事，后者经常导致钢铁的价格波动）。

对于这些行业来说，变化不大的技术，既有好的影响，又有坏的影响。

从好的方面来说，非常稳定的技术环境意味着企业不用应对突然改变的技术，即使是效率低一些的企业，或者在某个技术关口判断错误的企业，也不会立即被市场抛弃。

但是，从坏的方面来说，由于这些行业的技术过于成熟，没有多少变革的空间，这就意味着不同企业的技术水平不相上下。一家企业即使比对手的技术稍微领先一些，用不了多久也会被对手赶上。

尤其对于行业的龙头企业来说，技术不变是一件糟糕的事情，这意味着没有多少能够拉开自己和竞争对手之间距离的可能。

当然，商业的有趣之处就在于，同样的规律并不一定存在于所有的行业。在一些不以技术改进为方向的行业中，完全不变的技术不会对企业的盈利能力造成影响，典型的就是白酒。白酒的酿造技术几乎没有任何变化（甚至变了，消费者还不高兴），对于一些高档白酒来说，消费者看上的就是那个品牌。

有可能发生巨大变动

与“几乎不改变”完全相反的，则是不少企业面临的技术环境有可能发生巨大改变。

这种技术环境的巨大改变有两种情况：一种是企业现有的技术面临被淘汰的风险，另一种则是企业所处的行业，其技术正在发生巨大变革，没人知道最后胜出的究竟是哪种技术。

不幸的是，对于投资来说，这两种技术环境改变巨大的情况，都不是什么好事。当然，第一种比较容易理解，第二种则需要更多的解释。

第一种情况，即企业现有的技术面临被淘汰的风险，毋庸置疑，在长周期来看，必然是一件糟糕的事情。随着旧有技术的逐渐出局，守着这些旧技术的企业会面临越来越小的市场空间，就像一头搁浅在沙滩上的鲸鱼那样无助。

这一类例子，在历史上有很多，比如：数码照相机取代传统照相机；电子货币取代纸币和依靠纸币为生的 ATM 机；传统能源中的煤炭、石油逐步被新能源取代（尽管这一过程相对漫长）；新媒体对传统媒体的取代，等等。

在这些案例中，守着原来技术的企业，其企业价值往往在长期会受到压制。当然，这并不妨碍在短周期，比如在两到三年的周期中，由于一些短周期的波动，这些企业仍然会有很好的财务表现。

在第二种情况，即技术正在发生巨大变革，没人知道赢家是谁的情况下，投资者则会面对一个非常不确定的环境。

在这种情况下，企业所使用的技术，是一种非常新的、以前没有出现过的技术。这种技术往往刚刚被投入市场，使用的企业就很多。这时候，技术的快速变化、技术与市场和商业的结合、企业本身的竞争力，都会构成决定最后赢家是谁的重要因素。

比如，在 2005 年网络购物刚刚兴起时，市场上有上百家企业从事网络购物；在 2015 年智能快递柜行业刚刚普及时，许多企业开始参与智能快递柜的建设。

在这种新技术快速变革、快速铺开应用的情况下，经过几年的大浪淘沙后，一定会留下一小部分企业，它们取得的成功无与伦比。但是，正所谓“凭君莫话封侯事，一将功成万骨枯”，过于动荡的技术环境造就的一个，或者几个赢家的背后，往往是许多输家，以及这些输家身后的投资者们巨大的亏损。

这时候，赢家所赢得的鲜花掩盖了输家的惨痛，成功的经验让人们相信成功是理所当然的，却忘记了这其中也有不少运气的作用。

对于这种技术环境，一个相对靠谱的投资方法，是把市场上所有的企业都买一遍。由于这种技术环境下的赢家股价往往会有很大的涨幅，因此即使只有百分之几的投资仓位押中，所获得的回报往往也可以覆盖所有损失，不少风险投资机构就是这么干的。

逐渐进步

除了两种情况以外，还有第三种技术变化趋势：逐渐进步。对于投资来说，这种技术变化趋势是最理想的。

所谓“逐渐进步”，指的是这种技术不会发生巨大变化，只会随着研发进程的推进，不断进步。

比如，高端电梯的技术，往往会不断进步，但是电梯本身的技术并不会发生变革；在计算机芯片时代，每年新的芯片都会比上一年的芯片算力更强、功耗比更低、纳米数更小，但是芯片技术本身并不会发生质的改变。（当然，从计算机芯片到手机芯片是一次巨大的跨越。）

不少运动类消费品也是如此，比如运动自行车、运动鞋、户外用品，等等。这些产品本身不会发生巨大的变革：运动自行车一旦加上电池，它可就不是自行车了，户外帐篷则从成吉思汗生活的时代开始，就差不多一直是那样。但是，每年持续投入的研发经费，让企业可以用更好的材料、更优秀的设计、更符合人体工程学的构造，为消费者提供更好的产品。

空调、洗衣机、冰箱、各种小家电基本上都属于这个范畴。这些家电的基本技术没有太大的变化，洗衣机永远是生活的必需品。但是，随着技术的不断升级，今天我们的洗衣机已经比 50 年前的好了太多。

逐步进步的技术，对于行业内已经占据优势地位的企业来说，是非常有利的。

一方面，企业不用面对过于激烈的技术变革，不用担心自己被时代甩下（因此投资者也不用有此担心）；另一方面，企业可以通过不断投入研发成本，造出更好的产品，拉开自己和竞争对手之间的距离，继续巩固自己的优势地位。

如何抓住技术的变革

以上，就是在投资工作中，我们需要考虑的三种不同的企业技术变化趋势。投资者也许会问，我们又不是专业技术人员，如何才能有效判断企业的技术究竟如何变化呢？

其实，对于投资者来说，我们大可不必担心技术的专业性问题。除了一些特别专业的技术，投资者只要通过简单的学习，就可以掌握绝大多数技术发展的大致脉络。而对于那些难以掌握的高精技术，投资者只需要放弃就可以了，我们不用看懂每家公司。

关于技术细节，投资者并不需要知道那么多，毕竟我们不是实验室的技术员。

以比尔·盖茨说过的一段往事为例，在一次在聚会上，巴菲特跑来问了他许多问题，其中一个问题是这样的："为什么飞机不可以用电池驱动？"于是盖茨向巴菲特解释了原因："电池的能量密度太低，大概只有航空燃油的1/30，所以没法用在飞机上。"

从以上这个例子可以看出，巴菲特所关心的技术要点，其实并不复杂，只是技术的大方向而已。他对于电池的理解，甚至还停留在"为什么没法用在飞机上"这样简单的层面。至于电池到底怎么设计和生产，以巴菲特当时对电池的理解水平，我想他肯定不知道。

所以，对于投资者来说，只要我们保持对技术的适当关注，把自己对技术演变的关注维持在一个两三年为一个周期的范围内，就足够了。毕竟，如果一种技术的变更是以几个月为周期的，那么它的变化也就太快、太不值得投资了。

投资国企的四大理由

在中国证券市场中，我对国有企业（简称国企）一直多有留意。在写这篇文章的时候，如果以国有资产大股东持股比例超过 50% 为界定国有企业的标准，则我持有的 10 大股票仓位中，有 7 家公司是比较典型的国有企业。

那么，为什么我这么喜欢投资国有企业呢？这里，就让我来聊一下，在中国证券市场投资国有企业的几个主要理由。

较低的估值

在从 2010 年到 2022 年的漫长的十多年里，在 A 股市场中，绝大部分国企股票的估值，低于市场平均水平。

当然，这并不是一个永恒的现象，也不符合国企与市场平均水平相当，甚至略高于市场平均水平的盈利能力的。在这十几年之前，尤其在 2005 年到 2007 年的牛市中，国企享受了更高的市场估值。

在证券投资中，估值和资产质量是投资者需要考虑的最重要的两个因素，甚至是唯二需要考虑的因素。当国有企业的股票能够以更低的估值出现时，投资者自然应该更重视对国有企业的投资。

容易形成竞争优势的行业

由于历史原因，在中国市场，国有企业往往更容易出现在那些容易形成天然竞争优势的行业中。

这种特质形成的原因主要来自两个方面：一是由于历史沿革，国有企业往往在这些行业早有布局；二是在竞争性更强、不容易形成天然优势和竞争优势的行业中，有活力的非国有企业往往容易抢到更大的市场份额。

比如，在一些重资产，甚至不少拥有天然竞争优势的行业中，我们可以看到相当一部分具有优势地位的企业，往往都是国有企业。这些行业至少包括机场、港口、电信运营、火电、水电、银行、出版，等等。

在以上这些行业中，国有企业由于已经占据了由历史原因、资本规模带来的有利竞争地位，其竞争优势变得非常明显，因此也就值得投资者多加关注。

可预测的管理

在传统经济理论中，国有企业往往被认为管理效率更低，主要是因为产权激励不如私营企业。但是，在中国市场，有两个因素导致国有企业与非国有企业的管理效率，并没有那么大的差距。

首先，中国市场的国有企业，有来自国资系统的强力监管。这就保证了大部分国有企业，其管理是可以预测的。这种可预测的管理，所依赖的是一套国资系统的管理制度，因此和谁当董事长、总经理的关系并不是太大。

其次，由于中国的市场经济起步较晚，企业家文化尚未完全建立，法律框架和诉讼机制有待健全，因此对于非国有企业来说，不可预测的管理行为也相当多。

所以，在内地市场中，国有企业至少可以给投资者带来相对容易预测，也更加稳定的管理行为。这一点，对于香港市场的投资者来说，可能更加感同身受。在香港市场，国企，尤其是央企的招牌，往往是大股东不会通过使用财务技巧侵吞小股东利益的保障。

相似的企业性质容易构成交易的基础

从投资的层面来说，中国市场的国有企业，还会给投资者带来额外的一层回报，这层回报就是交易带来的投资组合中的企业价值增加。

从最基本的价值投资理论来说，投资者应当买入股票持有不动，等待资本增值。但是，在价值投资的进阶版本中，如果投资者能够在不同的投资标的间进行有价值的交易，通过卖出性价比更低的资产，买入性价比更高的资产来增加投资组合的价值，那么就会比单纯持有股票不动赚得更多。

对于这种基于价值的交易来说，股票的相似性非常重要。也就是说，如果投资者在一只超级成长股和一只价值股之间进行选择，那么这种选择会很困难，这两家公司实在差异太大。但是，当两家公司比较相似时，这种选择就会更容易做出。

在中国市场，由于国有企业的企业性质、财务回报、管理风格、监管机构都比较相似，因此对于主动交易型的投资者来说，就更容易找到在投资标的之间低买高卖的机会。

其实，从本质上来说，一家企业究竟是国有还是非国有，并不是投资需要考虑的首要因素。但是，由于以上 4 个原因，对于中国市场的国有企业，投资者会很容易发现，投资需要考量的两个因素——质量和估值都更符合投资要求。因此，在中国市场中，国有企业也就格外值得投资者关注。

互联网行业的四大趋势

天下大势，浩浩汤汤。顺之者昌，逆之者亡。站在我写下这些文字的2022年的年末，对于我们今天的互联网行业，投资者也需要思考，中国互联网行业在将来的大趋势是什么？

这里，请允许我分析一下中国互联网行业在下一个阶段的四大趋势。这四大趋势分成两部分：前两个趋势预示着过去的互联网行业逻辑慢慢走弱，后两个趋势则可能提示新的商业机会。

互联网行业变幻莫测，可以说是人类经济中变化最多的行业之一。因此，我所列出的趋势也仅代表我的思考，很难涵盖所有可能发生的事情。考虑不周之处，还请聪明的读者海涵。

达峰的用户覆盖率

在2000年以后的二十多年里，中国的互联网行业经历了超高速发展的时期。大量之前从未接触过互联网的民众，成了互联网上的常客。

简单来说，这二十多年里的用户大覆盖，可以分为两个阶段：以电脑和网页为主的第一阶段的覆盖，和以智能手机为主的第二阶段的覆盖。

以智能手机为主的第二阶段的覆盖，得益于其对入户网线的零要求、移动设备的低价（用户数最多的安卓设备大多比电脑便宜）、使用场景的广泛化（走到哪里都能用，躺在床上也能用），将几乎所有潜在消费者都吸收成了互联网用户。

在这样一个用户增长速度超高的时代，加上互联网行业天然的“赢家通吃”的行业属性，许多互联网公司的经营策略变成了“纯增速至上”“唯市场占有率论”。为了抢占新用户，抢占市场份额，以给消费者补贴为主的经营策略（俗称“撒钱”），变成了互联网企业经营的主要手段。

但是，随着中国的主要消费者（从十几岁的孩子到八十岁的老人）达到几乎人手一部智能手机的状态，中国互联网行业的用户覆盖率，也已经基本达峰。

根据中国电子装备技术开发协会的统计，到 2021 年底，我国的手机社会保有量达到了约 18.6 亿部，对应 14 亿人的总人口，我国已经达到人均一部手机有余。而在 2011 年，根据当时的《中国移动互联网发展状况调查报告》，中国使用手机上网的人数只有约 3.6 亿人。

在这种情况下，中国互联网几乎覆盖了所有中国人。对于其中常用的一些商业功能，比如聊天、购物、视频，也随着智能设备的覆盖率达峰，基本上达到了各自的用户覆盖率的峰值。

因此，在可以预见的将来，互联网行业的增长点不会主要来自新用户的开发，投资者和企业需要从新的角度来寻找商业机会。

反垄断下的低利润率

限制互联网行业按照过去二十年的思路增长的另一个因素，来自反垄断监管下的低利润率。

在原先的互联网商业设计中，不少人简单地认为，当互联网企业取得市场支配地位，或者说垄断地位以后，就可以依靠自己在商业上的优势，从客户和供应商那里要到一个更合适的价格，从而获得更高的利润率。

如此设计，很显然只考虑了商业因素，没有考虑社会和政府因素。在互联网行业用户覆盖率达峰以后，社会和政府对互联网企业的垄断能力极度敏感，反垄断所带来的压力也随之而来，通过占据市场支配地位获得更高利润率的想法，逐渐化为泡影。

在社会舆论丰富而灵活的今天，可以预见在未来，互联网企业不但很难通过提高市场占有率和垄断为自己谋求高利润率，还可能因为"树大招风"，需要在获得市场支配地位以后，适当放弃一些利润，以免受到反垄断带来的压力。

可以预见的消费升级

以上的两个趋势，意味着互联网行业在未来，很难重走过去的发展思维所设定的老路。但是，两个新的趋势会为互联网行业带来新的商业机会。

第一个新的大趋势，就是可以预见的消费升级。

过去，中国人均 GDP 仅有几千美元，因此不少互联网企业的商业逻辑都围绕低价、便宜，至于对质量、售后服务、品牌的追求，则放在次要位置。

比如，在网络购物行业，主流的逻辑是全网最低价、量大从优（价格）、拼单减价，等等；在网约车行业，主流的逻辑是性价比最高、同样里程数价格最低；在外卖行业，大量的预制菜和专营外卖的小门店取代了高质量的厨房。

但是，2021 年，中国人均 GDP 已经达到 1.25 万美元，且随着经济的逐步发展，未来将向 2 万，甚至 3 万美元逐步迈进。作为对比，希腊在 2021 年的人均 GDP 为 2 万美元左右，意大利则为约 3.5 万美元。中国的人均 GDP 水平跻身发达国家水平行列，是早晚的事情。

当中国人均 GDP 逐步提升时，消费者对于消费的品质需求会不断提高，对价格的敏感性则会不断降低。对于消费的品质追求可能体现在很多方面：商品的质量本身，品牌影响力，售后服务的即时性与可靠性，产品的个性和文化属性，对健康和生态的追求，等等。

遵循消费升级的路线（尽管这可能是一个漫长的过程），我们将能看到互联网行业出现明显的改变。

比如，更重视质量、售后服务、品牌的网络购物公司，相对于更重视价格的网络购物公司，会取得越来越大的竞争优势。重视乘客乘车体验、安全性、乘车效率（而不是价格）的网约车公司，发展也会优于只重视价格的网约车公司。

同时，那些“做更挑剔的顾客的生意”的企业，不仅会比“做更想省钱的顾客的生意”的企业更加受益于消费升级，还会获得更强的盈利能力。

由于这部分企业的顾客对价格更不敏感，对企业提供的服务质量更加看重，因此这部分顾客相对来说，会更愿意多花钱购买舒心的服务，更不愿意因为价格的高低轻易更换消费渠道。由于价格战往往是互联网公司抢夺客户的首要手段，这也就意味着“做更挑剔的顾客的生意”的互联网企业，会面临更少的抢客竞争。

所以，沿着消费升级的路线，而不是过去十几年大行其道的低价路线发展，中国的互联网行业会找到自己新的道路。在这条新道路上，中国互联网企业会收获比过去更强的盈利能力、更丰厚的资本回报。对于在新的趋势中，能够满足“消费升级”这个商业需求的互联网企业，投资者可以重点留意。

层出不穷的三个方向上的创新

尽管互联网行业的用户覆盖率已经达峰，但是，互联网行业的创新仍然层出不穷，这个大趋势目前仍然远未结束。

总的来说，互联网行业的创新有三个主要方向：硬件技术的创新、软件算法的创新以及商业模式的创新。

从硬件技术的角度来说，速度越来越快的终端设备和越来越好的网络（包括速度、稳定性和同时可容纳用户数的带宽），都会不断改变互联网行业的底层逻辑。

比如，在2G和3G时代，现在流行的流媒体完全不具备实现的基础。但是，当4G，甚至5G时代到来以后，流媒体一跃成为互联网行业的新星。依靠流媒体的商业推广，迅速成了广告业的新宠。

而在流媒体时代，许多商业逻辑发生了巨大变化。比如，过去占据大众视野的影视明星，在流媒体时代反而不容易吸引到和过去数量相等的用户。这是因为传统媒体时代属于准单向发布的时代，而在流媒体时代，观众的当时反馈极其重要，两者因此具有巨大的区别。

从流媒体的角度来说，目前，虽然5G网络已经可以支撑一定程度上的流媒体传播，但是限于高昂的流量价格、覆盖面不够广的网络和同时支持终端数不足的基站设备，流媒体的黄金时代可能还没有到来。除了流媒体以外，甚至还有更多的创新会随着硬件的改变而改变。

在软件算法方面，未来互联网行业的提升空间也非常巨大。就目前来说，许多算法还停留在比较原始的层面。

比如，购物网站的消费者经常有“我只要买过什么，app 就继续给推什么”的感觉。但是，在更加细致的商业层面，消费者已经买过的东西，反而是消费者在短时间内不会再买的东西。如何从现有的消费者画像中，推测出消费者自己都不知道的自己想买的东西，才会促进更多消费。

最后，在硬件技术和软件算法不断创新的未来，伴随着经济的发展，聪明的互联网从业者一定能够找到新的商业模式。比如，宠物经济行业就大有可为，人们开始养越来越多的宠物，有时候这些宠物消费升级的速度甚至远快于人类。如何把对宠物的服务通过网络做好，会是一个越来越有市场的话题。

总的来说，无论是互联网行业的从业者，还是互联网企业的投资者，都要在未来面临以上四大趋势，即达峰的用户覆盖率、反垄断下的低利润率、可以预见的消费升级、层出不穷的三个方向上的创新。只要把握住这四大趋势，相信在中国巨大、充满活力的互联网市场，我们一定能找到优秀的商业机会。

为何中国的消费行业竞争如此激烈

从全球消费市场来看，中国的消费市场也许是竞争最激烈的地方之一（甚至这个“之一”可能都要拿掉）。

在欧洲、日本、美洲的不少市场，消费行业的竞争，其实没有在中国市场这么激烈。因此，在全球市场，不少投资者对消费行业情有独钟，愿意给消费行业很高的估值。

但是在中国市场，消费行业的各个子行业，比如零售、服装、餐饮、酒店、旅游、购物中心等，无不面临着巨大的竞争。对于不少跨国工作的消费行业从业者而言，这种竞争的巨大差异带给他们强烈的心理冲击。但也正是这种竞争，构成了改革开放以来中国经济的核心竞争力，促成了几十年来经济的高速发展。

那么，为什么中国的消费行业竞争这么激烈呢？以下，就是中国消费行业竞争激烈程度堪称全球第一的三个原因。

统一且巨大的市场

中国的消费行业竞争激烈的第一个原因是，中国的消费市场是一个统一且巨大的市场。

从在同一个市场里使用同一种语言的角度来说，中国的消费市场是全球最大的市场。2023 年，中国有大约 14 亿人，美国只有 3 亿多人，日本更是只有 1 亿多人。而在印度，虽然也有 14 亿人生活在一个市场里，但是人们使用多种语言沟通，没有一种语言能让大多数印度人都听得懂。

在一个相对较小的市场里，由于企业的数量相对较少，因此竞争会相对弱一些，不充分竞争甚至寡头垄断，会更容易成为这些市场的常态。

但是，在一个巨大的市场里，几乎每一个行业都有许许多多的参与者。由于很少有人能垄断全市场的生意，或者至少掌握大部分的生意，因此这些参与者之间的竞争格外充分。想一想在一个只有两三个孩子的家庭里孩子之间的竞争，和在学校里孩子之间的竞争的区别，你就会明白我的意思。

消费者太聪明

中国的消费行业竞争激烈的第二个原因，在于中国的消费者太聪明。这很大程度上源于中国人几千年文明所带来的聪明的脑袋，以及优秀的基础教育。

从全世界人口的基础教育水平来说，中国的消费者群体处于世界前列，尤其是数学。中国人算数算得快，全世界是公认的。

比如，在纸币流行的年代，在中国，如果买了一个东西需要付 13 元，口袋里又恰好有零钱，那么中国的消费者会很自然地给出 1 张 20 元的纸币和 3 张 1 元的纸币，收银员（下班以后也是消费者群体的一部分）则会很自然地找回 10 元。23 减 10 等于 13 嘛，少找回几张纸币更方便，这么简单的算数谁不会。

但是，在海外，至少相当一部分收银员，在收到这样的付款时，会很疑惑：你为什么要多给我 3 元？他们会先拒收你的 3 元，收下 20 元的那一张纸币，再找给你 7 元。

只要有过海外生活经验的人都会知道，中国消费者这种被认为是理所当然的速算能力，其实在全世界很独特，并不是每个国家的消费者都能算得这么快。

除了速算能力以外，中国消费者对产品的分析能力也与众不同。在购买食品时，中国消费者阅读食品配料表的比例是比较高的。如此种种产品分析能力，都来自中国扎实的基础教育。

当面对一大群非常聪明的消费者时，消费行业的公司想用一些数学和文字花招蒙骗消费者，就会变得更难一些（当然也不是不可能），因此需要拿出性价比更高的产品来进行更加实打实的竞争。

经济发展太快，变化太大

中国消费行业竞争激烈的第三个原因，在于中国经济发展太快，变化太大。

对于一些相对稳定的市场，比如日本、英国，由于其经济发展水平在过去几十年中相对稳定，因此消费者的消费行为变化不大，购买力变化不大，整个市场的变化都不太大。这时候，各个企业只要守住自己的地盘，大概率不会出错，彼此之间的竞争也就相对比较弱。

但是，在中国市场，由于人均 GDP 在过去许多年中都以高速增长，市场的变化相对来说非常巨大。因此，企业就必须不停地采用新的方法竞争，其中优胜者得以发展，失败者则被市场无情淘汰。

比如，在餐饮行业，随着人均 GDP 的不断增加，中国市场出现了各个餐饮类别“你方唱罢我登场”的竞争格局。从最早的自助餐红极一时，到以炸鸡、比萨为主的洋快餐的流行，到连锁火锅的流行，再到奶茶崛起，餐饮市场的主角在几十年的时间里不断更替。这背后的推手，就是不断增加的经济总量与收入。

总的来说，以上三点原因，即统一且巨大的市场，消费者太聪明，经济发展太快、变化太大，造成了中国消费行业竞争非常激烈的格局。在这种激烈的竞争中，优秀的企业迅速抢占市场，铸造了一个又一个商业奇迹，失败的企业则黯然退场。对于理解了这种竞争格局的投资者来说，能够从中找到属于自己的投资机会，规避显而易见的投资风险。

哪些消费行业能扛住网购冲击

网络购物（简称网购）这一互联网时代的新生事物，在 21 世纪的头二十多年里，已经极大地改变了中国的消费行业。它甚至让中国的消费行业构建起了与海外成熟市场不一样的架构，中国的消费行业绕过了以大型商超和小型便利店为主的阶段，直接进入大型商超、小型便利店和网络购物三者并驾齐驱，甚至在许多领域里网购更加重要的阶段。

但是，任何行业的发展，都不会是无穷无尽的。对于网购来说，事情也是一样。网购在中国整体消费行业中所占比例的提升速度，正在逐渐趋稳。

根据国家统计局的数据，在 2015 年，社会消费品零售总额为 30.1 万亿元，其中实物商品网上零售额为 3.2 万亿元，占比 10.8%。到了 2020 年，实物商品网上零售额占比快速提升到 24.9%。但是，在 2021 年、2022 年（截至 7 月），实物商品网上零售额占比则分别为 24.5%、25.6%（其中 2022 年前 7 个月受疫情影响，网购占比有所上升）。可以看到，网购占社会消费品零售总额的比例，似乎正在稳定于

25%，也就是 1/4 左右。

那么，在网购行业逐渐发展的大趋势中，哪些消费行业所受的影响，会相对比较小，甚至不受影响呢？哪些消费行业难以避免网购的竞争呢？把这个问题想明白，对于投资消费行业来说大有裨益，我们肯定不希望投资一个市场份额逐步下降，逐步被网购蚕食，被迫把自己的一部分利润让给网购的消费行业。

想要明白哪些消费行业可以扛住网购的冲击，首先就要搞明白，相对于传统购物方式，网购到底带来了怎样的改变。简单来说，网购给传统消费行业带来的改变，主要集中在两点：大量的商品信息，便捷的物流。

在网购不够普及的时代，消费者面临两个问题。首先，消费者选择商品的面比较窄，“货比三家”需要消耗大量的时间、精力。对于上班繁忙、通勤费时的现代人来说，这样挑选货物对精力的消耗尤其巨大。

其次，消费者在购买物品时，需要自己去采购。对于一些消费频次很高、采购交通成本高的消费品来说，网购带来的便捷的快递服务，对它的冲击是巨大的。

想明白了这两点，我们就很容易发现，为什么有一些消费行业会受到网购巨大的冲击。因为网购提供了更加丰富的商品信息、更加便捷的物流服务。反之，如果网购不能为一个消费行业提供更多的信息、更便捷的购物体验，那么这个行业受到网购的冲击就会小得多。

对于日用百货来说，网购无疑造成了巨大的冲击。一方面，网络可以提供原本消费者无法在本地商店取得的、超级庞大的，甚至包含全国所有供应商的商品库存信息，这使消费者的采购范围扩大了成百上千倍。另一方面，便利的物流让消费者减少了外出采购的时间和交通成本。因此，在日用百货方面，网购无疑拿走了线下门店的巨大市场份额。

在餐饮方面，中低端餐饮和高端餐饮在面对网购的冲击时，显现出了不同的态势。

对于中低端餐饮行业来说，它因受到网购的影响而改变，这种改变非常巨大。这种改变的力量，主要来自上面所说的第二点——网购带来的便捷的物流。

对于中低端餐饮来说，消费者的主要目的是吃一顿还不错的饭来填饱肚子，社交属性相对弱许多。这时候，中低端餐饮的消费频次是非常高的，同时每次消费者都必须亲自前往附近的餐厅，高频次消费下的时间花费也就不容小觑。

而网购的进入，改变了中低端餐饮中消费者时间成本巨大的现状。消费者可以花上几元钱，让骑手去帮自己取外卖，这样自己可以在繁忙的中午，或者结束了一天工作以后的疲倦的晚上，节省半个小时的往返餐厅的交通时间。因此，中低端餐饮行业被网购大幅改变，也就在情理之中了。

但是，在同一时间，高端餐饮却几乎不受网购影响。这是因为高端餐饮的主要目的，在于社交。而社交的消费场景，并不会受到以上所说的网购给传统消费行业带来的两点改变的影响。因此，在外卖大行其道时，高端餐饮行业依旧我行我素。

对于服装行业来说，事情也是类似的。中低端服装更容易受到网购的冲击，而高端服装则相对好很多。

对于中低端服装来说，它受到的网购的冲击比中低端餐饮更大，因为它同时受到商品信息和物流两方面的冲击。在中低端餐饮市场，商品信息的冲击相对有限，因为外卖的运送范围并不会显著大于消费者自己能够跨越的物理距离。比如消费者自己走路、打车可以到的餐厅覆盖消费者所在地1～2公里，外卖骑手最多也只是3～4公里，覆盖的餐厅数量不会出现量级的变化。

但是，对于中低端服装，事情则完全不同。在传统消费手段下，消费者购买服装的范围，大概在住所周围几公里到10公里范围内。由于服装运输难度远远低于餐饮运输（不需要太高的时效性），因此服装的购买范围，可以覆盖全国。

如此，对于中低端服装来说，消费者在网络渠道得到的商品信息，就会百倍、千倍于自己在门店能看到的服装。加上更加便捷的物流，以及越来越方便的退货服务，中低端服装的传统消费市场迅速被网购抢占，就变成一件必然发生的事情。

对于高端服装，事情则不一样。高端服装的购买者不会从网络中得到太多选择，因为高端服装品牌的数量较少、门店非常集中，且绝大多数品牌在高端购物中心都会有门店。同时，高端服装更加讲究量体裁衣，讲究合身和搭配，因此线下试穿非常重要，这种特殊的商品信息也是网购无法传递的。

同时，高端服装的消费场景，往往是繁华、高档的购物中心，因此不少消费者并不会把消耗在路上的时间，看作一种成本，而会认为逛店本身就是一种休闲。同时，高端服装的购买频次也较中低端服装更低，因此购物的时间成本相对更少。所以，网购在“便捷的物流”方面，也没有太大优势。

与高端服装行业类似的，则是珠宝首饰行业。对于动辄几万元的珠宝首饰来说，网络提供的信息是无法和线下门店体验相比的，同时低频率的消费行为，也导致网购节省的购物时间变得微不足道，甚至还要承担包裹丢失的风险。因此，在珠宝首饰行业，网购带来的冲击可以说是微不足道的。

在所有消费行业中，被网购改变得最大的行业之一，可能要数图书行业。

从商品信息角度来说，图书信息量巨大，任何一家实体书店都很难具备网络购物平台所能展示的图书信息量。同时，图书的信息又十分标准化，不存在高端服装的“合体不合体、搭配好不好看”的非标准信息，因此互联网可以完美地传递图书信息。

同时，图书体积小（反例则是家具）、易保存（反例则是餐饮），因此网购的第二个优势，即便捷的快递服务，也很容易在图书行业中找到落脚点。有此二者，图书行业在过去多年中，遭到了网购的巨大冲击。实体书店的生存变得十分艰难，如果不依靠补贴、捐赠，许多书店甚至难以存续。

相比之下，家具，尤其是中高端家具，受到网购的冲击就小得多。首先，中高端家具的消费具有“一次购买、高额消费、多年使用”的属性，这就导致消费者对于商品的信息把握要求很高。买了一件一百元左右的衬衫，不满意可以扔掉再买。买了一套三万元的沙发，不满意怎么办？所以，对于这种较高的商品信息要求，网络购物就难以满足。

其次，从物流来说，尽管网购可以把高端家具运到家，但是传统的家具卖场也会提供同样的服务，网购并没有在这个方面展现出优势。更重要的是，网购因为信息不够充分，相对来说退货率会更高。而体积庞大、重量惊人的家具，绝对是退货的头等烦恼。

由于在商品信息、物流两个领域，网购都难以给消费者提供相对于传统卖场更好的服务，因此在中高端家具领域，网购带来的冲击也就十分有限。

让我们再来看看智能手机的线下零售。随着网购的兴起，智能手机的线下连锁店受到了巨大的冲击。造成这种冲击的原因，主要在于网购能够给消费者带来更详细的商品信息，尤其对于安卓手机而言更是如此。

对于智能手机，尤其是安卓手机来说，各个厂商的机型在摄像头、处理器、屏幕、尺寸、重量等许多参数上，都有不小的差异。而各个厂商同时在售的手机型号，则有数百种之多。在这样巨量的商品面前，对比这些复杂的参数，选出适合自己的手机，是一个费时费力的工作。

这时候，网络能够给消费者提供足够的信息，去对比市面上几乎所有手机，而且消费者可以坐在屏幕后面慢慢比对，花上几天时间也没人催促。这种信息提供的量和方式，无疑比消费者在实体店中获得的信息量更大，使消费者能挑选得更加有效、更加细致。

网购的物流更加方便，同时还能给消费者带来更好的售后体验。手机如果出故障，会有快递员上门拿走，消费者不必自己送去门店维修。而对于线下渠道购买的手机，售后的物流大多是需要消费者亲力亲为的。这种在物流方面的优势，导致智能手机的线下门店更加竞争不过网购。因此，智能手机线下门店被线上渠道挤压市场空间，也就成为情理之中的事了。

此外，对于一些纯粹以实际体验为消费对象的消费行业来说，网购带来的冲击则微乎其微。比如，旅游就几乎不会受到网络的冲击，通过视频看到的景色，和实地感受到的，完全不是一回事。对于按摩、理疗行业来说，事情也是一样，网购最多是帮它们卖了一些优惠券，带来了更多顾客而已。

由于实际体验型消费难以被网购冲击，因此在网购时代，购物中心和商场也开始从售卖物品向提供实际体验型消费转型。比如，服装店、百货商店、手机店逐步减少，室内滑雪场、健身馆、射箭场等逐步增多。但是，这种转型能否给商场带来和原来一样的利润，则有待商场类上市公司的财务报表提供信息。

还有一个网购，或者说网络不容易改变的行业，则是儿童教育培训行业。

在一段时间里，资本市场曾经认为，儿童在线教育培训可以很快颠覆传统教育培训，成为新的教育培训手段，理由主要有3点：①在线教育培训可以传递同样多的信息；②在线教育培训可以突破一个老师只能带一个班的限制；③在线教育可以节约大量通勤成本。

这其中的第1点、第2点，是和网购带来的改变中“大量的商品信息”对照的。第3点，则是和“便捷的物流”对照的。

但是，以上的逻辑，忽略了一个事实。尽管在线教育能够传递足够多的信息，但是对于儿童，尤其是低龄儿童来说，通过在线模式接受信息的能力非常糟糕，这和成年人在线接受信息的效率简直不可同日而语。

有经验的父母都会发现，孩子坐在屏幕前学习的效率，远低于在有经验的老师管理、带动下的班级学习。因此，这种实际上非常糟糕的信息传达效率，使得儿童在线教育培训很难对传统线下教育培训产生颠覆性的冲击。

总的来说，网购，或者说网络商业对传统消费行业带来的冲击，主要聚焦在“大量的商品信息”和“便捷的物流”这两个方面。对于一个消费行业是否会被网络大幅改变这个问题，只要我们能从网购“是否会带来更多更好的商品信息”“购物渠道是否更顺畅”这两个角度来思考，就不难找到答案。

三个送礼的故事与送礼型消费

在消费社会中，消费者购买消费品的目的，绝大多数是消费者本人享用，这个逻辑是消费型商业的基本逻辑。由于消费者总是进行精明的性价比对比，时时刻刻注意“货比三家”，企业也就被逼着不断升级自己产品的外观和性能，同时努力降低产品的价格。

但是，除了主流的消费品以外，有一类消费品，是不讲传统性价比的，这就是“送礼型消费品”。消费者购买这种消费品的目的，要么是在重要的日子馈赠亲朋好友，要么是在商业场合表达对商业伙伴的尊重，要么是送给自己，给自己找一点奢侈的消费感觉，俗称“过把瘾”或者“拔草”。

总的来说，送礼型消费品有很多，巴菲特所持有的喜诗的糖果，中国市场上的高端白酒、高端月饼，过去一百多年里被认为是爱情见证品的钻石，奢侈品类的包，乃至一些高端中药，都属于送礼型消费品的范畴。

那么，送礼型消费的消费心理，和一般消费中追求性价比的消费心理，有什么不同呢？这里，就让我们来看三个历史上关于送礼的故事，从中领会送礼型消费独特的消费动机。

范蠡的故事：送礼不在乎钱

第一个故事，发生在春秋末年。当时，范蠡在辅佐越王勾践灭掉吴国以后，功成身退，隐居在一个叫陶的地方，以经商为生。日月流逝，聪明的范蠡逐渐累积起了不少财富。

有一次，范蠡的一个儿子在楚国杀了人，被官府抓住，要论死罪。于是，范蠡打算派自己的小儿子用钱去收买人心。

但是，范蠡另一个儿子，也是他的长子，以及范蠡的老婆，都表示强烈反对，理由很简单：按中国的传统，家里有事，长子应当出面去送礼搞关系。现在不让长子去，反而让小儿子出面，不合适。范蠡拧不过老婆和长子，只好派长子带钱去楚国。

结果，长子到了楚国，送钱送得不到位，没救出兄弟来，只带了具尸首回家。范蠡见之而笑，大家不解，问范蠡：你儿子死了有什么好笑？

范蠡说，你们不知道，我就知道大儿子救不出他弟弟，这件事情非小儿子不可。为什么呢？这次去是要送礼，要搞关系的，我有大儿子的时候，家里钱不多，所以大儿子这个人，“是少与我俱，见苦，为生难，故重弃财”。大儿子从小日子过得艰难，对钱看得太重，让他去送礼，他肯定会吝啬。这种用钱在刀下救人的事情，吝啬就办不成事。

而小儿子呢？“生而见我富，乘坚驱良逐狡兔，岂知财所从来，故轻弃之，非所惜吝。”在有他的时候我已经赚了不少钱了，这个小儿子从小吃香喝辣，好车随便开，出国随便走，根本不知道钱是个什么东西。让他去送礼，一定慷慨大方，送得到位。所以啊，这种事情不派小儿子去，派大儿子去，肯定办不成，“吾日夜固以望其丧之来也”，我早就知道这事要办砸啊！

从这则故事中可以看到，范蠡后来被称为中国的财神，并不是浪得虚名，他的智慧确实远远超出常人。而这则故事反映出来的送礼的第一个心理，就是“送礼不在乎钱”。

范蠡的大儿子在乎钱，送礼送不到位，根据历史所载，他送出去了钱又想往回拿，结果把事情办砸了，人没捞回来，损失的何止礼物那一点价值。而如果让范蠡的小儿子去，虽然看似多花了不少钱，但是事情一旦办成，所花费的钱也就万分值当。

今天，这种“不怕花钱，就怕面子没给到位”的心态，在白酒的选择上表现得淋漓尽致。一瓶 3 000 元的白酒，和一瓶 300 元的白酒，到底哪瓶好喝，其实很多人都很难分辨。如果闭上眼睛，盲测一下口感，相信人们会得到不少相差巨大的答案。但是，3 000 元的白酒表达的情意，又怎是 300 元的白酒可以比较的呢？

孙权的故事：送礼主要不是为了让对方消费

第二个送礼的故事，发生在三国时代。这个故事告诉我们，送礼最主要的目的，并不是让对方消费礼品本身。

买东西就是为了消费，这件事情看起来天经地义。但是送礼的时候，最重要的目的并不是让对方消费，而是让对方感到“你很重视他”。关于这一点，三国时代吴国的君主孙权，想得就很明白。

当时天下三分，北方的曹操死后，曹丕即位，为魏文帝。魏文帝派使者到东吴，让孙权把雀头香、大贝、明珠、犀角、玳瑁、孔雀、翡翠、斗鸭、长鸣鸡等各种珍奇礼物送给魏国。

当使者把一长串单子拿出来时，东吴的大臣们目瞪口呆，都说这样做不符合礼制，不应当给魏国。孙权却说，现在关羽新死，刘备为关羽报仇讨伐东吴，“方有事于西北”，把这些实际上对国家没什么用的珍奇玩好之物送给魏国，于国家无伤，于外交上则对连魏抗蜀有利，又有何不可呢?

国家最重要的东西是兵马、人口、地盘，而一些珍奇贵重的物品，虽然看起来不错，但是对于国家确实无足轻重。把看似珍贵无比，其实无足轻重之物送给魏国，孙权的目的并不是让魏文帝曹丕从这些礼物里，得到让国家富强的真正好处，而是为了让曹丕感到高兴，这样吴国才能够联合魏国对抗蜀国，或者至少让魏国不在蜀国来袭时落井下石。

在当代的送礼经济中，事情也是一样。以高级月饼为例，如果是为了让对方吃好，吃得健康，那么高油、高糖的月饼，在现代生活中的确算不上好礼物。但是，中秋节送上千元一盒的高级月饼的人，难道真的是为了对方的饮食健康考虑么？大家考虑的，还是让对方喜欢自己的送礼行为罢了。

林尚沃的故事：送礼是为了表达长期合作的愿望

第三个送礼的故事，来自19世纪的朝鲜半岛。当时的朝鲜商人林尚沃，成功地用一张纸作为礼物，开辟了通向一代巨商的道路。

19世纪上半叶，在朝鲜的出口中，高丽参是一种重要的商品。直到今天，高丽参也是珍贵的药材。有一次，为了规范管理，当时的朝鲜政府打算把高丽参出口统一交由几个大商人来做。而决定谁可以拥有高丽参贸易权的权臣，叫作朴宗庆。

掌握了分配高丽参出口权的朴宗庆，在自家摆宴，宴请一众商人。很明显，这样做的意思，在于通过商人们馈赠的礼物，选择将来的长期合作对象。

接到宴会请帖的林尚沃犯了愁，这么重要的事情，该送什么呢？林尚沃看了诸多贵重礼物，却都不满意。百般思考之后，林尚沃突然领悟到，送礼物的意义并不在礼物本身，而在于构建一种长期合作的关系。

既然是为了构建长期合作的关系，那么送出价值一千两银子的礼物，就会得到一千两银子的反馈；送出价值一万两银子的礼物，就会得到一万两银子的报酬。如果想要做一辈子的生意该怎么办呢？那就要送出无价之宝才行。比万两白银更珍贵的无价之宝，是什么呢？

苦思冥想之后，林尚沃得到了答案。在参加宴会的当天，林尚沃穿过各路商人送的无数珍奇异宝，递给堂上的朴宗庆一张纸。

朴宗庆打开一看，是一张空白的银票。这张银票上签了所有需要签的字，却唯独在数额那一栏空着。也就是说，无论朴宗庆想在何时，填上何等巨大的金额，哪怕是等额于林尚沃全部身家的金额，林尚沃也会照付不误。

一张薄薄的纸，胜过了价值千万两白银的礼物，表达了一种林尚沃将与朴宗庆生死与共、长期的合作愿望。朴宗庆看后大喜，于是将高丽参贸易权授予林尚沃，林尚沃借此成为朝鲜一代巨商。

与当年的林尚沃相似，今天的钻石生产商，提出了“用永恒的钻石表达不变的爱”的消费观念。当人们花钱购买钻石，把钻石送给自己的伴侣时，他们想要表达的，是一种钻石般恒定的信念。至于钻石究竟是不是恒定的，朴宗庆究竟会在什么时候兑现林尚沃给的支票，又会兑现多少钱，反而不是一件重要的事情。

从两千多年前的春秋战国，到一千多年前的三国时代，再到一百多年前的朝鲜，人们在送礼型消费中所反映出来的心态，可以用“亘古不变”来形容。以上三个故事反映出来的三种送礼型消费的心理，即不在乎钱，不是为了让对方用，是为了表达长期合作的愿望，仍然是今天送礼型消费的重要心理组成部分。

在这三种心理的趋使下，参与送礼型消费品生产的公司，会表现出一些特质，比如不包含宣传费用的毛利率超高；为了巩固产品形象，企业的宣传费用巨大；头部公司一旦占领了消费者的心理认知，就可以活得很好；中后部分的公司，尽管可以生产出质量几无二致的产品，但是仍然很难得到消费者的认同。

如果投资者仔细观察，就会发现这些商业特质，在高端白酒、珠宝首饰、奢侈品、养生食品和药品、高端月饼等各个送礼型消费品行业，都有不同程度的体现。现在，你是不是更理解送礼型消费了呢？

在出版行业中寻找企业竞争优势

图书出版（简称出版）是一个既古老又年轻的行业。说它古老，是因为自有文字以来，在人类几千年的漫长历史中，从古埃及人的纸草，到古犹太人的羊皮卷，再到中国人的竹简，人类一直在出版各式各样的图书。和只有 1 000 年历史的蒸馏酒行业、只有 500 年历史的现代银行业、只有 100 年历史的航空业、只有 30 年历史的电信业相比，出版行业可谓这个星球上最古老的行业之一。

而说出版行业年轻，则是因为在今天这个信息大爆炸的时代，出版行业面临前所未有的巨变。人们获取信息的手段，从单一的阅读文字，变成观看长视频、短视频、直播，收听音频等多种方式并举。而人们对于知识的渴求，和世界各个国家之间知识的互换，也远大于、多于以前任何一个时代。

这里，就让我们来看一看，站在如此变幻莫测的现在，我们应当如何思考出版行业的未来，又应当如何在出版行业中，找到有竞争优势的优秀企业。

出版行业不可能没落

在一个行业中，寻找企业的竞争优势，需要解决的第一个问题，就是这个行业将来会不会持续繁荣。

对于出版行业，不少投资者对行业的长期前景是有怀疑的。理由主要是现在的信息传播方式太多，视频、音频开始占据人们大量的时间，人们每周刷抖音的时间可能比看书的时间长几十倍。

人们对于出版行业的担忧不无道理。但是，出版行业在长期并不会没落，反而可能随着经济的逐步发展、社会受教育平均年限的逐步增加，逐渐走向繁荣。

从原理上说，读书这种信息获取方式，有着看视频和听音频无法取代的、非常重要的特质，就是通过阅读文字获取知识的效率，是听音频、看视频的许多倍。

以汉语为例，普通人每分钟阅读的文字数量大约是 300～500 个汉字。而人每分钟能够说出（以及听到）的汉字大概只有 150 个，是阅读的 1/3～1/2。

更重要的是，对于专业读者来说，由于他们对许多知识已经有了一些了解，因此可以选择性阅读、快速阅读，很轻松地把阅读速度提到每分钟 1 000 个汉字，甚至每分钟 2 000～3 000 个汉字。

举例来说，在证券行业，许多有经验的投资者，看一份上万字的研究报告，只需要几分钟。这是因为其中的许多内容，他已经大致知晓，看一眼标题和重点句子就知道报告的要领。

但是，对于听音频和看视频来说，像阅读文字这样“一目十行”是很难做到的。因为音频和视频的播放具有连贯性，每秒钟展示的信息量极其有限，所以很难做到文字阅读中常用的选择性阅读、快速阅读。因此，对于专业读者来说，使文字阅读的效率达到听音频、看视频的 10 倍乃至更高，是很容易的。

同时，由于视频和音频的展示，是很难标示重点的，因此在越是需要效率、专业性的信息传播领域，音频和视频的传播就越会给人一种“废话一大堆，抓不住重点”的感觉。而可以标示重点、分段的文字，则完全不会给人带来这种感觉。

以上这种“阅读文字更有效率，比听音频和看视频更支持专业信息的获取”的特点，在财经领域的自媒体发展中，表现得非常明显。

尽管音频、视频、短视频等各类新型信息传播手段，在过去几年中迅速席卷了许多领域，但是在财经领域，尤其是专业的财经领域，信息传播仍然以文章、书本为主。高盛等一些大型证券公司曾经尝试使用视频展示证券研究报告，但是最终效果一般，视频并没能替代文字和图表构成的印刷品。

为什么呢？这是因为财经领域的信息含量太大，读者对信息摄取的效率、专业性要求很高，因此对于同样的内容而言，10 分钟才能看完（还不知道重点在哪里）的视频的受欢迎程度自然比不上 1 分钟就能看完的文章了。

这种音频、视频和文字的差异，是几乎无法更改的，因为它来自人类培养了千万年的语言系统，这种系统根植在人类的耳朵、眼睛的生物特性中。几乎没人能再创建一套语言系统，也没人能 1 分钟听 1 000 个汉字（把音频以 7 倍速播放，你会发现自己根本听不清）。即使我们能从阅读纸质书部分过渡到阅读电子书，但是阅读这种基础的信息获取方式，是无法改变的。因此，图书出版行业作为文字阅读的制高点，其长期的发展空间，也就必然存在。

中国出版行业大有可为

明白了出版行业存在的根源，我们再来看中国出版行业的未来。从数据来看，中国的出版行业仍然处在一个比较低的发展水平。

2021 年，全美国图书行业的总收入约为 290 亿美元，而当年中国图书零售市场的整体码洋规模仅有 986 亿元人民币（码洋规模约为真实销售金额的一半左右）。考虑到当年中国的总人口为 14.1 亿人，而美国总人口为 3.3 亿人，两者人均图书销售金额的差距更大。

从细节来看，相比于发达经济体，中国图书的价格也十分低廉。有过海外购书经验的读者会很轻易地发现，以美元、欧元、英镑标价的图书，虽然内容近似，但是价格往往是简体中文图书的数倍之多。

由此可见，在图书出版行业，中国与成熟经济体有着巨大的差距。随着中国经济的发展、人民受教育水平的提升、社会总信息量的逐年增加，出版行业的发展大趋势是毋庸置疑的。尽管在 2020 年疫情开始之后的几年里，由于经济的压力，导致图书销售的增速有所下降，但是从长远来看，这种停滞应当是短期的。

如何寻找有竞争优势的企业

看清了出版行业的内在逻辑和大趋势后，现在让我们回到中国的出版行业，看看如何寻找拥有竞争优势的企业。

目前，从上市的出版公司来看，图书出版可以分为两个大类：教材辅导类（教辅类）图书和一般图书。对于教辅类图书，我的看法是，不容易找到有太多竞争优势的企业，原因来自两方面：宏观和微观。

从宏观来看，教辅类图书的受众主要是学生。一方面，中国的总出生人口数在最近几年持续走低，同时人均寿命不断延长。因此，未来教辅类图书的受众人数，将以快于总人口下降速度的速度下降。另一方面，对于学生的减负，尤其是对于中小学生的减负，是政府工作的重点方向。因此，在宏观方面，教辅类图书并不会有太高的收入增长。

在微观方面，教辅类图书的地域性很强，往往以省级行政区划分。在本省级行政区内部，一家地区出版社的教辅材料往往有稳定的市场份额，但是很难突破省界，进入全国市场。因此，即使是做得好的教辅类出版公司，也不容易抢占其他教辅出版公司的市场。

与教辅类图书不同，在一般图书中，我们可以找到一些具有竞争优势的企业。

从本质上来说，对于出版一本书，不同出版公司所走的流程，基本上是一样的。出版公司都需要联系作者，获得版权，在书稿经过审校以后，申请书号，找合作的印刷厂印刷成书，最后销售出去。其中的刚性成本，其实对于不同的出版公司来说，并没有太大的差异。

但是，对于在某个领域中享有盛名的出版公司而言，品牌会给公司带来一种典型的正向循环效应。

也就是说，出版公司（或者出版社）出版的某一类图书中优秀者越多，那么在这类图书中，这家公司就越有名。作者，尤其是该领域优秀的作者，也更喜欢找这家出版公司合作。由于网罗了优秀的作者，读者就更喜欢购买这家公司的图书，因此，销售渠道在推销图书时，也更愿意选择这家出版公司的书。由此，这家出版公司更受读者欢迎，好的作者也就更愿意和这家出版公司合作，这家出版公司从而走入了一个完美的正向循环。

对于在某个领域中，没有走入这种正向循环的出版公司，它们就会发现自己面临一个尴尬的处境：由于名声不够，所以很难签下好的作者；由于很难签下好的作者，因此读者不太买账，销售渠道也不太积极；因为销量不高，又更难签下好的作者。在这种反向循环的作用下，这些出版公司就很难与更加优秀的同行竞争。

对于在出版行业中工作的人来说，这种正向循环和反向循环的效应，是经常可以体验到的。有一次，我的一位私募基金做得很好的朋友，想要出一本书，我就给她介绍了一家还不错，但不是行业排名第一的出版社。她想了一下，问我："可是你看这些行业知名的基金经理和分析师，都是在排名第一的那家出版社出的书呀？"

在许多出版领域，我们都可以看到一些出版公司，取得了这类正向循环效应。比如，古典文学领域的上海古籍出版社，财经领域的中信出版社，社会人文领域的三联书店，文学领域的人民文学出版社，等等。对于没有取得正向循环效应的出版社，想要与这些出版社竞争，就不那么容易了。

总的来说，出版行业是一个古老的行业，它的行业属性深深刻在人类视觉和听觉的感官上，不可能被其他信息传播手段取代。在今天的中国市场，出版行业的发展水平和成熟市场相比仍然有着不小的差距。随着我们的社会逐步发展，出版行业的未来仍然值得期待。而在这样一个长期向上的行业中，只要投资者找到了确定的企业竞争优势，就不难梳理出这个行业的投资脉络。

公用事业公司的天然护城河

在证券投资中，公司的护城河，也就是相对于其他公司的竞争优势，是价值投资者最关注的商业性质。

一般来说，护城河并不容易寻找。不同的公司之间相互竞争，不停地推出更好的产品、更低的价格。这种竞争促进了社会的繁荣与发展，但是也让身处其中的公司，不停地面对来自同行的挑战。

但是，有一类公司，天生拥有不错的护城河。这类公司很少遇到残酷的竞争，在自己的地盘上往往有着统治权。这类公司，就是公用事业公司。

有意思的是，恰恰是由于公用事业公司的竞争优势太强，同时其产品和民生的关系又相对较紧密，因此政府往往会对公用事业公司的价格进行政策性限制。不过，这种限价并不妨碍公用事业公司赚取一个合理的利润。

一般来说，公用事业公司护城河的形成原因至少来自 3 个方面：天然垄断、规模优势、难以获得的政府审批。

老天爷赏饭吃的天然垄断

首先，让我们来看天然垄断。不少公用事业公司都存在天然垄断的性质。也就是说，当一家公用事业公司占据了某个细分市场后，别的公司根本不可能再进入这个市场。

比如，水电公司就是最明显的天然垄断类公司。在自然界中，满足发电要求的河流总量基本是固定的，同一条河流的上下游落差也是固定的，这就意味着水电站的数量和潜在发电能力是固定的。当一家水电公司占据了优势资源以后，其他水电公司基本不可能插足。

在城市里，地铁网络也具有较为典型的天然垄断性。由于城市内部的建筑物拥挤，因此在地下开挖地铁线路是非常艰难的事情。当一家地铁公司占据了某座城市的市场时，它就几乎不会面临来自其他地铁公司的竞争。

同时，由于地面交通非常拥挤，地铁往往是大都市最便利的出行方式，因此来自地面交通的竞争也十分有限。

与地铁网络类似的，是城市中的燃气供应网络。燃气管道的铺设往往危险又占地方，铺设时往往还得开挖路面。当一座拥挤的城市已经有了一套燃气管道时，再铺设一套是非常吃力的事情。因此，原有的燃气公司就可以坐享其成。

在海上，港口公司也是拥有天然垄断优势的典型。由于水运，尤其是海运的成本，只是陆运的一小部分，因此每一个港口在自己方圆几百公里内，都不会感受到来自别的港口的竞争压力。

由于海岸线构造复杂，找到避风、泊船水域面积开阔、水深优良，同时还离经济中心不远（以便节省路上运输费用）的港口，是一件非常不容易的事情。在海岸线上，能够开发的港口基本上已经被开发殆尽。因此，港口公司所拥有的天然垄断优势，也就非常强大。

与港口公司类似的，则是城市中的机场。机场往往占地面积巨大，在拥挤的城市周围并不容易再找到一块如此巨大的地盘。而且，对于机场来说，占地还不是限制竞争对手出现的唯一因素，毕竟一块大平地努力一下总是找得到的。

限制机场的竞争对手出现的一个重要因素，在于航路资源的限制。由于飞机起降所占据的低空航路资源非常巨大，半径往往有数十公里，而且还需要避免产生干扰城市正常生活的噪声，因此当一家机场占据了一座城市的航路资源时，新的竞争对手并不容易进入。

大到无法竞争的规模优势

公用事业公司的第二种天然竞争优势，来自大到吓人的规模。这类公用事业公司的投资规模非常庞大，动辄以千亿，甚至万亿元人民币计算，因此不会有多少竞争对手——竞争对手很难凑得出一笔足够的钱。

至少有两类公用事业公司，拥有这种吓人的规模，而这两类公司都有一张巨大的、覆盖全国的网络，这就是电信公司和铁路公司。

对于电信公司来说，覆盖全国的巨大网络是运营的基础，消费者不会购买一张只能在华北地区使用，到华南地区要交高额跨网费用的电话卡。因此，对于拥有覆盖全国网络的电信运营商来说，除了几个同级别的运营商，它们不太会遇到新的竞争对手。

铁路网络也是一项投资巨大的产业，当一家公司拥有了一张铁路网之后，很难有公司能建设一个与之竞争的网络。这项工作所需要的巨大投资、烦琐且规模庞大的征地工作，会吓退几乎所有的竞争对手。

难以获得的政府审批

公用事业公司的第三种竞争优势，来自难以获得的政府审批。在这些公用事业领域，竞争对手如果想开展一项类似的业务，往往很难得到政府的审批。

这背后的原因有很多。这里，就让我们来看一些例子。

就拿核电站来说，新的核电站的政府审批非常难以获得，主要原因是核电站存在安全隐患。尽管核电站的安全事故并不多见，但是切尔诺贝利、三里岛、福岛核事故的后果过于惨重，因此政府在审批核电站时，往往慎之又慎。

垃圾焚烧站的审批逻辑，则与核电站有所不同。尽管垃圾焚烧站并没有像核电站那样存在巨大的安全隐患，但是周围居民对垃圾焚烧站的反对是有目共睹的。因此，当一座城市的垃圾焚烧站建设完成、基本能够满足需要时，政府对于审批新的垃圾焚烧站，就会比较谨慎。

当然，在垃圾焚烧站不够用、政府又有强烈降低碳排放的需求时，垃圾焚烧站的审批就会相对容易。这种成熟期和发展期之间的区别，投资者需要区别对待。

在电信行业，电信运营商的牌照也并不容易获得。这其中有多重出于信息安全的考虑，包括信息保密、通信稳定等。

巨大而重复的网络建设成本，也是政府不愿意轻易发放电信运营商牌照的原因之一，如此巨大的网络投入，如果重复建设多套并行的网络，实在是太浪费了。

在公用事业公司上获利的 3 种因素

总的来说，由于具有天然垄断、规模优势和难以获得的政府审批这 3 个原因，公用事业公司往往有着强大的竞争优势，很难被竞争对手打垮。

同时，正是由于公用事业公司有过于强大的竞争优势，且其产品和民生有比较紧密的关系，政府往往不会允许公用事业公司完全自由定价，而是会加上一定的价格管制。

在这种强大的竞争优势和价格管制的共同作用下，公用事业公司往往会呈现出一种收入稳定、竞争格局牢固、利润率不是很高（净资产回报率通常在 8% 到 12%），但也不容易亏损的商业格局。

对于价值投资者来说，这种利润率一般，但是格局非常稳定的投资标的，很容易成为优秀的价值投资对象。投资者只需要摸清公用事业公司的盈利能力，然后利用市场的波动，进行低买高卖就可以了。

对于这种低买高卖，投资者不应该简单地理解为，仅仅针对一只股票的低买高卖。事实上，由于不同行业公用事业公司的属性常常十分相似，增长率、利润率和竞争格局都差不多，因此投资者完全可以在许多不同的标的之间来回切换，寻找资本配置的最优解。

同时，由于公用事业公司一般也不容易攻入对手的商业范围（对手也有同样优秀的护城河），因此它往往选择大比例分红，导致它的分红率通常较高。对于投资者来说，把拿到的股息用于以低廉的价格买入更多的股票，也是一个很好的选择。

如此，在公用事业公司稳定盈利和增长、二级市场提供低买高卖的交易机会、股息用于再投资的 3 种因素的作用下，原本稳定但不算惊艳的公用事业公司，也能给价值投资者提供非常优秀的投资回报。

第4章 理解企业经营

你真的看懂了一家企业吗

如果把价值投资比作一个人，那么对于每个企业的研究，就是组成这个人的最基本的细胞。如果不懂企业研究，或者对企业研究知之甚少，那么建立在它之上的投资大厦，必然是不牢固的。

从本质上来说，每个价值投资者，其实都是一位集团的总经理。他管理着旗下十几家，甚至几十家企业，依靠这些企业带来的长期资本增长获利。所以，价值投资者怎么可以不懂企业呢?

如果要懂企业，那么我们至少要懂两方面的事情：定量的财务分析和定性的商业研究。在这一章里，我将对这两方面的问题进行阐述。

本章中，有一篇文章值得着重指出。这篇文章通过数据统计发现了一个少有人提起的规律：大股东持股越多，公司越赚钱。这个很少在别处被人们提起的规律，值得我们仔细思考。

其实，许多投资者之所以做不好股票投资，不是因为股票市场比实体经济更难产生商业价值（事实恰恰相反），而是因为他们压根儿没把股票当生意做，只把股票当筹码炒。

从投资股票就是投资生意的角度来说，股票市场的投资者相对于实体经济的商人，是格外幸运的。因为股票市场给我们带来的优势，比给一般实体经济的企业家还要多。这种优势来自哪里呢？接着往下读，你就会找到答案。

买股票与做生意相比，有哪些优势

在内地资本市场，股票投资常常被污名化，做股票投资的人常常被称为“炒股票的”。在部分老百姓的朴素认知中，“炒股票”甚至不是什么正经人应该做的事情，只不过程度轻一些罢了。

而同时，不少人又认为，做一份属于自己的生意，比如开个店、办个厂，哪怕承包一片鱼塘，是最正经的营生。比起“炒股票”，做生意简直是再正当不过的事情了。

其实，做生意的人所拥有的一家小企业，其产权的归属是由工商局等机构认定的，而二级市场股票的股权归属是由证券登记结算公司认定的，两者从资产归属的角度来说，毫无二致。

更重要的是，对于那些把股票当作生意来投资和打理，而不是把股票当作赌注来“炒作”的价值投资者来说，买股票实际上与自己做生意相比有许多优势。这里，就让我们来看看，买股票相对于做生意，有哪 6 种显而易见的优势。

能做平时做不了的生意

首先，买股票最好的一点，就是可以投资一些平时很难做的生意。

这些生意要么资金体量要求太大，要么需要有政府审批的、很难获得的牌照，要么有自然垄断因素，仅凭资本投入无法涉及。

比如，对于一般体量的民营资本来说，开一家全国性的银行是几乎不可能的事情，它需要的资金量至少是上千亿元人民币，实在太多了。如果想成为一家电信运营商，那么拿牌照的难度好比登天，全中国现在也只有 4 家运营商而已。对于一些港口、机场之类的公司，则无论多有钱也很难再开一家新公司，自然垄断导致这些行业不是有钱就能做的。

但是，在股票市场，当这些公司的股票被化整为零以后，每一位投资者都可以参与这些生意。根据严格的证券法规，上市公司会公平对待每一位股东，每一位股东得到的利润、分红都是一致的。如此，投资的便利性，岂是自己做生意可以比拟的？

分散投资更安全

对于一般的资本来说，如果做生意，那么分散投资是很难的。开一家上规模的酒店，投资动不动以几千万元、上亿元计算，开一家工厂需要的启动资金也不下几千万元。就算是开个稍大些的超市、餐厅，没有几百万元的资本，都很难上路。

同时，由于投资者自身精力有限，即使资本足够，也很难同时照顾几家公司。尤其是对于不在同一行业的几家公司来说，更不可能由一人兼顾。

但是，有经验的生意人都知道，商场上的大浪一旦打来，也许是政策变更，也许是技术迭代，也许是海外市场带来的动荡，任何生意都有可能遇到非常困难的时刻。这时候，自己做生意的人会非常艰难，他们所有的资本都在这个生意里，他们必须依靠自己的顽强拼搏，才能侥幸抵御住平时不常见的商业危机。

买股票则不同，即使是不多的本金，只要研究足够仔细，投资者可以很轻松地把资金分散在十几个行业、几十家公司中。这种大规模的分散，及其所带来的商业安全性、抗风险能力，是自己做生意不可能达到的。

既没有起步门槛，又不容易碰到天花板

对于自己做生意来说，不少生意是有起步门槛的。比如，像上文所说的，开一家酒店，没有上千万元的投入资金，很难开张，大一些的酒店甚至要上亿元的资金投入。

但是，对于股票投资来说，可以说几乎没有多少门槛。无论是起步门槛为上亿元的生意，还是几十上百亿元的生意（比如航空公司），甚至是上千亿元的生意（比如大型水电站、核电站集团），只有几万元、几十万元资本的投资者，一样可以参与。

而且，不少生意是有天花板的，也就是说整个行业就这么大，资本再多就容纳不下了。同时，行业内部的竞争往往也比较激烈，留给新进入企业的空间不多。

比如，我国黄酒市场每年的销售额仅有100多亿元（2020年为135亿元），按销售利润率为10%估算，全行业每年的净利润不过10多亿元。同时，黄酒行业内的老牌公司也已经牢牢坐稳了行业地位。由于黄酒的味道仅仅符合江浙沪一带居民的口味，因此想要走出现有

市场，扩展新市场，也非常困难。

所以，无论对于想进入这个市场的公司，还是市场中原有的公司来说，黄酒行业的天花板都非常明显。

相比于做生意，股票投资却不太受到行业天花板的限制。（严格来说，天花板仍然存在，但是比一般行业要高得多。）对于优秀的投资者来说，随着他的财富以复利的形式增长，他的投资规模也会越来越大，伯克希尔－哈撒韦公司就是最好的例子。

眼界和视野更加开阔

在自己做生意时，人们的眼界和视野，很容易被局限在一个行业、一门生意中。这是由于自己做生意，事务往往太过琐碎，原料采购、员工管理、厂房建设与维护、生产质量把关、与政府部门打交道、融资、打广告，如此等等数不胜数的事情，会把生意人的眼光，牢牢局限在这门生意中。

因此，在国内企业界，近年出现了一个现象，就是许多企业的第二代继承者，不愿意接手父母长辈打下来的江山。这些继承者往往接受过优秀的国内或国际教育，当饱读诗书、见过世界的他们，回到自己家的厂房时，许多人就不愿意继续像上一辈那样，辛辛苦苦地照看自家的产业。

但是，对于买股票来说，由于需要不停地学习各种行业知识，甚至在资本规模扩大以后，需要了解海外的行业与公司，因此投资者的视野就更容易被打开，思路就更容易变得开阔。

打理起来更简单省心

管理过自己生意的人都知道，做生意是非常累人的事情。比如，餐厅春节不能打烊，否则就会错过年夜饭的赚钱机会。一家奶茶店，如果店主说要出门玩半个月，那么回来肯定熟客少了一大半。

如果做生意的人有急事，想要将自己的生意按当时的市价变现一部分，难度不是一般得大。比如一家汽车修理厂，市场价值为500万元，现在厂长想套现100万元，也就是引入一个投资者，买走厂子20%的股份，这可能吗？理论上可以，实际上却很少能找到愿意成为小股东的投资者。毕竟，对于小股东来说，100万元都给出去了，厂子的控制权还拿不到，想分红也得看大股东脸色，还不如自己拿100万元开个有100%控制权的小服装店更舒畅。

但是，在股票投资中，以上的这两个问题都不存在。对于价值投资者来说，如果最近太忙，只要退出账户不看就可以，盈利、股息什么的也都会自动到账（只是需要留意一下偶尔发生的配股、配售可转债之类的信息）。而在流动性变现的问题上，投资股票更是“吊打”自己做生意。

需要指出的是，股票投资更高的便利性带来的一个劣势，是无法对生意做到亲力亲为。对于个人能力非常强的人来说，虽然买股票更加省心，但是不能直接管理自己的生意，也是一个明显的劣势。当然，许多人的个人能力其实不比别人强多少，但是自以为特别强，则又是另一个话题了。

送钱的市场先生

最后，我们来看买股票比做生意强的最重要的理由：在股票市场里，有一个会给你不停送钱的市场先生。

打过游戏、麻将和纸牌的人都知道，想要赢，最好的方法，不是自己努力，而是找到“猪一样的对手”。我在打坦克游戏的时候，有时候就特别喜欢玩低级车，因为对手太笨，所以很容易打赢。在股票市场里，价值投资的祖师爷——本杰明·格雷厄姆，就把市场比喻成这样一个“猪一样的对手”，他也称它为“市场先生”。

市场先生情绪非常不稳定，因此你将它作为你的对手，在它开心、亢奋的时候，把股票以高价卖给它；在它心灰意冷的时候，再把股票以低价买回来。这一来一去，可爱的市场先生就会给聪明的投资者送来源源不断的回报。

以上所说的，就是买股票相对于做生意的 6 种优势。当然，买股票毕竟不是做生意。对于股票投资者来说，有一些股票投资中才会有的问题，是需要格外重视的。这些问题包括提高证券账户的安全性，增加防盗措施，遵守证券市场的监管法规等。不过，这些问题只要加以留心，一般来说不难搞定。

那么，为什么买股票的优势这么明显，这么多投资者还是认为，买股票赚不到钱，做生意才能赚钱呢？

说到底，还是因为人们没有用一颗做生意的心来买股票，往往天天盯着股价与市值，把股票当作赌博的筹码了呀！对于这些“炒股票”而不是“投资股票”的投资者来说，既然已经把买股票搞成了赌博，那么买股票又怎能比得过自己踏踏实实做生意呢？

买股票的7个问题

巴菲特有一句名言："付出价格，买回价值。"在决定是否投资一家公司的股票时，价值投资者会完全从企业价值的角度思考，而不理会最近价格的波动、市场的热点等因素。

那么，在买股票时，具体应该从哪些角度来思考呢？这里，就让我阐述一下买股票的7个问题。

这7个问题分别是：行业前景如何？企业的竞争格局是否有利？大股东靠谱吗？政策趋势是否明朗？企业的财务状况如何？股票的估值合适吗？横向比较是否划算？

一般来说，在研究一家上市公司时，我会依次把这7个问题思考一遍。只要把这7个问题想完，买股票这件事虽然不一定能做到百发百中，但是也八九不离十了。

行业前景如何

要看一家公司是否值得买入，首先要了解的，就是这家公司所在的行业。

三国时代，名士郭嘉在投奔曹操以前，曾经拜访袁绍。看了一圈以后，郭嘉发现袁绍这人不行，于是对袁绍的谋臣辛评、郭图说："夫智者审于量主，故百举百全而功名可立也。"聪明的人，做事之前先要思考主君是否值得追随，才能建功立业。

郭嘉接着说："袁公徒欲效周公之下士，而未知用人之机。多端寡要，好谋无决，欲与共济天下大难，定霸王之业，难矣！"意思是袁绍这人，徒有其表，实无其实，最终做不成事。你们跟着这样的主子，将来怎么可能做出一番功业呢？

在股票投资中，事情也是一样。投资者在买入一只股票以前，先要了解这家公司所在的行业，到底有没有前途。

比如，在汽车即将普及的时代，马车行业必然会没落。在电子支付兴起以后，ATM 机行业会逐渐萎缩。在电子化程度越来越高的时代，文具行业会承受压力。在新能源越来越发达的时候，传统能源行业就很难再有大增长。

不过，一个停滞，甚至消退的行业，也不一定代表企业就赚不到钱。反之，一个将来有大增长的行业，也不一定会给企业带来丰厚的回报。这里，投资者就要考虑第二个问题：企业的竞争格局。

企业的竞争格局是否有利

如果我们回到 2000 年，会发现在之后的 20 年里，房地产行业会有一个巨大的发展。那么，在 2000 年投资盖房子的建筑公司，或者加入建筑公司，做一位建筑工，我们会赚到很多钱吗？答案自然是否定的。

有时候，在大有发展的行业里，企业之所以赚不到很多钱，恰恰在于企业的竞争格局太差。在以上的例子中，由于建筑行业门槛太低，进入者众多，导致利润率不高。

服装行业则是另一种情况，这个行业的竞争格局非常混乱。对于服装行业来说，流行的趋势每个季度都在改变，因此胜利的企业容易赚到很多钱，失败的企业则会亏损惨重。

那么，在服装行业里，是不是我们持续买那些在竞争中胜出的企业就行了？糟糕的是，服装行业混乱的格局，导致今天胜利的企业也许很快就会失败。因此，服装行业的投资难度，也就变得非常巨大。

大股东靠谱吗

当找到了一个还不错的行业，企业又有稳定、可以预判的竞争格局时，接下来很多投资者就会开始翻财务报表。但是且慢，在翻财务报表之前，还有两个问题。

第一个问题，是这家公司的大股东、实际控制人（简称实控人）是否靠谱。公司的大股东、实控人是央企、国企还是民企？占有多大比例的股份（一般占比越大越好）？大股东或实控人过去是否有给自己发高工资，频繁减持，大比例质押股票，装入低效资产套现之类的不良举动？

研究大股东这个问题，被不少投资者忽略了。但是，这是买股票必须思考的一个问题，如果一家公司的掌权者都难以信任，那么我们又如何能看好这家公司的长远发展呢？

政策趋势是否明朗

在看财务报表之前思考的第二个问题，是企业所在的行业，其政策趋势是否明朗。这种明朗至少应该包括几个要点：行业所面临的政策是否稳定、可以预期的，是否没有明显的逆风政策预期，政府在工作报告中是否没有明确提示行业存在的、需要整改的问题。

同时，在判断行业的政策趋势时，投资者还需要进行预判，了解民众和社会舆论对行业有没有明显的负面情绪。要知道，在许多情况下，社会的负面情绪是逆风政策的早期征兆。

在思考政策趋势时，需要注意两点。第一，这里所说的行业政策趋势，和开头所说的行业的前景，并不是一件事。行业前景这个问题思考的周期更长，政策趋势的周期更短。

比如，2020 年，房地产行业的长期发展仍然有空间，因为中国的城市化仍在继续，居住条件也在稳步提高。但是，由于房价过高，短期的政策趋势则比较严峻，这个趋势在之后的两年里，给房地产公司带来了不小的压力。

第二，行业的政策趋势是否明朗，和政策趋势是否向好，也不完全是一回事。对于投资来说，只要政策趋势明朗、可以预期、没有大的风险，那么问题就不大。我们并不一定需要等到政策趋势向好的时候，再来买股票。

要知道，虽然人人都想要好政策，但是如果所有人都知道行业的政策趋势向好，那么股票的价格大概率也就不低了。

企业的财务状况如何

现在，我们思考第 5 个问题：企业的财务状况如何？这并不是一件简单的事情，但是只要思考周全，也不太复杂。

一般来说，我会从至少 3 个大的方面，分析企业的财务状况。这 3 个方面可以概括为：快不快、好不好、稳不稳。

“快不快”指的是，企业的增长速度如何？一般来说，快速增长的企业总是招人喜爱。“好不好”指的则是企业的盈利能力怎样？要知道，有的公司收入增长很快，但是没赚到钱；有的公司报表上赚到钱了，应收账款却一大把；有的公司虽然增长速度不快，但是利润率可观。“稳不稳”则指的是企业的财务报表是否扎实，负债率是否过高，现金流是否健康？

一般来说，只要从以上 3 个方面分析企业的报表，再把报表和实际观察到的企业生产销售情况做对比，确定报表在现实商业中的真实性，投资者就不难明白企业的财务情况。

股票的估值合适吗

现在，对于买入一只股票来说，投资者已经来到倒数第二个问题：股票的估值是否合适？

股票的估值工具并不难找，核心思想无非是把价格和财务数据进行对比，比如价格和盈利的对比、价格和净资产的对比、价格和股息的对比、价格和自由现金流的对比，等等。这些工具的基本使用方法随处可见，在此不再赘述。

需要指出的是，投资者在给股票估值时，一定要考虑一些特殊情况。比如，周期性行业的公司，在行业周期高点时可能估值非常低，低点时则估值很高（尤其使用市盈率、股息率等估值方法时结果更是如此）。这时候，简单的估值的高低，并不会直接构成买卖的理由。

横向比较是否划算

经过思考以上的 6 个问题，对于一只股票是否该买，投资者已经可以做到心中有数了。到这里，不少投资者的分析也就结束了。不过，这里还有第 7 个问题，为勤劳的投资者带来更高的回报，即横向比较股票是否划算？

要知道，在这个证券市场里，我们面对无数股票和投资机会。A 股、港股、B 股等，我们有成千上万家上市公司的股票可以选择。再往多了说，可转债、基金、期权、衍生品等金融产品，给投资者提供了更多的选项。

因此，当投资者研究明白一只股票时，如果能和其他投资标的进行比较，那么在千百次比较之后，他就一定能找出一些最有利于自己的投资标的，构建一个优秀又牢固的投资组合。

以上，就是买股票的 7 个重要问题。在这 7 个问题的帮助下，价值投资者一定可以在股票市场中胜算大增。

用 11 个例子告诉你，股价的波动有多巨大

在名山大川面前，人们常常对自然界神奇的景致叹为观止，产生“峨峨兮若泰山，洋洋兮若江河”之感。在股票投资中，股票价格的涨跌幅度之巨大，也常常超出人们平常生活里能够接受的、朴素的想象。

这里，就让我们来看看，在历史上，股票价格的波动能够巨大到什么地步。

在看股票数据之前，先让我们来看看，在自然界中，山的高度能有多大的差异。在中国传统文化中，泰山有着无与伦比的地位，所谓“孔子登东山而小鲁，登泰山而小天下”，可见这座山在天下的位

置之重要。那么，泰山有多高呢？根据现代人的测量，泰山的高度是 1 545 米。

但是，中国古代齐国和鲁国边上的泰山，并不算太高的山。处于赵、魏、韩三国附近的太行山，其最高的山峰是小五台山，海拔 2 882 米，比泰山高出了将近一倍。

但在日本的富士山面前，太行山的高度又差了一截。位于日本本州岛中部的富士山是一座活火山，也是日本的最高峰，其高度约为 3 776 米，比太行山的顶峰还要高将近 1 000 米。

当然，这些山峰的高度，在珠穆朗玛峰面前，都是小儿科。作为喜马拉雅山脉的主峰，珠穆朗玛峰的最高海拔约为 8 848 米，是富士山的两倍还多。但是，与火星上的奥林匹斯山相比，地球上的珠穆朗玛峰又显得微不足道。火星上的奥林匹斯山是现在已知的太阳系内第一高山，有 20 多公里高，是珠穆朗玛峰的两倍多。

随着人类对宇宙的进一步探索，相信我们会不停地发现越来越高的山峰。我们对山峰高度极限的认知，也会被一次次刷新，恰如股票投资中我们遇到的事情。

在股票投资中，许多人总喜欢把眼光放在很小的收益上：今天投资赚了 5%，明天亏了 10%，如此种种。我不止一次地听人说，“这只股票我再赚 15% 就能回本，然后就可以卖掉了”“今天我做一个日内交易赚了 5%，我好高兴”，等等。

但是，当我们回顾历史上曾经出现的那些股票价格的大涨大跌时，就会发现，这些百分之几，或者百分之十几的涨跌幅度，相对于可能出现的股价涨跌来说，就像太行山，甚至只像上海的佘山（上海松江区的一座小山，海拔100米左右，是上海境内第一陆上高山）相对于珠穆朗玛峰、奥林匹斯山的高度一样。在真正的大行情面前，这些小小的涨跌根本微不足道，不值一提。

这里，就让我们来看11个例子。这些例子一个比一个惊心动魄、扣人心弦，记住这些历史上曾经发生的股票价格波动，投资者就能够以更为宏观、更加大气的眼光，来思考自己的投资。

2014年6月30日，在A股上市的交通银行（代码601328）的股价是2.72元[1]。而到了2015年6月9日，也就是短短不到1年以后，其股价涨到了7.32元，涨幅约为169%。对于那些每天在意几个百分点股价波动的投资者来说，这样的涨幅不可以说不大。

但是，和上港集团（代码600018）在2013年6月27日到9月25日期间的上涨幅度比起来，交通银行在2014年到2015年花费了将近1年才完成的上涨，就算不得什么了。在上述区间的仅仅3个月，也就是0.25年的时间里，上港集团的股价，就从1.98元涨到了5.81元，涨幅达到约194%。

而在2005～2007年的A股大牛市中，许多股票价格的上涨幅度，让以上两个涨幅相形见绌。从2005年6月30日到2007年10月31日，平安银行（代码000001）的股价就从1.34元涨到11.91元，涨幅达到792%[2]，几乎让投资者赚了相当于本金8倍的钱。

---

[1] 需要特别注明的是，这里统计的股票价格，都是以2020年11月27日为基准日进行前复权的日内收盘价格，数据取自Wind资讯，下文中采用同一口径。此特定日期前复权股价，和当时的原始交易股价并不相同，但使用同一口径可以更方便、更准确地比较期间股价涨跌幅度，请读者留意。

[2] 书中多处计算由于参与计算的数字为四舍五入后的结果，因此读者若自行计算，结果会有差异，但不影响结论。

但是，依靠短期市场走牛赚的钱，和靠企业长期优秀的基本面赚到的钱相比，又显得微不足道得多。

作为 A 股市场上最优秀的公司之一，格力电器（代码 000651）的股价从 2005 年 10 月 31 日的 0.47 元，上涨到 2018 年 10 月 31 日的 35.24 元，在这 13 年中的涨幅达到 7 373%，也就是将近 74 倍。对于一个在这段时间的开始时，将资本投入格力电器股票的投资者来说，他在 13 年中的回报平摊到每一年，都相当于本金的约 5.7 倍。

格力电器股票价格的大行情，很大程度上来自这段时间里中国空调行业的繁荣。许多新增的空调是装在新建的房子中的，因此万科公司股价的表现在这段时间里也让人惊叹。从 1995 年 12 月 31 日到 2018 年 10 月 31 日，在 22.8 年的时间里，万科 A（代码 000002）的价格从 0.10 元上涨到了 22.46 元，涨幅达到 21 520%，也就是约 215 倍。

需要指出的是，由于涨幅过于巨大，因此这里 0.1 元的前复权价格，可能是一个不太准确的数字。股价上涨到前复权价格很难准确计算的程度，也是证券市场上的奇观了。

如果说 A 股市场的股价涨幅就像地球上的山峰，那么港股市场往往以更大的涨跌幅度，让人感到“这简直就是火星上的奥林匹斯山”。

在上面格力电器和万科公司的两个例子里，两家公司分别用 13 年和 22.8 年的时间，给投资者带来了 74 倍和 215 倍的投资回报。但是在港股，银河娱乐公司曾经在短短 5 年的时间里，就给投资者带来了 102 倍的回报。银河娱乐（代码 00027）是一家主要以澳门博彩和相关娱乐行业为主业的香港上市公司，它的股价从 2008 年 10 月 31 日的

0.51 港元，上涨到 2013 年 10 月 31 日的 52.29 港元，在短短 5 年的时间里涨幅达到 10 230%，也就是约 102 倍。

如果说博彩业在许多电影，比如《赌王之王》的宣传下，让人觉得有一点神秘，似乎手眼通天的赌场大老板赚钱是天经地义的事情，那么申洲国际的业务就让人觉得无聊得多。但是，这并不妨碍这家公司给投资者带来同样让人惊叹的回报。

申洲国际（代码 02313）是一家在香港上市的服装企业，主要为一些国际大品牌做代工产品，帮这些企业生产它们需要的服装。由于申洲国际的产品质量过硬，交货及时可靠，这家公司在服装代工界成为优秀的存在，其股票也就成为香港市场的大牛股之一。在 2008 年 10 月 31 日到 2020 年 10 月 31 日 12 年的时间里，申洲国际的股价从 0.75 港元上涨到 133.90 港元，涨幅达到让人吃惊的 17,861%，也就是约 179 倍。

对比申洲国际在 12 年里的 179 倍涨幅，和我们在开头看到的交通银行在不到 1 年的时间里 169% 的涨幅，我们似乎看到了上海境内陆上第一高山佘山和地球第一高峰珠穆朗玛峰的区别。但是，和这些涨幅比起来，腾讯控股的股价涨幅则更为惊人。

如果说腾讯控股（代码 00700）是香港市场在 2000 年以后的第一牛股，恐怕不会有人反对。这家巨型科技公司由做即时通信起家，于 2004 年 6 月 16 日在香港市场上市，其股价从上市当天的 0.78 港元上涨到 2020 年 11 月 26 日的 586.00 港元，在 16.4 年里涨幅达到 74 855%，也就是约 749 倍。在腾讯控股的股价面前，几乎所有上市公司的股价和几乎所有专业投资者的投资业绩，都让这样巨大的涨幅给“一览众山小”了。

但是，股票市场绝不是只有利润，没有风险的存在。投资者赞美高山的雄伟，也绝不能忘记大江大河的凶险。从历史上出现过的股价暴跌来看，许多股票价格的跌幅让人不寒而栗。

股价的下跌一般不外乎两个原因：一是之前的交易价格太高导致估值大幅下挫，二是企业经营出现巨大问题。当这两个因素有一个显现时，股票价格就足以受到重创。当两个因素一起出现时，投资者往往血本无归。这些股价跌幅有时候很大，绝不是几个百分点乃至十几二十个百分点能够衡量的。

以中国中车（代码 601766）的 A 股价格为例，在 2015 年的牛市中，其股票的估值被市场抬到非常高的水平。之后几年，尽管中国中车仍然是一家在行业内具有竞争力的公司，但是其股价仍然随着估值的下跌，从 2015 年 4 月 30 日的 28.34 元下跌到 5 年以后 2020 年 4 月 30 日的 5.64 元，其间跌幅达到 79%。

如果说中国中车的 A 股价格波动只是因为受到估值的影响，那么港股市场上的思捷环球（代码 00330）的股价，则受到了估值和基本面的双重影响。

思捷环球公司是一家服装销售企业，一度以 ESPRIT 的品牌红遍服装市场。由于经营不善，公司的股价从 2007 年 10 月 31 日的 90.62 港元，下跌到 2020 年 10 月 31 日的 0.80 港元，在 13 年的时间里跌幅达到 99%。也就是说，投资者在期初的 100 港元的投入，在期末会变成只剩大约 1 港元。

但是，和蒙古能源公司的股价比起来，思捷环球公司的股价下跌幅度仍然是让人感到安慰的，毕竟投资者还能留下1%的本金。蒙古能源（代码00276）是一家在香港上市的、以开采资源和金属矿藏为主业的公司，其股价在1990年12月31日到2020年11月26日的29.9年里，下跌了整整99.998%。也就是说，投资者在期初投入的1 000 000元，在期末只会剩下25元。

证券投资中的高山与深海，会让有眼光与准备的投资者感到意气风发，也会让平时纠结于股价涨涨跌跌的投资者感到不寒而栗。这种证券投资所必需的眼光与准备，也曾经出现在战国时代齐威王与梁惠王的一次对话中。

齐威王二十四年，也就是公元前333年，战国时期齐国（田齐）的第四代国君——齐威王田因齐，与梁惠王在一次会猎中聊天。梁惠王跟齐威王嘚瑟自己的宝贝："你看你看，我这夜明珠这么老大个，一颗能照亮前后十二辆车。这么老大的珠子我有十个耶！话说你也是国君，你有啥宝贝不？"

齐威王说我没啥宝贝。梁惠王笑话他："你这么大个国君，难道就真的什么好东西都没有的吗？"（魏王问曰："王亦有宝乎？"威王曰："无有。"梁王曰："若寡人国小也，尚有径寸之珠照车前后各十二乘者十枚，奈何以万乘之国而无宝乎？"）

齐威王听完梁惠王的嘲笑，反驳说，我是没宝贝珠子，但是我有四位贤臣，檀子、肦子、黔夫、种首。这四个人帮我内修明政，外御强敌，有这四个人在，我齐国天下归心，"将以照千里，岂特十二乘哉！"齐国的光辉会照耀千里，哪是你那珠子的光辉所能比的呢？

所以说，在证券投资的过程中，投资者的目光千万要放得长远。

证券价格的波动，在长期来说有如惊涛骇浪。得之则昌，失之则亡，如果投资者能冷静地发现长期的规律，做出明智而坚定的投资决策，那么他的投资业绩就会光照千里。而对于那些纠结于短期涨跌的投资者来说，由于他们过于注重眼前的丘陵和沟壑，就必然难以找到长期的投资之道。

如何理解财务报表

在证券投资中，最重要的事情，就是理解企业。理解企业最重要的方法，就是阅读财务报表。但是，同一张财务报表，不同的投资者会有不同的解读。有人会看到机会，有人却会看到风险；有人会看到增长，有人却会看到下滑。

那么，投资者在理解财务报表的时候，应该注意哪些方面呢？在读懂财务报表之后，投资者又应该怎样分析企业，怎样看清企业的未来呢？

如何看待财务报表

对于投资者应当如何看待财务报表，市场上有两种不同的极端看法。一种看法认为，财务报表就是一切，只要企业有利润，有净资产，有财务增长，就是好企业。这类投资者最喜欢做的事情，就是通过阅读各期财务数据，计算企业各类指标的增长率等。

而另一种看法，则认为只要找到好的商业模式、好的企业家，财务报表就不重要。这类投资者最喜欢做的事情，就是谈企业的“赛道”，规划企业的未来，思考企业能够如何改变社会乃至全人类。在这些投资者看来，财务报表基本不重要，商业故事好就行了。

其实，这两种看法都不对，都走了极端的路子。对于财务报表，有一句话说得很好：“财务报表不是万能的，没有财务报表是万万不能的。”它就像一个人的体检报告，一个人只看体检报告就判断自己是否健康是不对的。如果体检报告上的结果一塌糊涂，这个人还认为自己健康，也是有问题的。

同样，财务报表有所改善，不一定是企业变得更健康的象征。这就好比一个人如果为了让体检报告好看，天天在充满汽车尾气的高速路边跑步，那么即使短期的体检报告变得好看了，对健康带来的长期负面影响是得不偿失的。

所以，当我们阅读财务报表的时候，一定要与企业的商业实情结合起来，用商业实情理解财务报表，用财务报表验证商业逻辑。如此，才是正确的阅读财务报表的方法。现在，就让我们来看看，在财务报表的各个要点上，我们应当如何辩证地思考。

利润不是一切

对于股票市场的不少投资者来说，企业利润是他们最看重的财务指标。君不见，许多新闻都喜欢说，×× 企业今年利润大涨 80%，或者 ×× 企业利润下跌一半。

对于真正有财务思维的人来说，利润绝对不是企业发展的一切。在清华大学贾宁教授所著的《贾宁财务讲义》一书中，作者引用了一个让人震惊的事实：根据数据统计，20 世纪 90 年代，每 4 家破产的企业中，居然有 3 家是盈利的，只有 1 家亏损。

这些盈利但突然破产的企业，存在一个很大的问题，就是现金流断裂。也就是说，它们汇报在财务报表上的利润，如水上浮萍一般，企业的现金流已然支撑不住。

对于任何一家企业来说，没有利润是可以的，但是没有足够的现金，则一个月都熬不过去。对此，有财务专家曾经给出一句非常恰当的总结："现金就像氧气，只有不够的时候，你才会感受到它的珍贵。"

撇开以现金为代表的财务稳健性指标不说，企业的利润并不是越多越好。比如，有的初创企业一直在布局，短期利润为负，却不影响它以后的发展。有的成熟企业利润虽然丰厚，但是主营业务其实已经江河日下，就像数码相机时代之前的、主营相纸胶片业务的柯达公司，再好的短期利润也难以掩盖企业长期的困局。

利润如此，其他一些财务指标，比如销售收入，也是一样。一家企业的销售收入增长得越快越好吗？绝对不是如此，依靠砸销售费用，增加广告支出，降低价格，可以增加销售收入，依靠提高产品质量，也可以增加销售收入，但这两种增长完全不是一码事。

过去，我们曾经看到许多企业在共享单车、团购、共享出行等行业，大幅依靠增加销售费用、降价等方法抢占市场份额。这些激进举措换来的增长，往往在长期难以持续。

如何理解资产

既然利润不是越多越好、增长得越快越好，那么聪明的读者一定会认识到，资产也不是越多越好。其实，著名投资家段永平先生曾经说过的一个词——“有效资产”，就很好地定义了投资者应该怎样理解企业的资产情况。

举例来说，腾讯公司的微信 app 是一种非常重要的资产，至少在我写下这篇文章的 2022 年，我们还看不到任何一种手机 app，可以取代微信。但是，根据会计准则，像微信这样重要的资产，除非被出售，或者被收购，否则如果是由企业自行开发出来，是不可以用市场价值进行重新估算的，这种有效资产在财务报表上被低估几乎是必然的事情。对于同仁堂、茅台这样的传统品牌来说，事情也是一样。

再比如，水电企业也是一种常常被低估的投资标的。根据会计准则，水电站在建成以后，水坝坝体需要按一定年限进行折旧。但是在实际工作中，50 年乃至上百年的水电站，虽然已不在账上，但许多仍然有十分牢固的坝体——这是由于在重力作用下，大型的混凝土坝体并不会像普通的房屋墙壁一样，随着时间流逝而快速老化。

在硬币的另一面，一些仍然在账上的资产，却可能已经不是“有效资产”。

比如，企业在市场火热时高价收购的低效公司，会在财务报表中呈现大量的商誉；研发投入过大的企业，会使用研发费用资本化的手段减少成本，增加资产；一个落后于时代的产能，比如老旧的电视机生产线，可能在报表上仍然体现为一定量的资产，却难以为企业赚取利润；一家房地产公司在土地市场火热的时候购买的偏远地区的昂贵地块，也并不是我们想要的有效资产。

所以，企业的资产绝不是越多越好，而是越有效越好。对于有效的资产，企业需要加以利用，努力增加这类资产的数量。而对于无效的资产，卖出是最优的选择，次优的选择是闲置不动，最差的选择，正如巴菲特所说的："许多人已经掉到坑里，却还在往下继续挖坑。"

永远真实的负债

如果说财务报表有 3 大要素——利润、资产、负债，那么负债和前两者的最大区别，就在于利润可能是虚构的，或者不够扎实的，资产可能是无效的，甚至只存在于账面的（比如资本化了的研发费用、收购产生的商誉），但是负债一定是真实存在、一分钱不能少给的。毕竟，没人会随便放弃对一家企业的债权，而企业也不会好端端地就给自己添上一笔不用还的债务。

更糟糕的是，企业的债务也许不会全部在财务报表上反映出来，各种或是有意为之，或是无意产生的表外负债层出不穷，给阅读财务报表的投资者带来了更大的挑战。这些表外负债包括企业经营中尚未产生但可能产生的或有债务（比如诉讼导致的债务）、未披露的表外担保、刻意隐瞒的债务，等等。

除了金额上的刚性，负债可能给企业带来的更糟糕的问题，是企业可能在财务不够稳健的情况下，遭遇流动性危机，从而在主营业务仍然完好时突然倒闭。

在 2021 年底到 2022 年初的内地房地产公司流动性危机中，大量房地产企业因为负债管理不够完善，导致在行业遇冷的时候不堪重负，这就是负债没有管理好的典型案例。而在之前几年就看到房地产行业过度繁荣、主动降低负债的一些公司，虽然在行业景气时少赚了不少钱，但在这场危机中安然无恙。

当然，对于企业来说，负债是一把双刃剑，它带来的好处是不言而喻的。比如，在生意顺利的时候，高负债率可以提高企业的扩张速度，提高净资产回报率，负债周期短、投资周期长的短债长投会进一步降低企业的财务成本（因为短期负债一般利率较低），提高回报率。但是，高负债率也增加了企业的财务脆弱性，短债长投也让企业陷入流动性危机的风险增加。

对于企业来说，虽然负债带来的优势非常明显，但是聪明的投资者要意识到，企业经营可以成功许多次，但是流动性危机导致的破产只要经受一次，所有的成绩就会直接归零。看看历史上由负债导致的危机，比如巴林银行破产危机、2008 年美国五大投资银行危机，谨慎的投资者就一定会对高负债保持警惕。

尽信书，则不如无书

对于财务报表中的数据，投资者在理解每个数据的含义以后，还需要铭记一点：尽信书，则不如无书。

从审慎的角度来说，投资者需要怀疑每一张财务报表都有被操纵甚至造假的可能。如果投资者相信一张财务报表具有真实性、客观性，那么这种信任不应当来自出于善意的天然信任，而应当来自找不到任何操纵甚至造假证据。毕竟，康美药业公司的造假仍然历历在目——财务报表上明明白白列着的 300 亿元现金居然不存在，而现金的盘点其实是财务报表编辑和审计工作中比较容易的一块，比盘点存货的价值不知道容易了多少。

那么，投资者应如何审视财务报表的客观性呢？具体的方法有很多。

首先，投资者需要注意财务报表中的各种细节。企业的应收账款账龄如何？折旧年限是否发生了改变？商誉是否有大幅减值的可能？《贾宁财务讲义》中写道："通过改变长期资产折旧方法来更改利润，是上市公司最常用的财务操纵方法之一。"

当然，财务报表中的细节并不会告诉投资者所有事情，因为有些事情根本就是在财务报表之外的。比如，企业向经销商压货，让经销商多买一些消费者暂时还不会买的商品，就可以增加短期业绩；企业与关联方之间的关联交易，往往会成为财务操纵的重灾区；甚至有一些企业还会直接选择造假，比如虚构资产，虚构境外合作伙伴，等等。

那么，投资者难道对这些财务报表上没有体现出来的事情，就只能束手无策吗？其实，投资者还有一招可以躲避这些没在财务报表上体现出来的风险，这就是"结合企业实际情况理解财务报表"。

还是让我们以体检报告来打个比方。如果我们看到一个人的体检报告上的数据样样都好，但是看到真人却发现这个人面黄肌瘦，甚至还在不停地咳嗽，我们会觉得这个人的体检报告（财务报表）很好，所以身体就很健康呢？还是会相信自己的直觉判断呢？

对于企业来说，事情也是一样。对于财务报表的理解，必须和企业的实际情况结合起来。比如，美的公司是一家在小家电领域竞争优势明显的公司，财务报表也非常好看。我自己就曾经在京东网站上同时购买了四五个牌子的烧水壶，最后发现还是美的公司生产的又便宜，质量又好，设计还科学。诸如此类的商业观察，就可以与投资者对财务报表的理解匹配起来。

欲流之远者，必浚其泉源

在唐代名臣魏徵所写的《谏太宗十思疏》中，有这样一段话："求木之长者，必固其根本；欲流之远者，必浚其泉源；思国之安者，必积其德义。"意思就是想要得到好的结果，必须从开头就把事情理顺；想要让国家安定繁荣，那么治国之德必须优良。

对于企业的财务报表来说，事情也是一样。好的财务报表是结果，优秀的企业治理才是源头。如果企业治理完善、公司战略稳健且正确，那么好的财务报表往往会不请自来。反之，如果公司管理层不称职，甚至德不配位、胡乱作为，那么再好的财务报表，有一天也会变得糟糕。

所以，如果投资者想要得到好的财务报表，最重要的是要对企业的治理有所了解。这种治理至少包括几个方面：企业的管理者诚信、勤勉的程度如何？企业的架构设计是否合理？企业的商业模式与市场竞争格局怎样？

对于第一个问题，一般投资者想要了解企业的管理者人品如何，靠直接接触是很难的，我们很难对每个企业的管理者都做到"路遥知马力，日久见人心"。但是，只要观察他们过去的所作所为，投资者也就可以知道一个大概。那些过去不诚信的管理者，将来继续不诚信的概率就很大。而如果管理者过去十几年一直勤勉尽责，将来突然一反常态坑害企业，也是不太可能的事情。

对于第二个问题，即企业的架构设计，投资者需要了解方方面面的情况。大股东是否有足够的股份，以便和投资者的利益高度绑定？大股东之间是否形成足够的互相制衡，或者是否对大股东有有效的监管？投资企业的PE基金是否过于短视？企业的实际管理者有足够的利益激励吗？我们需要牢记查理·芒格说过的一句话："制度设计得不好，是许多问题的根源。"

对于第三个问题，即对于商业模式与市场竞争格局的判断与把握，则需要投资者有足够的商业知识与经验。行业的发展前景如何？竞争格局怎样？客户有黏性吗？企业有网络效应吗？政策的走向会是如何？我们可以轻松地找出100个这类问题，而对于这类问题的解答，是非常考验投资者水平的。

结语

清代的陈澹然写过一句名言："不谋万世者，不足谋一时；不谋全局者，不足谋一域。"然而，万世也不过是无数个一时的累加，全局也不过是许多方面的总和。对于财务报表的分析来说，投资者既要认识到它的关键性，又要了解它的局限性。既不能认为"只要算清楚了财务数字就能做好投资"，又不能觉得"投资不需要对财务太了解"。

对于这两种看似截然不同，其实相互补充的思想，我们可以参考巴菲特的两则轶事。

先说对财务报表的了解，有一次，在股东大会上，一个人问巴菲特："您能推荐一本讲财务的书吗？"巴菲特想了一会儿没能给出答案，他的老搭档查理·芒格在一旁帮腔："他对财务太熟悉了，从十几岁开始就在看报表，你让他推荐讲财务的书，就像让他推荐一本教人怎样呼吸的书，他想不出来是正常的啦。”

但是，精通财务的巴菲特却不拘泥于财务。又有一次，也是在伯克希尔－哈撒韦公司的股东会上，芒格问巴菲特：“我听你说了一辈子DCF 模型（基于现金流计算企业价值的模型），但是我为什么从来没有看你仔细算过一个企业的 DCF 价值？”巴菲特回答说：“如果需要仔细计算，才能知道一个企业的价值，那么这个价值也就太不明显啦。”

亲爱的读者，现在你明白，我们应该怎样理解财务报表了吗？

和巴菲特学三种鉴别财务陷阱的方法

在证券投资中，企业的价值是投资的基石。在判断企业价值的工作中，财务分析是必不可少的。不过，财务分析并不是一件简单的事。

基础的财务分析，比如企业增长速度、盈利能力、现金流质量、资产负债结构等，不少地方都有介绍，有心的投资者，很快都能学会，并没有太大难度。

财务分析的学问，难就难在如果财务报表有问题怎么办？如果上市公司刻意利用会计准则中的漏洞误导投资者怎么办？甚至如果上市公司故意进行财务造假，又怎么办？在历史上，财务报表好看，但是公司其实出了问题的案例，可谓屡见不鲜。

那么，投资者应该如何分析财务报表，才能得到关于企业的实情呢？这里，就让我们跟股神巴菲特，学习三种鉴别财务陷阱的方法。

在 2003 年 2 月发布的致股东的信中，巴菲特写出了三种鉴别虚假，或者说有水分、有陷阱的财务报表的方法。这里，让我们一一看来。这三种方法分别是：发现蟑螂法、刨根问底法、警惕自夸法。

发现蟑螂法

对于第一种方法，即发现蟑螂法，巴菲特这样写道：

“首先，警惕那些发布了不够扎实的财务数据的上市公司。比如，如果一家公司不把股票期权进行费用化处理，或者对养老金的会计处理过于大方等，你就得小心。

“如果企业管理层在某些看得见的地方，采取了比较糟糕的处理方法，那么在看不见的地方，他们一定会做一样的事情，甚至做得更过分。这就好比，当你在厨房里看到一只蟑螂的时候，极大概率你的厨房里不止这一只蟑螂。”

在“发现蟑螂法”中，巴菲特指出了一个至关重要的财务报表理解方法。如果报表有问题，比如折旧计提不彻底、商誉虚高、研发费用资本化过高，那么企业大概率不止这么一点问题——阳光下都有黑暗，没有阳光的地方只会更糟糕。

比如，在一个科技类上市公司爆雷以前，投资者询问公司为什么视频资产的折旧使用了和实际视频类资产产生效益的规律不十分对应的直线折旧法，而不使用更贴近视频资产折旧规律、初期折旧速度更快的加速折旧法，比如年数总和法、双倍余额递减法？

面对问题，公司并没能给出合理的答案。后来，这家公司在财务上爆出了大雷。

反过来，如果我们看到一家上市公司，在财务报表中有特别实在的改变出现，且这种改变没有被上市公司有意放在年报的开头大张旗鼓地宣传，那么这种“善良的蟑螂”的出现往往意味着还有更多“善良的蟑螂”——实际情况可能比财务报表的数字更好。

比如，有一次我看到一家公司，发布了一则小小的公告，说自己把固定资产残值率从3%下降到0。这对财务报表来说，数字会变得难看，因为利润和净资产会因此下降。

但是，公司的实际情况会因此改变吗？显然不会，用旧了的资产还能不能继续用，和会计上给出0还是3%的残值率，其实毫无关系。这只“善良的蟑螂”果然预示了未来，这家公司之后的财务报表比市场预期的好了不少。

孔子也会“发现蟑螂”

其实，人世间的智慧，在人文这个方面，往往是古今同理的。今天的巴菲特会用“发现蟑螂法”，中国古代的孔子也会“发现蟑螂”。

《孔子家语》中记载了一则孔子的故事。当时，鲁国的公索氏准备祭祀，结果没搞成，因为祭祀用的牲畜跑掉了。孔子听说以后，就做出判断：“公索氏不及二年将亡。”公索氏两年之内，必将灭亡。

后来，只过了一年，公索氏就灭亡了。孔子的弟子们就问，夫子您怎么知道，公索氏必然灭亡呢？

孔子回答说：“夫祭者，孝子所以自尽于其亲，将祭而亡其牲，则其余所亡者多矣。若此而不亡者，未之有也。”意思是，祭祀是孝子奉亲的大事，都准备祭祀了，祭祀用的牲畜还能跑掉了，这么大的事都能疏忽，可见被疏忽的太多了。（这只蟑螂这么大，其他蟑螂可见有多少。）如此而不灭亡，是不可能的事情。

刨根问底法

巴菲特的第二种发现财务陷阱的方法，叫作“刨根问底法”，原文如下：

“模棱两可、让人猜不透的财务报表附注，往往意味着不可信任的公司管理层。如果你不能理解一项财务报表中的附注，或者对企业管理层的一些表述感到没法理解（在自身水平足够的前提下），那么这往往是因为企业管理层压根儿就没想让你搞明白。比如，安然公司（美国历史上著名的财务造假公司，通过实际上的关联交易来虚构收入和利润）关于某些交易的描述，就一直让我很困惑。”

在使用这种方法时，巴菲特指出，投资者需要对报表里的重要问题刨根问底。如果一家上市公司的报表里有明显搞不清楚的事情，而这些事情又没法得到合理的解释，那么这些事情往往事关重大。

比如，在 A 股的造假历史上，“存贷双高”曾经是一些公司财务造假的著名标志。在这些公司的报表上，同时存在大量的现金类资产，以及大量的贷款。也就是说，公司的存款和贷款都很高。

那么，这些公司为什么不干脆用大量的现金还贷款呢？要知道，现金的财务收入，一般来说肯定是低于贷款成本的，银行和金融机构并不会做亏本买卖。

当时，有些投资者对这些上市公司提出了“存贷双高”的疑问，却很难得到上市公司翔实的答案。最后等这些公司爆雷以后，人们才明白，原来没有翔实的答案，是因为公司根本给不出好答案，也就是巴菲特说的投资者搞不懂状况的原因，是公司管理层根本没想让你搞懂。

警惕自夸法

巴菲特所说的第三种鉴别财务陷阱的方法，叫作“警惕自夸法”。如果一家上市公司的管理层经常预测、夸赞自己公司的业绩，说明年的财务数据会怎样，并且总是能达成目标，那么这种“好得不太真实”的情况，往往真的不太真实。

巴菲特关于此法内容的全文如下：

“对于频繁对自己的业绩和增长做出预期、自吹自擂的公司，要保持警惕。企业的经营往往充满变数，企业盈利往往很难一帆风顺地增长（除了投资银行编出来的那些数据以外）。我和查理·芒格不但不知道我们的公司明年会赚多少钱，而且连下个季度能赚多少钱都不知道。

“因此，我们对那些宣称自己能预知企业盈利的CEO表示怀疑，如果他们后来总是能达到自己预测的目标，那么我们会尤其怀疑。那些总是为自己未来经营业绩做保证，并且总是能达成目标的企业管理层，往往需要通过造假来完成他们的预测。”

说到“警惕自夸法”，我想到了曾经出现了几千家，现在全部关门的P2P（点对点网络借款）公司。

在P2P公司流行的年代，几乎所有的P2P公司都会宣称，自己可以给投资者稳定、高额的回报（远远高于银行能给的低利率），借此吸引客户，这和巴菲特所说的这种上市公司的陷阱如出一辙。最后，几乎没有哪家P2P公司能够实现自己的保证。2022年，曾经营业过的近5000家P2P公司，已经全部停业，让人无限唏嘘。

以上三种方法，就是巴菲特谆谆教导投资者的三种鉴别财务陷阱的方法。对于巴菲特这样一位一辈子和企业打交道、超级成功的大型企业集团创始人，他所说的这三个方法，值得我们牢牢掌握。

为什么企业的护城河比增长速度更重要

在证券投资中，不少投资者喜欢看企业的增长速度，比如今年的销售收入比上年增长了多少，利润同比增长了多少，等等。但是，在经典的价值投资理论中，企业的护城河，或者说竞争优势，比企业的增长速度重要得多。这里，就让我们来分析其中的道理。

资本市场对于企业增速的追求，想必对于有经验的投资者来说都不陌生。有时候，这种追求过于强烈，以至于投资者忘记了企业本身的基本面没有多少改变。

比如，我们经常可以看到这样的新闻标题："××企业今年的利润，比上一年增长了 500%！"虽然数字看起来很吓人，但仔细打开报表一翻，原来企业去年经营不善，净资产回报率只有 2%，而今年利润回归正常，净资产回报率达到 12%。

按理说，12% 的净资产回报率只能算良好，根本算不上惊艳。但是，为什么人们不说"这家企业去年净资产回报率为 2%，今年为 12%"，而要说"今年的利润，比上一年增长了 500%"呢？很简单，因为在非常追求增长速度的市场中，500% 的增长速度，实在太吸引眼球了。

虽然从整体来说，资本市场非常喜欢看企业的增长速度，但是在价值投资大师的眼里，增长速度不太重要。

2010 年，对于企业的长期增长速度和成长空间，巴菲特有这样一段分析：

“对于我和查理·芒格来说，如果一家公司的未来我们无法预测，那么哪怕它的产品再惊艳，我们也不为所动。

“过去，人们很容易就可以看到一些行业的大爆发式增长，比如1910年的汽车行业、1930年的航空业、1950年的电视机行业。但是，对于这些高速增长的行业来说，它们的增长也伴随着激烈的竞争。这样激烈的竞争，会毁灭[一]许多身处其中的企业。甚至最后的胜出者，也只是得到一场惨胜而已。”

看了这段文字，你是不是觉得很有意思？当整个市场都在追逐企业的增长速度，几乎所有的投资者都在讨论企业这个季度的利润与上个季度相比是增加还是减少的时候，投资做得最好的那一个人，居然告诉我们，增长速度不重要，没有护城河，只有增长的商业模式，带不来太好的商业回报。

简单来说，可以用一句话来概括：在商业的世界里，能打下多少江山是一回事，打下的江山是不是你的，是另一回事。

让我们以巴菲特提到的航空业为例，看看事情是怎样发展的。从20世纪50年代开始，航空业在全球进入大发展。虽然前景广阔，但是，这个行业最致命的一个问题，是乘客的性价比辨别能力太高，同时消费黏性太低。

所谓性价比辨别能力太高，指的是乘客可以很轻松地知道，航空公司给自己提供了什么服务。很简单，航空公司提供的服务，基本上就是把旅客从A城市带到B城市，最多再加上更宽的座椅、餐食、起

㊀ 巴菲特在这里用了decimate这个词。

飞准点等。对于每家航空公司提供的服务，乘客都可以精准测量。

乘客精准地知道了哪家航空公司提供了怎样的服务后，下一件事，就是选择性价比最高的那家航空公司。那么，乘客在旅行的时候，都能随意选择自己中意的那家航空公司吗？他们当然可以这样做，他们甚至可以每次都坐不同公司的飞机。航空业的客户黏性，几乎为零。

由于乘客具有精明的性价比辨别能力，且客户黏性几乎为零，航空公司就像菜市场里明码标价的白菜，放在柜台上任君挑选。这时候，航空公司想多赚一点利润，是非常费劲的事情，即使这个行业在刚发展起来的时候，一度增长得非常快。但是再高的增速，也很难转化为企业的超额利润率。

有意思的是，消费者并不总能很清楚地辨别企业的产品，也不总能没有黏性地去消费。这里，让我们再看一个例子。

比如，空调行业的客户性价比辨别能力，就比笔记本电脑、安卓系统智能手机行业，要弱得多。由于笔记本电脑、安卓系统手机的生产商做的事情，主要是把各个部件进行集成，因此消费者可以很清楚地知道，某台笔记本电脑、某台手机的配置怎样，比如处理器是什么型号，存储空间有多少，屏幕有多大，刷新率怎样，等等。在这种情况下，消费者的比价能力就很强了。

但是，空调行业不是这样做生意的。在消费者购买空调的时候，我们很难知道这台空调是用的什么品牌的压缩机，什么品牌的外机风扇，每个部件的性能尺寸是多少，导热率怎样，等等。消费者知道的只是，这是一台格力、美的、海尔的空调，大概综合性能如何。这时候，消费者想要对两台不同品牌的空调进行比较，就会难一些。

受益于更强的性价比辨别能力，在安卓系统智能手机行业，新品牌是很容易吸引到消费者的，因为消费者可以很容易地把新品牌的机器和现有品牌的机器，进行性价比的详细对比，甚至有不少网站会不停地做这类事情。所以，最近几年，我们看到不少新手机品牌横空出世，比如一加、真我、黑鲨等，它们不停地挑战老品牌的市场地位。但是，在空调行业，我们很少看到新品牌的推出。

其实，“增长速度高不一定赚钱多”这个商业规律，在过去20年的房地产建筑市场，体现得最为明显。在21世纪的头20年中，中国的房地产市场迎来了超高速的大发展。盖房子的，就是各家建筑公司。

那么，建筑公司在这20年中赚到钱了吗？肯定赚到了。但是，赚到很多钱了吗？显然没有。在房地产行业蓬勃发展的大浪潮中，赚钱的有地产持有者、银行、做开发的房地产公司，等等。建筑公司在这个浪潮中赚到的钱，只占很小一部分。

那么，为什么没有建筑公司，房子根本盖不起来，建筑公司却没赚到太多钱呢？

其中很大一个原因，就是建筑公司之间的竞争太过激烈。对于一个城市的新楼盘来说，土地出让是有限制的，在政策管理下，银行贷款也并不容易取得。购房者持有房子就可以赚一波房价上涨。房地产建筑却是一个充分竞争的行业，你报价一平方米2 000元他就能报价1 800元，恰恰是这种竞争，压缩了建筑公司的利润空间。

也许对于企业，不少投资者没有直观的感受，毕竟自己没有管理、经营过实体公司。这里，我们再来看一个工作岗位的例子，它一定会让你理解得更加透彻。

比如，现在有两个工作岗位。一个是一家企业的新产品销售岗，人力资源对你说，这个岗位要拓展新的市场，只要你能做好，把公司的产品卖出去，你就每年都可以升职加薪，前途不可限量。但是这个岗位有个缺点，就是每个季度都要考核，和你的同事竞争，只要做得不好就要扣工资（相当于企业利润率下降），如果排到倒数还会被开除（类似企业破产）。

另一个则是有事业单位正式编制的工作岗位，它的缺点是工资没有多少，升职加薪也比较慢，但是优点是旱涝保收，而且只要尽心工作，就基本没有下岗风险。

现在，这两个工作岗位，你会选哪一个呢？是选择看起来前途不可限量但充满无数竞争的销售岗位，还是选择薪水不高但可以一直做到退休，没有什么竞争的事业单位工作岗位呢？

前者代表了那些增长快但竞争优势不明显的企业，后者代表了增速缓慢但竞争优势明确的企业。如此思考，事情是不是就很明白了呢？

当然，企业的护城河和增长速度，两者并不天然矛盾。只是由于优秀的企业护城河并不太多，因此大部分高速增长的企业与行业，不太容易找到护城河而已。

如果能找到一个增长快、前途远大、企业竞争优势明显的公司或行业，那么我们就自然能享受最为丰厚的投资回报。不过，这种投资机会可谓千里挑一，可不是轻易就能找到的哦。

大股东持股越多，公司越赚钱

在证券投资中，净资产回报率（ROE）是一个决定长期投资回报的重要指标。对于复利投资来说，企业在赚到利润以后能否以大比例分红，也是一件对长期投资回报至关重要的事情。研究显示，在标普500指数的长期投资回报中，就有相当一部分来自股票的分红再投资。

那么，我们如何找到更高的ROE呢？除了理解传统的商业模式以外，本书找到了另一个思考方向：大股东持股比例越高的公司，ROE从概率上来说就会越高，同时上市公司分红也越慷慨，分红比例也相应越高。（有意思的是，这和“基金经理自购基金越多，基金业绩往往越好”的规律，有异曲同工之妙。）

数据分析的方法和细节

首先，我需要说明数据分析的方法。在本书中，定义“上市公司大股东持股比例”时，我用了公司前5大股东持股比例总和，而不是第一大股东持股比例。

这样做的原因有两个方面。首先，有时上市公司由两三个重要的股东共同管理，比如上海医药（代码601607）的重要股东分别是上海医药集团、云南白药集团和上海实业集团。

其次，有时候上市公司单一大股东会通过一两个不同的实体同时持股上市公司，比如宋城演艺（代码300144）的第一大股东是杭州宋城集团，第二大股东是自然人黄巧灵，而杭州宋城集团在股权穿透以后的实际控制人也是黄巧灵。

在以上这两种情况下，只选取第一大股东进行分析，无疑是不妥的。因此，这里选用了上市公司前 5 大股东的持股比例总和进行分析。

此外，在本书的数据分析中，我采用了“股票分组并取每组中位数”的统计模式。

我之所以对每组股票取中位数，是因为 ROE、分红比例等，会因为某些企业出现极值（比如今年盈利 1 万元，分红 1 亿元，导致分红比例高达 10 000 倍），导致平均数比较难以反映实际情况，中位数则更容易剔除噪声数据。

对于本书中的各项指标，在此做统一说明，以免在下面各图中重复赘述：

1. 前 5 大股东持股比例总和为 2022 年 9 月 30 日 3 季报数据。

2. ROE 中利润部分为 2022 年 9 月 30 日前溯 12 个月利润总和，包括 2021 年第 4 季度和 2022 年第 1 季度、第 2 季度、第 3 季度数据，净资产为 2022 年 9 月 30 日 3 季报时点数据。

3. 在分红比例中，分红为 2021 年全年分红，盈利为 2022 年 9 月 30 日前溯 12 个月利润总和，包括 2021 年第 4 季度和 2022 年第 1 季度、第 2 季度、第 3 季度数据。

4. 所有原始数据均来自 Wind 资讯。

大股东持股越多，ROE 越高，分红比例也越高

在以 100 只股票为 1 组，分析 2022 年 3 季报前后的数据得到的图 4-1 中，我们可以很清楚地看到，上市公司的 ROE 与前 5 大股东持

股比例总和之间，呈现几乎完美的正相关关系，上市公司前 5 大股东持股比例总和越高，ROE 越高。

对于前 5 大股东持股比例总和在 80% 左右的股票组，ROE 的中位数在 10% 左右是常态。当前 5 大股东持股比例总和下降到 50% 左右时，对应的 ROE 只有大约 6%。而当前 5 大股东持股比例总和下降到 30% 左右时，对应的 ROE 只剩下 3%。

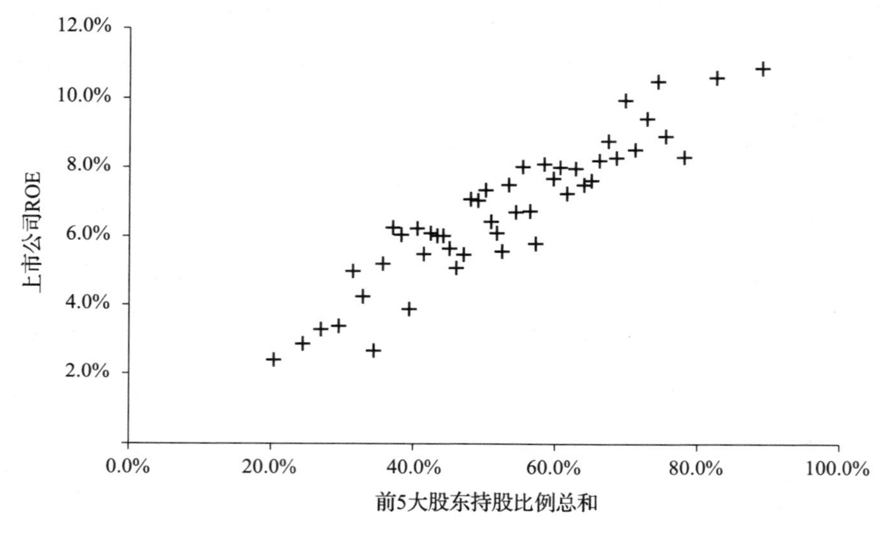

图 4-1　前 5 大股东持股比例总和与上市公司 ROE

从分红比例来看，事情也是一样。上市公司前 5 大股东的持股比例总和越高，上市公司的分红意愿就越强，分红金额与利润总和的比值就越大，如图 4-2 所示。

对于前 5 大股东持股比例总和在 70%～80% 的上市公司，分红比例的中位数大部分在 30% 左右，这是一个十分健康的分红比例。而对于前 5 大股东持股比例总和在 40% 的公司，分红比例的中位数就下降到了 10%～15%。

对于前 5 大股东持股比例总和在 30% 左右的上市公司，分红比例的中位数甚至跌到了 0，这意味着在这一组的 100 家上市公司中，至少有 51 家在 2021 年没有进行分红。

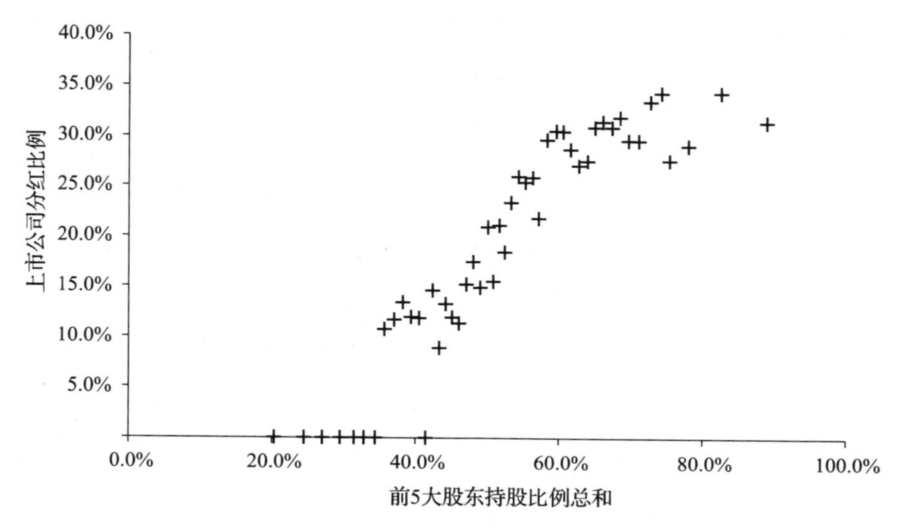

图 4-2　前 5 大股东持股比例总和与上市公司分红比例

问题不大的瑕疵：A 股和港股同时上市带来的数据扰动

需要指出的是，以上统计中，有一个小瑕疵。在 A 股上市的公司中，如果该公司同时在港股上市，则港股上市部分在 A 股的季报、年报中，不会体现为具体股东的持股，而是会统一以“香港中央结算（代理人）有限公司”列示。

比如，在邮储银行（代码 601658）2022 年 A 股年报的股东持股情况中，第二大股东为香港中央结算（代理人）有限公司，占比

21.48%。但是，在邮储银行港股的报表中，则更加明确地标示了这21.48%的股票分别由哪些人持有。

因此，在统计前5大股东持股比例总和时，简单使用A股报表的数据是有瑕疵的，可能一些本来是小股东的持股，被统一合并成了一个大股东。就像中东战争时多架以色列小战斗机在一起飞行，结果对方雷达显示为一架大型民航机一样。

但是，这个瑕疵所带来的问题不大。第一，在统计时，同时在A股和港股上市的公司，只有148家，而列入前述统计的公司总计4 827家，同时两地上市的公司数占比只有3%。当每组股票包含100只股票时，这些股票总计只占48组股票中的1组多一点。

第二，同时两地上市的公司，往往A股第一大股东占比是港股的一两倍，比如前述邮储银行的第一大股东——中国邮政集团公司在A股年报中的持股，就是所有港股股东的大约3倍，因此即使把港股股东合并计算，影响也不会太大。

第三，就数据统计来说，即使考虑到同时上市的因素，在统计中主动剔除所有在A股和港股同时上市的公司，得到的结果也没有多大差异。图4-3列示了剔除所有同时在A股和港股上市的公司以后，得到的前5大股东持股比例总和与上市公司ROE之间的关系，这和剔除以前的图几乎没有差异。

为什么大股东持股越多，上市公司越赚钱

为什么上市公司大股东持股比例越高，净资产回报率，也就是ROE就越高，分红比例也越高呢？

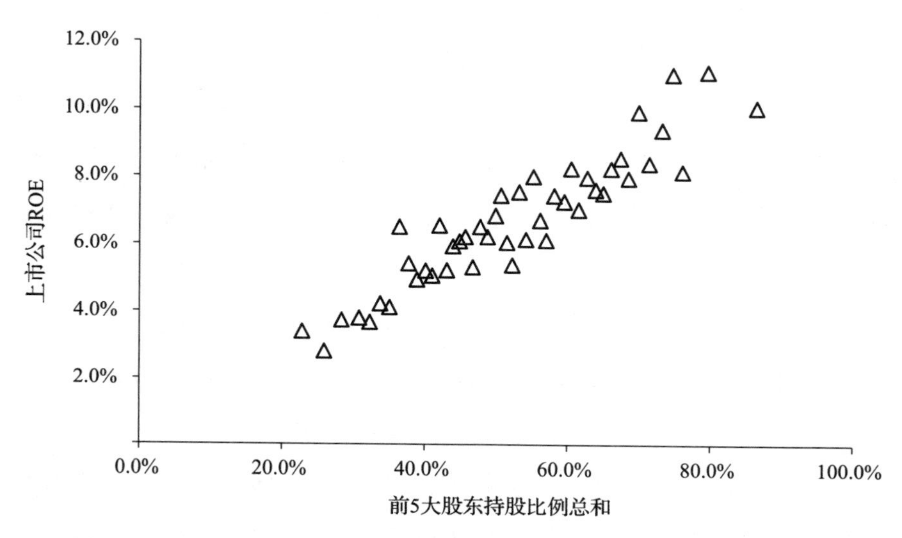

图 4-3　前 5 大股东持股比例总和与上市公司 ROE（剔除同时在 A 股和港股上市的股票）

让我们分析比较简单的分红比例。大股东持股比例越高，分红比例就越高，背后的逻辑非常简单。

由于通过各种方式，比如人事任命、商业关系、股东大会投票，大股东往往可以对公司的分红比例施加影响。同时，由于一些隐性的关系，大股东往往也可以对上市公司的现金使用情况进行一定的控制。比如，在 2021 年到 2022 年的港股市场，不少地产公司的物业子公司就披露了资金被用来购买母公司的债券和理财产品的情况。

因此，对于上市公司大股东而言，持股比例越高，对上市公司的现金进行分红的动力就越强。而大股东持股比例越低，由于分红意味着对资金丧失掌控权，同时自己还分不到多少，因此分红的动力就越弱。

解决了比较简单的问题，我们现在再来解决一个更难的问题：为什么大股东持股比例越高，ROE 也越高呢？

这个问题背后的原因，可能有许多，但至少应该包括 3 个主要原因：大股东持股比例越高则上市公司运营越有效；上市公司利润率越高则大股东越不愿意减持，越愿意增持；公司上市时间越短则利润率越高。

首先，对于上市公司来说，其经营活动往往受到大股东的直接指导。持股比例越高，大股东往往越愿意尽心尽力地经营上市公司，因此上市公司的 ROE 就在统计数据上显示出偏高的趋势。

在历史上，我们也很容易看到类似的情况。明朝末年，明帝国在辽东的军队糜烂不堪，驻防士兵开小差、逃回故乡的情况时有发生。当时，明政府就以“辽人守辽土”的策略，挽回了这一趋势。

驻防辽东的士兵多由辽东本地人担任，而不是由万里之外调来的江南人、陕北人担任，这固然容易助长山头主义和尾大不掉的态势，但是军队的士兵如果战斗失败就会家园不保，因此战斗意志也就强得多。这种“辽人守辽土”导致战斗意志上升的情况，和大股东持股比例越高，上市公司 ROE 越高的情况，有异曲同工之妙。

其次，上市公司的 ROE 越高，上市公司的大股东就越不愿意卖出“下金蛋的母鸡”，减持行为会更少，增持行为会更多。这是一个非常容易理解的商业逻辑。也就是说，上市公司 ROE 受到大股东参与经营的努力程度影响，反过来也决定大股东的持股意愿。

以上两个原因，都比较容易理解，也支持“大股东持股比例越高，上市公司 ROE 越高”的推论。但是，第三个原因则和上市公司的质量并无太大关系。

通过数据统计可以发现，前 5 大股东持股比例总和与上市公司 IPO 日期呈现明显相关性。IPO 日期距现在越近，即上市时间越短，大股东持股比例越高。同时，IPO 日期越近，公司 ROE 越高。

造成这种现象的原因在于，公司往往会在自己商业上最顺风顺水、ROE 最高的时候上市（毕竟 ROE 太低了，上市了也没人买，或者根本通不过发行审核）。因此，新上市公司的 ROE 往往会比较高。但是，随着时间的流逝，ROE 则会趋向平均化。

同时，由于新上市公司的大股东还没有经历多少二级市场的减持，因此其持股比例也会比较高。图 4-4 和图 4-5 充分说明了这种现象。

那么，这种“新上市公司 ROE 相对较高，同时大股东持股比例也较高”的现象，会不会是解释“大股东持股比例越高，上市公司 ROE 越高”的唯一原因呢？

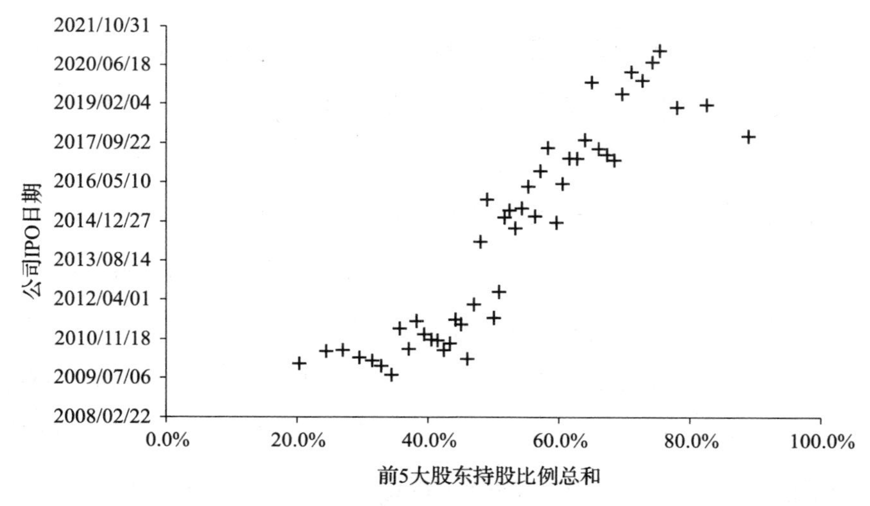

图 4-4　前 5 大股东持股比例总和与公司 IPO 日期

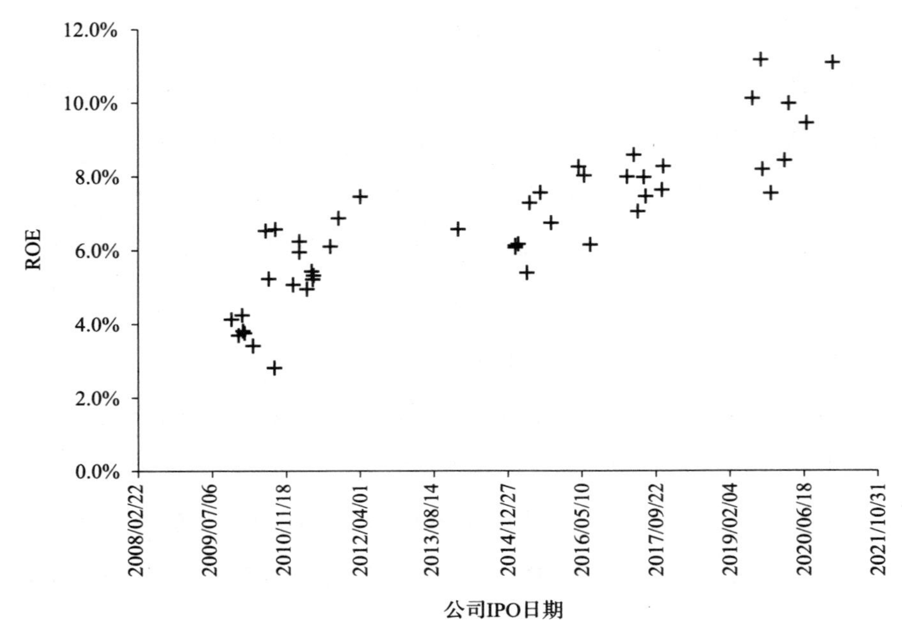

图 4-5　公司 IPO 日期与 ROE

也就是说，大股东持股比例和 ROE 之间，会不会并没有任何关系，只是因为这两个因素同时受到上市时间长度的影响，从而表现出一种伪相关性呢？就像每当太阳升起来的时候，公鸡就会打鸣，路灯也会熄灭，但我们不能说公鸡打鸣导致了路灯熄灭一样。

要解决这个疑问，我们需要把研究做得更细致，即在样本库中，把“上市时间”这个因素，尽可能地剔除掉。

在以下统计中，我只统计了 2000 年 12 月 31 日以前上市的公司在 2022 年 9 月 30 日时，前 5 大股东持股比例总和、ROE 和分红比例之间的关系。这导致统计的公司数量，从之前的 4 827 家，下降到 926 家，为原来的 19%。因此，我把股票的分组，从每组 100 只股票下调到每组 20 只股票。

如图 4-6 所示，当只选取这部分股票时，在之前图中呈现高相关性的前 5 大股东持股比例总和和上市日期之间，已经没有明显的相关性。因为 2022 年距离最近的 2000 年也过去了 22 年，IPO 之后解禁时间、减持限制所带来的影响已经消失殆尽。因此在这个样本库中，“上市时间”这个因素被基本清除了。

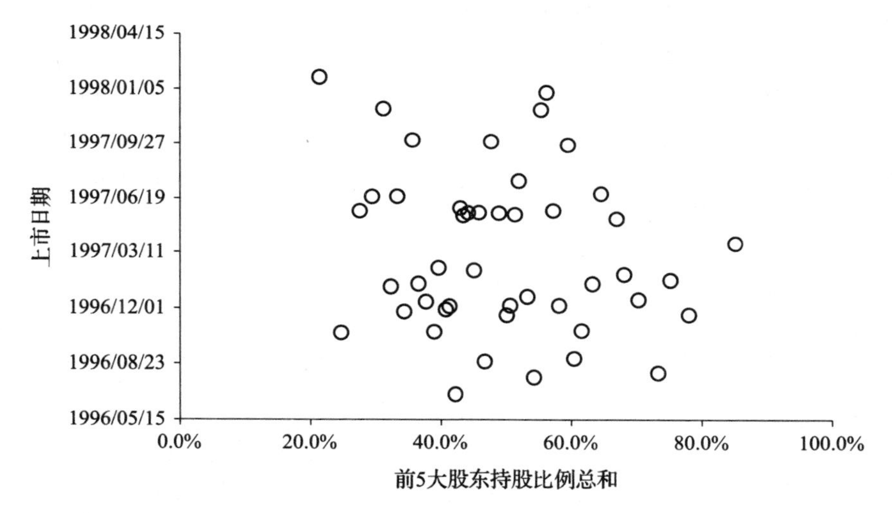

图 4-6　2000 年 12 月 31 日以前上市的公司，上市日期与 2022 年前 5 大股东持股比例总和

但是，即使是这一部分股票，其 ROE 和上市公司前 5 大股东持股比例总和之间，也出现了明显的正相关关系，如图 4-7 所示。同时，公司的分红比例也与前 5 大股东持股比例总和呈现了强烈的正相关关系，如图 4-8 所示。

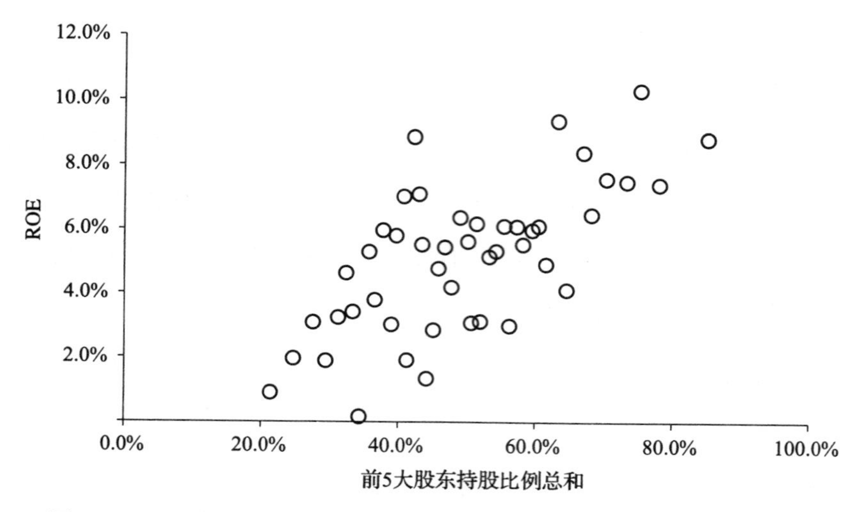

图 4-7　2000 年 12 月 31 日以前上市的公司，在 2022 年时 ROE 和前 5 大股东持股比例总和

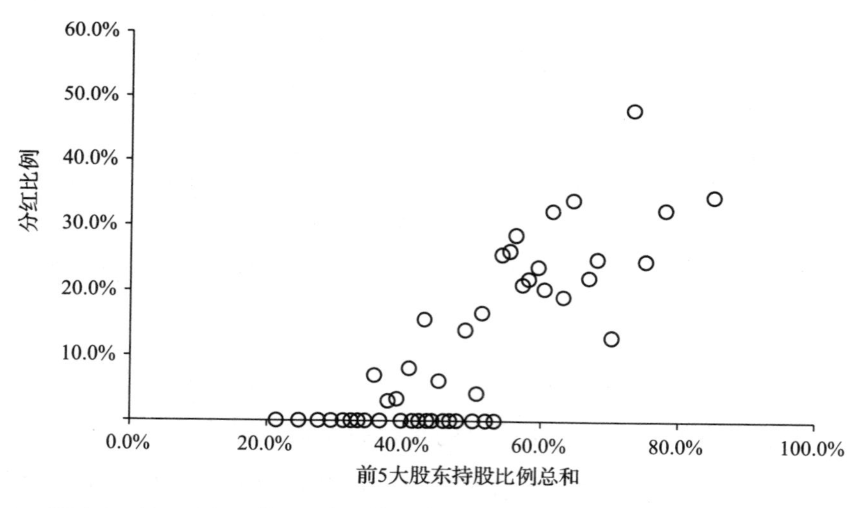

图 4-8　2000 年 12 月 31 日以前上市的公司，在 2022 年时分红比例与前 5 大股东持股比例总和

通过以上细致论证，我们可以得出结论：在剔除上市公司上市时

间的影响后，前 5 大股东持股比例总和与 ROE、分红比例之间，也有强烈的正相关性。大股东持股比例越高，上市公司的盈利能力就越强，分红意愿也越高。

由此，投资者就可以用“上市公司大股东持股比例”这个优秀的指标，判断上市公司的价值。大股东在上市公司中持股比例越高，大股东就越容易与上市公司休戚与共，上市公司也就越容易赢利，越愿意分红。由此，在估值等其他条件相同的情况下，二级市场的财务投资者也就越容易从上市公司股票中获利。

糟糕的感觉，常常是好投资的开始

投资大师霍华德·马克斯（Howard Marks）先生说过一句话，我奉为圭臬：“在长期被证明是好的投资，往往一开始感觉都很糟糕。反过来，在长期表现糟糕的投资，往往一开始感觉都还挺不错。”

“真正好的投资开始时感觉不好，开始时感觉好的投资其实不好。”正是投资中这种特有的现象，让投资这个行业成为一个非常反人性的行业，我们往往喜欢做那些一开始就感觉良好的事情。我们喜欢吃冰激凌，因为它好吃；我们喜欢美女帅哥，因为他们好看；我们喜欢猫，因为它们可爱。但是，投资的世界恰恰不是这样。

对于一个好的投资来说，低廉的价格永远是关键因素之一。很少有人能在付出了极其高昂的价格、买入过往涨幅巨大的资产以后，在长期还能赚到钱。那么，是什么造成了低廉的价格呢？

当一个投资品的价格低廉时，一定没什么人愿意买它。既然买家寥寥无几，这个投资标的的名声一定不好，不会有什么东西在备受夸奖的时候，价格还低廉。各种投资分析会告诉你，这个标的有多么差，所以它就值这么点钱。同时，这个标的在过去几个月甚至几年，价格一定不怎么样。

在面对一个过去价格一直不涨甚至在下跌、现在所有人都在说风凉话的投资标的时，做出买入决定的投资者，一定不会有什么好的感觉。这个投资标的过去的价格让人怀疑，现在没人夸奖，除了买得便宜、资产质量其实没那么差以外，几乎没什么让人感到鼓舞的事情。

更糟糕的是，由于社会趋势往往带有一定的连续性，因此过往表现糟糕的投资标的，往往还会糟糕一阵子。看到投资标的的价格远低于价值而买入的投资者，往往很难正好抓到市场的拐点。

因此，当一个优秀的价值投资者，买入一种有前途的资产时，他一定不会有什么“良好的感觉”。除了基于理智的分析，知道这笔交易物有所值以外，他不会从任何外在的表象或者朋友的言谈中，找到多少让人宽慰的情绪。

让我们来看几个后来价格涨幅巨大的资产的例子，来看看在开始的时候，你会感到这个资产“在未来是个好的投资标的”吗？你如果在开始时买入这种资产，会感到舒服吗？

在2013年底、2014年初的时候，贵州茅台（代码600519）正是负面新闻缠身之际。塑化剂风波[㊀]、三公消费降级[㊁]是白酒公司面临的两大挑战。同时，年轻人白酒消费量逐渐下降，也是远远存在的隐忧。

㊀ 是指当时行业内一些白酒被指含有塑化剂。

㊁ 是指政府部门人员因公出国经费、公务车购置及运行费、公务招待费进行压缩。

这时，贵州茅台的股价从 2012 年中的大约 185 元（2020 年 11 月 20 日前复权价格，下同），下跌到了 2013 年底的大约 87 元，跌去了 50% 还多。

在这个时候，抄底贵州茅台的价值投资者面对的是怎样的情况？一个糟糕的价格表现（一年多的时间里跌了 50% 还多）和极其差劲的行业舆论环境。虽然在这个时候，贵州茅台的 PB（Wind 资讯统计，下同）估值只有 3.2 倍左右，但是一个便宜的估值又能说明什么呢？

在这段糟糕的时期过后，贵州茅台的股价从 2013 年底的 87 元左右，涨到了 2020 年 11 月的大约 1 800 元，PB 估值也从 3.2 倍上涨到了 14.5 倍左右。对于在 2013 年买入的投资者来说，到底是躲避一开始糟糕的感觉重要呢，还是获得股价的上涨更重要呢？

同样，2008 年底的中国平安（代码 601318）也遭遇了这样一个糟糕的情况。当时，由于国际金融危机和投资富通银行失败的双重打击，中国平安这家在很长时间里被认为是中国最有朝气的保险公司，遭遇了惨淡的一年。

2008 年，中国平安的归属母公司净利润不足 7 亿元，和 2007 年的 150 亿元相比十分糟糕。市场上传言中国平安在富通银行的投资中损失惨重，很可能要倒闭（这其实是胡扯，这笔投资对于中国平安来说并不太大）。而股价呢？从 2007 年下半年的最高 60 元左右（2020 年 11 月 20 日前复权价格，下同），跌到了 2008 年 11 月的最低 8.21 元，跌去了足足 86%。

这时，对于那些看好中国平安估值（当时 PB 只有 2.1 倍）、公司长期经营状态和中国保险市场长期发展的投资者来说，他们会有怎样的感觉?

他们一定会有一种糟糕的感觉。公司的经营情况几近亏损，市场传言公司要破产，美国的金融企业纷纷倒闭(中国和美国的金融体系在2008年其实完全不同，可比性并不强，但是情绪的传染是巨大的)，股价在过去一年多的时间里下跌了86%。难道投资者会有一点点好的感觉吗?结果，中国平安的股价在PB估值几乎没有变化的情况下，仍然从2008年底的8.2元，上涨到2020年11月的大约85元。

需要指出的是，“糟糕的感觉往往是好投资的开始”并不等同于“只要感觉糟糕就一定是好投资”。如果是这样的话，投资也就太容易了。很多糟糕的投资一开始给人的感觉就不好，比如，到感觉没什么发展前景的小城市买个房子之类。但是，那些在长期来看非常好的投资，往往在一开始的时候，给人的感觉也十分糟糕。

今天的投资者们投资于资产，古代的君王们投资于人，春秋时的秦穆公就碰到过一次“感觉十分糟糕的投资”，和今天的投资者在刚开始时那种“糟糕的感觉”如出一辙。

《吕氏春秋·慎人》记载，当时虞国被晋国所灭，虞国大夫百里奚流落在列国间，以养牛为生。秦国大臣公孙枝得知百里奚落魄，请秦穆公以五张羊皮的价格把百里奚买回来，并请秦穆公付以重任。

秦穆公得到百里奚以后，感觉比较糟糕，说“买之五羊之皮而属事焉，无乃天下笑乎?”意思是花五张羊皮买来的老头子(百里奚当时已经70多岁，在那个年代是非常老的老头了)，却让他管理秦国的国政，天下人不会笑话我吗?我自己感觉实在太糟糕了。

公孙枝回答说:“信贤而任之，君之明也;让贤而下之，臣之忠也；君为明君，臣为忠臣。彼信贤，境内将服，敌国且畏，夫谁暇笑哉？”意思是信贤、用贤是明君与忠臣的表现。如此，国家将变得强大起来，别人怕我们还来不及，谁还能嘲笑我们秦国？于是，秦穆公用百里奚为相，结果秦国政治修明，开疆扩土，为几百年后扫平六国打下了深厚的根基。

今天的价值投资者们，在看到一个真正优质的资产正在以低廉的价格交易时，他们的处境又何尝不像两千多年前的秦穆公？对于这样一个优质、低价、舆论糟糕的资产，做出买入的决定，不光会被身边的人笑话，自己心里都会打鼓。但是，只要是正确的投资决策，感觉再糟糕又何必在意？到优秀的投资回报变成现实的那一天，大家称赞还来不及，“谁暇笑哉”？

你真的看懂了一家企业吗

在价值投资中，不同的投资者有不同的方法，其中比较大的两个流派，就是相对偏重估值的方法，和相对偏重企业价值的方法。

对于相对偏重估值的方法来说，这种投资方法是建立在对企业质量不算特别了解的基础之上的。也就是说，这类投资者承认自己不是那么了解企业的长期发展情况（但也不是完全不懂），因此更强调估值的重要性。

对于这类投资者来说，一家长期 ROE 在 10% 左右、PB 估值在 0.5～1.5 倍（对应 5～15 倍 PE 估值）的公司，可能是一个比较标准的理想投资对象。本杰明 · 格雷厄姆、沃尔特 · 施洛斯都属于这个流派的典型代表。

对于相对偏重企业价值的投资方法来说，这种投资方法建立在对企业极其深刻的洞察之上，因此对估值相对不那么看重（但也不是完全忽略估值）。

对这类投资者而言，一只长期 ROE 在 20% 左右、PB 估值在 3～6 倍（对应 15～30 倍 PE 估值）的股票，可能是比较常见的投资标的。需要注意的是，这里说的是长期 ROE，也就是对企业的 ROE 需要有非常优秀的前瞻性判断。在这个领域，查理·芒格是当之无愧的大师。

当然，这两种投资方法并不矛盾，有一些投资者会同时使用以上两种投资方法，巴菲特就是典型。

我们可以看到，以上两种投资方法最大的差异，就在于是否能够理解企业，是否能准确判断企业的长期 ROE 能否维持在一个相对很高的水平（20% 左右）。

如果我们能确定一家企业的长期 ROE 在 20% 左右，那么我们就可以接受一个更高的估值。反之，我们对估值则要苛刻一些。这两种方法都很好。

但是，正所谓“画虎不成反类犬”，投资中最糟糕的，就是自己不懂装懂，甚至是实际上不懂但自己以为自己懂，结果把普通公司错判成了好公司，或者把好公司看成了普通公司。

如果投资者其实并没有搞清企业是否真正优秀，是否能够长期维持 20% 左右的 ROE，却以 3～6 倍 PB 的高估值买入了股票，那么这种“以为自己懂了，实际上搞错了”的投资行为，绝对会带来灾难。

那么，我们怎样能知道，自己是否真的明白了一家企业呢？有两个很好的方法，值得投资者借鉴：高管聊天法、列举公司法。

高管聊天法

我们可以试着想象一下，今天自己要和目标公司的公司高管（比如总经理、副总经理、董事长）一起吃饭。自己作为投资方的代表主持饭局，能否和公司的高管侃侃而谈，聊上两个小时？

和上市公司高管聊天，当然不能只聊最近的股价，也不能聊一些行业里泛泛而谈的事情，必须深入地聊一些企业当前发展的局势、行业的竞争格局、商业对手的竞争优势和布局、行业的政策现状和未来的发展方向、公司的财务规划和资本战略，等等。

想想看自己能不能就这些问题，与一位公司高管聊上一两个小时，大概就会清楚，自己懂不懂这家企业了。

列举公司法

另一种分辨自己是真的懂了一家公司，还是只会“背书式”地把市场上流行的、对这家公司的看法复述出来的方法，叫作“列举公司法”。

在证券市场上，一种常见的情况是，不少研究员、投资者容易把自己的偏执当成珍宝。也就是说，他们喜欢自己投资的公司，并不是因为公司真的有多好，而是见得太少了。

他们陈述看好某家公司的原因，并不是深思熟虑后，从许多家公司中挑选的结果，而是背诵了一些这家公司的溢美之词，就像刚入职的实习生念 PPT 一样。

这种情况有个名字，叫作“村花效应”。如果这辈子只在村子里见过几个女人，那么我们就很难知道什么是真的美女。反之，如果一个人见过几百上千个女人，那么他称某人是美女，可信度就会大大增加。

在理解公司时，事情也是一样。如果我们能够侃侃而谈几百家公司的商业逻辑、竞争优势、发展历史、未来展望，然后说“某家公司真是好啊”，那么大概率我们做出了正确的判断。

反之，如果我们只懂几家公司，就认为其中一家特别好，那么我们大概率是错的。这就好比一辈子没离开过村子的放牛大爷，告诉你村口来了个美女，你敢相信吗?

以上，就是帮我们判断自己是否真懂一家企业的两个方法。掌握了这两个方法，我们就不难对自己的企业理解能力，有一个相对客观的认识了。

第5章　理解多种资产与境外市场

财富可以从沙子中来

中国古人有云："一事不知，儒者之耻。"对于今天的价值投资者来说，事情也是一样。

聪明的价值投资者不应该像狂热的教徒一般，只会念叨"价值投资好"，只知道自己喜欢的几个公司的优点在哪里，却对其他市场知之甚寡，对别的投资标的闻所未闻。

须知，价值投资之所以被称为"道"，而不是"术"，恰恰是因为它可以跨越时间、空间、资产类别的隔阂。只要有人类活动的地方，价值投资的逻辑就一定行得通。

价值投资之道，绝对不应该是狭隘的。

打开两千多年前的《史记·货殖列传》，看看里面的名句："贵上极则反贱，贱下极则反贵。贵出如粪土，贱取如珠玉。""无财作力，少有斗智，既饶争时。""富无经业，则货无常主，能者辐凑，不肖者瓦解。”到今天，这些横跨了两千多年历史的价值投资之道，何曾有一点黯淡的迹象?

在这一章里，我将用有限的篇幅，向你展示价值投资在其他领域的应用和思考。这些领域包括对冲基金、风险投资、原油与天然气、香港股票市场。

当然，对于庞大的全球资本市场来说，这一章的文字所能阐述的内容，无异于沧海一粟。只是希望这一点点跨领域的文字，能带给你更多的思考。

财富，可以从沙子中来

自有信史以来，无数人都在问：财富从哪里来？我们怎样可以变得更加富足？

对于这个问题，不同时代的人有不同的理解。有人说财富从掠夺中来，有人说财富从贸易中来，有人说财富从黄金中来，有人说财富从粮食中来。

今天的硅谷，给了我们一个新的答案：财富，可以从沙子中来。

在我们这颗蔚蓝色的星球上，数量最多的东西，也许就是沙子。千万年来，这些沙子如此微不足道，它们默默无闻地铺在广袤的大地上，被征战的君王踩在脚下，浸染了英雄们的鲜血。

而今天，这些沙子所做成的芯片，突然成了这个星球上财富的核心，创造的价值超过了所有的黄金和珠宝。这巨大的转变，似乎在告诉人们：财富就在我们的脚下，只是我们缺乏慧眼，没有弯腰捡起它而已。

是什么让财富的密码，在短短几十年里发生了千万年未曾见过的改变？从最普通的沙子，到最有价值的芯片，这背后最重要的推手之一，就是我现在要说的主题：风险投资。

硅谷、风险投资与纳斯达克

在全球股票市场中，纳斯达克股票市场可以说是大名鼎鼎。在过去几十年中，纳斯达克股票市场创造了巨大的财富回报。

从 1971 年 2 月 5 日的基点 100 点开始，纳斯达克指数到 2022 年底已经上涨到了 10 466 点，50 多年的时间里创造了超过 100 倍的涨幅。而且要知道，纳斯达克指数的回报还是不包括股息的，加上公司的派息，回报率会更高。

纳斯达克股票市场之所以能够创造这么多财富，背后的原因和硅谷密不可分。当然，并不是所有在纳斯达克上市的公司都来自硅谷，其中甚至有不少来自中国的公司，比如网易公司、百度公司等。

但是，硅谷绝对贡献了纳斯达克市场最主要的上市企业。而且，不少其他公司之所以选择纳斯达克市场作为上市地，也是因为看到了硅谷公司的成功加入。

其实，硅谷所处的美国西海岸，在历史上并不是美国财富的中心。从 1620 年五月花号移民船登陆马萨诸塞州以来，东海岸都是美国的财富、文化和政治中心。那么，位于美国西海岸的硅谷，是怎样成为新的财富发源地的呢?

硅谷的崛起背后，风险投资发挥着至关重要的作用。这背后最重要的原因，就是风险投资以其“不惧风险地投资”，第一次改变了资本和生产结合的方式。

在历史上，传统金融机构为生产者提供资金，往往都是通过一种非常稳妥的方式，它们需要确保生产者还得上钱。

而在借钱的时候确认对方将来还得上钱的方法，无非以下几种：

要么有硬资产作为抵押物（比如土地、房产、机器），要么借款者自己足够强大、借出资金者相信借款者不会倒闭，要么能找到第三方进行担保。而最后一种方式，往往建立在前两种方式的基础之上，谁会给一个看起来还不上钱的人做担保呢？

风险投资的出现，却完全改变了这一传统的融资方法。风险投资不再要求被投资项目一定能还得上钱，只要这个项目有足够大的潜力，它们就愿意投身其中、努力一试，哪怕失败也在所不惜。

在风险投资的帮助下，硅谷的工程师们有了前所未有的便捷融资途径。你只需要有一个想法，以及看起来可以把这个想法付诸实践的技术和能力，钱的事情你不用担心，自然会有人帮你搞定。甚至即使将来你破产、丢了饭碗，风险投资也会帮你另谋高就。

在风险投资的帮助下，无数工程师的聪明才智得到了释放。他们不必像老一辈企业家那样，等到自己有了足够的资本实力以后，才能得到金融机构的青睐。聪明的想法可以在第一时间被释放出来，得到足够资金的支持，哪怕最后失败了也没有关系。

在风险投资的支持下，无数新的技术被创造、应用，并改变了人们的生活。结果，虽然美国的科学制高点仍然是位于东海岸的麻省理工学院，金融的制高点仍然是华尔街，但是位于西海岸的斯坦福大学和硅谷，开创了自己的新天地。

无数新技术，比如基因技术、互联网、搜索引擎、社交软件、电动汽车、自动驾驶、人工智能，都在风险投资的支持下，被年轻的工程师们创造出来。这些技术颠覆了我们的科技，改变了人们的生活，甚至重塑了战争的逻辑，同时也创造了风险投资应得的财富。

财富的密码：指数法则

在风险投资创造财富的时候，有一个财富密码至关重要，这就是“指数法则”。

关于财富的创造，美国投资大师查理·芒格有一句名言：“在商业社会中，成功的赚钱机制会使投资者赚到不可思议的钱，而糟糕的机制也使投资者会赔得一塌糊涂。”虽然芒格的这段话是就开市客（Costco）超市的传统商业案例而言的，但是他也描述了风险投资赚钱的奥秘。

在风险投资界，有一条著名的“珀金斯定律”，是由传奇风险投资公司凯鹏华盈（KPCB）的创始合伙人汤姆·珀金斯提出的：“市场风险与技术风险成反比，如果你解决了一个真正困难的技术问题，你就将面临最小的竞争。”

也就是说，如果风险投资的金钱，和创业家的聪明才智结合在一起，能够创造最好的技术，或者技术最好的应用，那么企业就会面临最小的市场竞争，赚到最多的钱。对于成功的项目来说，财富会以指数级的速度增长，这就是风险投资中的“指数法则”。

但是，风险投资也有大量失败的投资案例。毕竟，风险投资追求的是用技术改变世界，也可以理解为对未知世界的探索。对于未知世界的探索，由于无径可循，失败概率自然很高。

根据塞巴斯蒂安·马拉比所著的《风险投资史》，美国一家支持新兴科技企业的创业孵化器 Y-Combinator 计算发现，它在 2012 年 3/4 的收益来自它押注的 280 家公司中的 2 家。

还有一个案例来自霍斯利·布里奇公司（Horsley Bridge）。霍斯利·布里奇公司是一家投资公司，它持有股票的风险投资基金在 1985 年至 2014 年之间，投资了 7 000 多家初创企业。根据统计，这些交易中占比 5% 的投资头寸，创造了总回报的 60%。

在风险投资所面对的一旦成功财富就会呈指数级增长，但是成功概率很小这两个因素的作用下，风险投资的投资风格，反映出来了两个不同于传统投资的特质：大量且分散的投资，不在乎估值。

就第一点而言，由于风险投资试图把资金和技术结合，改变我们的社会，因此它们面对的是巨大的不确定性，这和传统的投资模式正好相反。

由于其中正确的投资会带来巨大的回报，同时大量失败的投资又会带来规模庞大的损失，风险投资不能把宝押在几个项目上，这样做会导致万劫不复。因此，风险投资往往至少投资几十个项目，有的投资多达几百甚至上千个项目，保证自己能够押中成功的项目。

就第二点而言，由于风险投资一旦成功，获得的回报多到难以计算，而初始的投资金额往往又很小，因此风险投资基本上不会太在乎企业估值。

而且，由于风险投资介入的时间太早，因此实际上此时的企业往往不会有盈利、净资产能拿来作为估值的基础，有的风险投资者甚至在公司还没成立的时候就参与其中。连创立公司的钱都来自风险投资，公司自然没有估值可言。

对此，汤姆·珀金斯有句名言："要想在风险投资中获得成功，就必须选择正确的交易，而不是就估值讨价还价。"在著名的苹果公司早期的融资案例中，我们就可以看到以上描述的场景。

在苹果公司早期融资的时候，没多少人相信史蒂夫·乔布斯打算创造的个人电脑，在未来能有什么用。皮奇·约翰逊曾经问乔布斯："家里放台电脑有什么用？你打算把食谱放在上面吗？"想象一下，我今天建议你在家里养一头长颈鹿，你或许也会问我一样的问题。

个人电脑最终改变了未来，但是在改变还没有到来之前，这种将来的、梦幻般的场景，对于当时的人们是难以想象的。因此，苹果公司最早的估值报价也就低得离谱。

在早期融资时，乔布斯曾经试图以 1 万美元的价格卖出苹果公司 10% 的股权，结果遭到了拒绝。一个纽约商人斯坦·维特这样描述乔布斯："看着这位长发嬉皮士和他的朋友，我那时心想，你是世界上我最不愿意托付 1 万美元的人。"在另一次兜售中，乔布斯的开价是 5 万美元可以收购苹果 1/3 的股权，结果也没卖成。

在我写下这篇文章的 2022 年底，苹果公司的总市值已经高达 2.1 万亿美元，比当初乔布斯给的估值上涨了大概两千万倍，这就是风险投资所渴求的财富。

有效的网络

那么，风险投资是如何完成以上所说的寻找大量投资标的和聪明创始人的工作的呢？一张有效的人脉网络，至关重要。

在传统投资领域，比如共同基金、对冲基金，人脉网络并没有那么重要（当然谁都不认识也不行）。这是因为这些传统的投资机构，投资的都是公开交易的标的。只要自己能看懂报表，和人打交道的重要性其实没有那么高。

于是，在传统投资领域，有不少投资经理过着清心寡欲，甚至是半隐居的生活。在电影《大空头》里，布拉德·皮特所扮演的退休投资家本·霍克特就过着这样的生活。他在爱尔兰的一个连Wi-Fi信号都不太稳定的小酒吧里，用一台笔记本操纵华尔街的几十亿美元。

但是，风险投资机构完全不一样。它们需要接触最新的技术，和富有朝气的工程师一个个交流，在初创企业最艰难的早期还要深度介入其中的运营管理工作，这一切都离不开一个足够发达的人脉网络。

我自己的本职工作，是比较传统的公开市场投资，这样的从业背景让我很早就注意到了传统投资者和风险投资者的不同——只要吃一顿饭就能看出来。

当传统的公募基金、私募基金的朋友们在一起吃饭时，很少有人的手机会响个不停。偶尔响起了手机铃声，朋友一般也会抱歉地挂静音，以免破坏吃饭的气氛。但是，当你对面坐了一位风险投资者时，事情会变得完全不一样，一顿饭他如果只接了5个电话，那应该还算是电话比较少的。

风险投资界的巨大人脉网络也确保了聪明的创业想法绝不会因为一个风险投资家的误判就石沉大海。一个有潜力的项目会被几十个，甚至几百个风险投资家一一审视。到最后，总有人愿意为这个项目签出支票试试看。

并不总是鲜花与掌声

以上所说的，就是风险投资创造财富的过程。依靠庞大的人脉网络，风险投资从无数的投资中，抓住了少数改变未来世界的机会，从而获得了指数级的财富增长。

但是，风险投资创造财富的道路上，并不总是伴随着鲜花和掌声。和所有的金融投资一样，风险投资也会面临真正的风险。这种风险至少来自 4 个方面，它们分别是：误判项目前景、激烈的竞争、道德风险、股票市场波动。

首先，风险投资面临误判项目前景的风险。当然，之前所说的大量分散的投资，可以部分抵消这种风险，但是误判项目前景仍然是风险投资绕不过去的最大风险来源。

有时候，风险投资甚至不是误判项目前景，只是稍微判断早了几年，就会在黑夜里面临撑不到天亮的窘境。比如，在 20 世纪 90 年代早期，不少风险投资项目就曾试图制造便携的笔记本电脑，但是它们都失败了。一直到 20 世纪 90 年代末期，笔记本电脑真正的商业化才成功。

其次，即使投资了正确的项目，企业之间的竞争也常常会变得非常激烈。这种竞争在 20 世纪六七十年代风险投资的早期，尚不太明显，但是今天已经变得非常显著。

以团购和购物网站为例，2011 年，中国出现了几千家类似的公司，以至于后来引发了所谓“千团大战”的行业大血拼，最后活下来的胜利者寥寥无几。

第三种风险则来自道德方面。直白点说，并不是所有的创业者都有良好的商业品德，有些公司的创始人压根儿就是骗子。他们利用风险投资机构试图开创未来、不重视财务报表和估值的特点，给风险投资者画出一张大饼，把钱弄到手。至于企业究竟做成什么样，人家从一开始就根本不在乎。

美国著名的号称自己要“滴血验癌”的西拉诺斯公司（Theranos），就是这方面的典型。最终，其创始人伊丽莎白·霍姆斯，因“欺诈罪”被判有期徒刑 11 年零 3 个月。

最后，风险投资还要面对来自股票市场波动的巨大风险。当股票市场顺风顺水时，风险投资自然很容易做，投资项目的退出非常顺当。但是，在股票市场下滑时，一切都会变得不同。

在让人难忘的科技股大熊市的 2022 年，美国的纳斯达克指数下跌了 33%，中国的创业板指数则下跌了 29%。在熊市氛围下，每一家风险投资机构都会面临巨大的压力。原有的项目退出不顺，新的募资变得艰难，所投资的公司也会因为后续资金不济而步履维艰。如何在冬天活下去，是对风险投资机构的巨大考验。

所以，在风险投资的财富传奇中，既有春天的鲜花，也有隆冬的冰雪；既有胜利者的传奇，也有失意者的无奈。但是不管怎样，在创造了无数财富的同时，风险投资也极大地改变了我们的世界，这是金钱与头脑最好的合作。

从一家股价下跌 94% 的天然气公司想到的

如果一家公司，主营业务是销售天然气，并且已经占据了一个巨大经济体大约 50% 的市场份额，而且之前的估值也不算太高，那么这家公司的股票价格，在 9 个月的时间里能下跌多少？

股价暴跌的天然气公司

按中国市场投资者的经验，天然气销售属于非常稳定的行业。这个行业的需求端非常分散，需求量比较稳定。相比于其他一些竞争性行业，天然气销售并不是一个残酷的生意。

所以，在面对“一家股票不太贵的全国性天然气销售公司，9个月里股价能下跌多少?”这个问题时，我想绝大多数的中国投资者，大概会给出30%，最多50%的答案。

但是，在我们要说到的例子中，这家公司的股票价格在短短9个月的时间里，下跌了94%。这家公司，就是德国的天然气供应商Uniper能源集团。

Uniper能源集团是德国天然气行业的巨头，为德国大量市政公用事业公司和大型公司提供天然气，市场份额占到了德国市场的大约50%。

在2022年俄乌冲突爆发以后，由于从俄罗斯进口天然气受阻（德国大量的天然气采购自俄罗斯），Uniper能源集团只能从现货市场上，以很高的价格购买天然气。同时，Uniper能源集团困于合同限制，不能随意调高对客户的供应价格。因此，Uniper能源集团蒙受了巨大的损失。

结果，即使是一家全国性的天然气供应商，Uniper能源集团的股价，在短短9个月里，暴跌了94%。2021年12月21日，Uniper能源集团的股票价格达到最高42.41欧元。而且，在之前的多年时间里，作为一家业务稳定、市场占有率高的天然气公司，Uniper能源集团的股价也在一直缓慢上涨。

但是，到了 2022 年 9 月 21 日，公司的股票价格最低触及了 2.66 欧元，只有之前高点的 6%。为了保证德国的能源安全，德国政府决定将 Uniper 能源集团国有化，并且收购了公司在市场上的股份。而对于公司股东来说，他们的投资亏损就只能自己承担。

别在陌生市场套用以往的经验

Uniper 能源集团的例子，告诉我们一个投资铁律：投资者一定要牢牢守住自己的能力圈，不要轻易进入自己不懂的投资市场、不懂的投资领域，更不要随便把自己在一个市场的投资经验，直接套用到另一个市场中去。

对于中国投资者来说，我们习惯了大型企业，尤其是大型国有企业强大的市场竞争力，习惯了中国经济在全球的重要位置和巨大发展潜力，很难预想到在天然气销售这样一个典型的公用事业行业，居然会出现一家占全国 50% 市场份额的公司，仅仅因为国际环境的改变，就在 9 个月的时间里跌去 94% 的股价。但是，在 Uniper 能源集团的身上，这件事情就真实地发生了。

同样，美国花旗集团在 2008 年全球金融危机中的表现，也让不少中国投资者感到不可思议。在 2008 年全球金融危机中，美国许多全国性的大型银行、证券公司，破产的破产，股价暴跌的暴跌。其中，雷曼兄弟公司和贝尔斯登公司的倒闭，就是当时最大的新闻。

在此期间，即使是花旗银行，这个被视为美国银行业最重要银行之一的巨型银行，其股票价格也难以逃过暴跌的命运。2007 年 5 月 22 日（数据来自 Wind 资讯，2022 年 9 月 22 日前复权价格，下同），花旗集团的股票价格收于 425.25 美元。

而到了一年多以后的 2009 年 3 月 5 日，这只股票的收盘价格，只有 8.54 美元，是最高点的 2%。即使到了 2022 年 9 月 21 日，距离当年那个惊心动魄的全球金融危机已经过去十多年，花旗集团的股票价格也只有 46.33 美元，只有最高点时的大约 11%。

在中国市场，这样的股价大跌，至少在全国性的大型银行身上，是几乎不可想象的。为了消除中国的金融风险，监管机构做了太多预防性的事情：不允许银行投资衍生品，限制银行的投资范围，限制银行的杠杆倍数，在房价过高时提高购房首付比例，等等。

但是，在我们的投资者并不熟悉的美国市场，同样是全国性大型银行，花旗集团的股票价格，在十几年前的那波金融大危机中，就曾经出现我们难以想象的大跌。

从 Uniper 能源集团和花旗银行的例子中，我们可以看出，许多在中国市场上适用的，甚至被认为是理所当然的投资逻辑，在海外市场并不一定同样适用。对于陌生的投资市场，我们必须保持足够的警惕。

2021 年和 2022 年，在美国上市的中国概念股（简称中概股），迎来了连续两年的下跌。以万得中概股 100 指数为例，这个指数在 2021 年从最高 7 851 点下跌到了 3 408 点，在 2022 年（截至 9 月 21 日）又下跌到了 2 338 点，只有最高点的 30%。

在这次大幅下跌之前，由于中概股在 2015 年到 2021 年上半年的几年里，大部分时间都保持了上涨的态势（上涨主要发生在 2015 年到 2018 年上半年和 2020 年上半年到 2021 年上半年），因此不少国内投资者都被吸引到这个市场中。

当时，不少朋友对我说，中概股是一个很好的市场，很容易赚钱。理由也有很多：美国市场更成熟，美国市场流动性更好，中概股行业更好、发展的想象空间更大，等等。

对于这类劝说，我一直回答："我不懂这个市场，我离这个市场太远了，在美国投资界也没有多少朋友，发生一件事情我没法做到全盘解读，我对美国市场的历史也不够了解。因此，我不会投资这个市场。"对我的这番回答，许多朋友都表示不理解："中概股虽然是在美国市场交易，但是企业的经营在国内呀，有什么不好理解的？"

虽然股票投资本质上是投资公司，但是股票毕竟是企业经营的金融化表现，不懂一个金融市场，只懂公司，对于审慎的投资者来说，是不够的。对于中概股，我明确地知道，美国市场在我的能力圈范围之外，我在美国的朋友不多，我个人在美国的生活经历也非常有限。归根结底，我不了解这个市场。

2021 年到 2022 年的中概股下跌主要原因有 3 个：之前的估值太高，中美贸易摩擦，中国国内科技行业遭受严监管。在这 3 个因素中，只有最后一个因素是典型的企业基本面因素，前两个因素都和这些企业在美国金融市场，而不在中国金融市场上市有关。

知己知彼，百战不殆

在投资中，了解自己要投资的标的、市场，是最重要的事情。足够了解后行动，方能进退自如。不了解，或者一知半解，就贸然行动，往往最为危险。

说到这种对信息的全盘了解，我记忆最深的一个镜头，是在电影

《巴顿将军》中出现的。当时，乔治·巴顿在北非战场击败了隆美尔的装甲部队。当德军溃败时，因胜利而情绪激动的巴顿脱口而出："隆美尔，我读过你的书！"

当一代军神在战场上，终于取得了决定性的胜利时，他第一时间想到的，不是自己有多聪明，不是上帝有多照顾他，也不是自己的军队有多强大，而是"我看过你的书，我了解你，所以我赢了"。对于对手的了解，竟然如此重要。

我还记得，一位著名的海外投资者说过，他在投资中国市场时，首先学习了中国的《论语》和《老子》，借此了解中国人的思维习惯，以此为基础，来理解中国市场。每念及此，我都感到惭愧不已。我们的投资者在投资海外市场时，又有多少人会去阅读西方的经典作品呢？

所以，在投资中，我们要牢记《孙子兵法》中所记载的格言："知己知彼，百战不殆；不知彼而知己，一胜一负；不知彼不知己，每战必败。"在任何时候，投资者都要对自己所投资的标的、标的所在的市场，有足够的了解。对于不了解的投资，宁可不做，也绝不可去赌博。

写在原油价格暴跌之后

在 2020 年的头两三个月，国际原油价格暴跌，WTI 轻质原油（美国西得克萨斯轻质原油）的近期合约价格，一度跌到 28 美元 / 桶。对于投资来说，正如巴菲特说过的，"只要你在市场里待得足够久，你就能见到一堆意想不到的事情"（在中文里这就叫"活久见"）。国际原油价格从 2019 年底的每桶超过 60 美元，在短短 2 个多月里跌到不到 30

美元，这无疑给我们上了生动的一课。这里，就让我们来看看，从这特殊的一课里，投资者能学到些什么。

首先，投资者需要学到的，是金融市场的极端波动，往往会超出你最大胆的想象。如果我们看看 2019 年底对国际原油价格的预测，我们会发现当国际原油价格每桶在 60 美元以上的时候，几乎没有人会说，未来 2 个月它的价格会跌到 30 美元以下。

当国际原油价格风平浪静的时候，几乎所有的分析，都会预测未来它可能会上涨 20%，或者会下跌 15%，但是几乎不会有人说，未来 2 个多月原油价格会下跌一半以上。巴菲特说：“预测往往告诉我们的，是预测者本身的状态，而不是未来真正的可能性。”在金融市场上，如果我们打算对资产未来的价格波动，做出精确的预测，那我们无疑会犯下错误。

当然，预测错误，这本身无可厚非。但是，当这种错误被冒险的投资决策，甚至数倍乃至十数倍的杠杆放大时，投资者就会把自己置于危险的境地。

对于原油来说，许多原因都会导致它的价格在短期发生巨大的波动：原油大规模储存的成本很高，所以它实际储存量很小，供求双方的平衡一旦发生小幅改变，价格就会发生巨大波动；原油的需求往往十分刚性，因此一旦原油供给因为某些原因减少或增多，价格的波动就十分巨大；国际原油市场的参与方众多，因此原油价格受到多方影响；原油的金融属性十分强大，许多国际投资者会将其作为投机的工具，金融资本的进出加重了原油的价格波动，等等。

那么，对于价值投资者来说，如何利用原油价格的这种波动呢？

尽管原油价格的波动很难预测，但是有一个原则是需要记住的：油价大幅下跌以后，尽管市场会因此变得极度恐慌，但是它继续下跌的概率会变小，而上涨的概率会变大。反之，油价大涨以后，继续上涨的概率会变小，下跌的概率会变大，尽管此时市场会因为价格上涨，而变得莫名乐观。

价值投资大师霍华德·马克斯在一篇投资备忘录里，说过经济基本面对于原油价格的回归所起到的作用。原油变得便宜以后，石油的产能会减少，一些开采成本过高的油井会暂时关闭，一些财政严重依赖石油的国家会尝试减产抬价，许多能够替代石油的新能源的开发会受阻，但是石油的需求会上升——人们会因为油价的下降选择更大排量的汽车，石油制品的价格会下跌促进了下游商品的销售。这种此消彼长的供给和需求的关系，会导致暴跌以后的原油价格，向均值回归。

反过来，当原油价格暴涨时，石油的供给，以及可以替代石油的新能源的供给，都会大增——石油生产商的投资会增加，石油的产量会上涨，更多的替代能源项目会被启动。但是，社会对石油相关产品的需求会下降。这种此长彼消的供求关系，会导致油价下跌。

在掌握了这种规律以后，价值投资者就不难找到对原油的整体投资策略：在价格高昂的时候卖出（注意不是卖空，卖出和卖空有本质的区别），在价格低廉的时候买入。其实，如此投资，也是价值投资一直以来的精髓。

不过，正确的投资战略，必须要和精巧的战术相结合。在具体投资原油相关资产时，投资者仍然要细致地工作，才能避免“买了高铁

A分级基金却以为自己买了高铁资产”的错误。这里，就让我们来看看对于几种原油相关的资产，投资者都要注意什么。

首先，原油期货本身很难作为长期投资的标的。尽管原油期货在许多渠道都可以买到，比如银行的账户商品、期货交易所的期货等，但是对于长期投资来说，原油期货的远期溢价之大，足以让所有价值投资者感到难受。以我撰写这篇文章时的纽约商业交易所WTI轻质原油期货为例（2020年3月13日的一个日中时点），当时的WTI2004期货的价格是31.81美元，WTI2103则是38.43美元。这也就意味着在11个月的时间里，期货的持有者就要付出高达20.8%的成本，合年化成本22.7%。相对于投资黄金等容易储存的贵金属来说，原油期货的投资成本，足以让所有不打算进行短期投机的投资者却步。

其次，对于投资原油相关资产的基金，包括境内和境外市场的基金，投资者也要分外注意，它们与原油价格之间的关联性到底如何。对于原油相关基金来说，由于它购买的并不是原油本身，而是原油相关的企业，而企业的经营情况则可能和原油价格的表现之间有不小的差距（有时候更好，有时候更糟糕），同时有些基金还会产生对指数的跟踪误差（即基金的表现和指数的表现不一致的情况，有时候比指数更好，有时候更差），因此当投资者通过投资原油相关基金投资原油时，他们需要明白，自己不一定能获得和原油价格波动完全一致的投资回报。

最后，对于原油相关的上市公司来说，投资者需要比较精细的投资技巧。一家上市公司的大股东是否尽职，财务情况是否稳健，业务是否稳定，上市状态是否会因为私有化等情况改变（这在港股市场偶尔会见到），都是投资者在看到油价下跌以后尝试买入时，需要仔细考虑的对象。

以上所列的，就是在2020年初原油价格暴跌以后，我所想到的关于原油投资的方方面面。从这个例子可以看出，对于投资来说，模糊而正确的战略和精妙的战术，两者缺一不可。如果想要在投资中，获得战略和战术的完美配合，就需要投资者长年累月地阅读、工作、体验和思考。这并不是一件轻松的工作，但它会对那些真正认真完成它的人，给予慷慨的回报。

香港股票市场：中西交融下的动荡与机遇

香港股票市场：华洋杂处，中西交融

在历史上，任何一个地区如果处于多股力量交织之处，那么这个地区的形势，往往非常变幻莫测。

比如，明朝末年的朝鲜半岛，就常常处在明王朝、女真、日本的三股势力之间，局势十分多变。从甲午战争到朝鲜战争，这一地区又在中国、俄国（后为苏联）、日本和美国四股势力的影响中，持续了半个多世纪的动荡。现代的中东地区，也由于出产全球最多的石油，对世界上许多国家的经济有巨大的影响，而变成局势最为复杂多变的地区之一。2022年爆发的乌克兰危机，背后的原因之一也正是乌克兰处于北约和俄罗斯之间。

当多种力量交织于一个点的时候，不仅真实的地区形势会变得变

幻莫测、起伏不定，资本市场也会变得波动巨大、难以捉摸。香港股票市场，恰恰是现代经济社会中，各种资本力量交织的一个焦点。这种力量的交织，导致香港股票市场的价格变动，呈现出非常有意思、非常值得研究的格局。

如果用八个字来形容香港股票市场，那么“华洋杂处，中西交融”最合适。

纽约、伦敦、多伦多等市场，基本由完全西方的投资者、完全西方的经济体制下的企业构成，因此这些市场之间，并没有太大的区别，也没有太多融合上的问题。中国内地的上海和深圳市场，则是标准的中国内地市场，公司公告、政策法规等均以简体中文写成，内地投资者通读无碍，国际投资者则要大费周章。

但是，中国香港股票市场则是一个多方角逐的市场。在这个市场里，公司公告用中英两种文字发布，上市公司来自全球各地，投资者有的来自中国内地，信奉东方式的商业智慧，有的来自西方，信奉西方经典的市场逻辑。

根据香港交易所（简称港交所）的《现货市场交易研究调查》(Cash Market Transaction Survey)，港交所的交易量由海外投资者、香港本地投资者、内地投资者、交易所做市商交易形成。一般来说，这四者的交易量大体相当，影响力可谓不相上下。

不过，在这四者之中，香港本地投资者的占比一直在下降，从十几年前的占主导地位，变成目前的四分天下有其一。也正是这种市场主导力量的缺失，让市场的局势在这十几年之中变得愈加复杂。

即使是当前在港股市场占相对主导地位的海外投资者，其构成也是非常复杂的。一般来说，海外投资者至少可以分为来自美国、欧洲、亚洲其他区域、世界其他区域这4种类别。

香港市场参与者的复杂程度，以及彼此之间力量的相对均衡，在全世界来看都是不多的。在香港股票市场，没有任何一股交易力量可以占绝对主导地位。这和内地资本市场以内地个人投资者为主流，或者欧美市场以西方机构投资者为主流，有本质意义上的不同。香港股票市场的上市公司多来自内地，或者和内地经济关系紧密，同时又有一大批投资者来自海外，这种结构所造成的互相理解的障碍，是难以忽视的。

不同的投资者，不同的困局

对于香港的所有投资者来说，在这个市场中交易，都会面临一些困境。而这些困境，是一直在内地市场交易的投资者难以体会的。

简单来说，香港市场的投资者可以分为：内地投资者、香港本地投资者和西方投资者。香港市场的股票，则主要可以分为主要业务位于内地的公司和业务分布在香港和东南亚市场的公司。

对于内地投资者来说，他们只熟悉内地的公司，对另一部分公司缺乏了解。同时，他们对海外市场脉搏的把握程度，也不如内地市场。许多西方投资者一年也只来中国内地调研两三次，对业务在内地的企业，往往只能通过看报表来了解，对于宏观形势、社会动态，则缺乏切身的体会。我还记得多年前，我试图向一位非常资深的海外投资者解释什么叫“一行三会”[一]、什么叫“窗口指导”[二]时所遇到的困难。

㊀ 一行三会是指当时的四个监管机构。

㊁ 窗口指导是指监管机构对投资机构进行的直接指导。

而对于香港本地投资者来说，他们身处西方资本和内地经济的旋涡中心，往往更会觉得力不从心——任何一种力量都不是由他们身处的社会决定的。

这种投资者、资本和上市公司所处市场的脱节，在一定程度上导致了比较严重的“由盯市企图导致的从众心理”。

简单来说，当一个欧洲的投资经理看到同行都投资欧洲股票时，如果他觉得香港的股票更有价值，他在购买香港股票时会更加谨慎。因为如果这位投资经理购买的欧洲股票下跌，他和其他欧洲投资经理的业绩差距不会太大，他只会遭到市场不好的单一打击。但是，如果他购买的香港股票下跌，其他欧洲投资经理的股票不跌，甚至上涨，那么这位投资经理就会遭受净值下跌，以及相对排名被同行甩开的双重打击。

以上这种双重打击的存在，导致全球投资者，包括内地市场投资者在购买香港市场的股票时，都会比较谨慎。以欧洲的安本资产（Aberdeen Asset Management）为例，在过去几十年里，这家资产管理公司的特色，就是对亚洲投资的倚重。这种倚重一方面导致安本资产更多地受益于亚洲的成长，因此成为全球举足轻重的资产管理公司，另一方面也使得安本资产每每在亚洲市场下跌、欧洲市场不跌时，承受一般资产管理公司不容易遇到的压力。

历史上的暴涨暴跌

在这种“华洋杂处，中西交融”的市场环境下，香港市场就表现出了内地投资者所不熟悉的、更大的波动性。

需要指出的是，这种波动性和股票价格的暴涨暴跌，指的并不是当一只股票的基本面出现极度恶化以后的暴跌，或者基本面长期增长以后的大涨。此类由基本面导致的大涨大跌，在内地市场也经常看到，贵州茅台、格力电器、康得新、乐视网等公司，都给过我们很好的例子。这里的暴涨暴跌，指的是在一些非永久性事件的影响下，香港市场的股票指数和股票价格，在短期会呈现的一种大涨大跌，但对长期趋势没有影响的情况。

以中国石油股份（代码 00857）为例，巴菲特在 2003 年左右发现了这家被市场低估的公司。2003 年 1 月 1 日，中国石油股份的 PB 估值只有 0.95 倍（Wind 资讯计算的数据，下同），股价只有 0.80 港元（2020 年 3 月 17 日 Wind 资讯计算的前复权股票价格，下同）。而在 4 年零 10 个月以后的 2007 年 11 月 1 日，其股价就随着全球流动性的泛滥，上涨到了 13.25 港元，是原来的 16.6 倍，而 PB 估值也上涨到了 5.42 倍，是原来的 5.7 倍，如图 5-1 所示。

作为香港市场上纺织行业的龙头公司之一，天虹国际集团（代码 02678）在 2008 年金融危机中，遭到投资者的抛售。2008 年 11 月 20 日，天虹国际集团的市净率下跌到惊人的 0.21 倍，股价只有 0.19 港元。当金融危机结束以后，这家公司的股票价格在仅仅 2 年零 3 个月以后的 2011 年 3 月 4 日涨到了 5.83 港元，是原来的 30.7 倍，PB 估值也涨到了 2.81 倍，是原来的 13.4 倍。2.81 倍的 PB 估值并不能算太高，在两年多的时间里带来约 30 倍股价涨幅的，是之前仅有 0.21 倍市净率的超低估值，如图 5-2 所示。

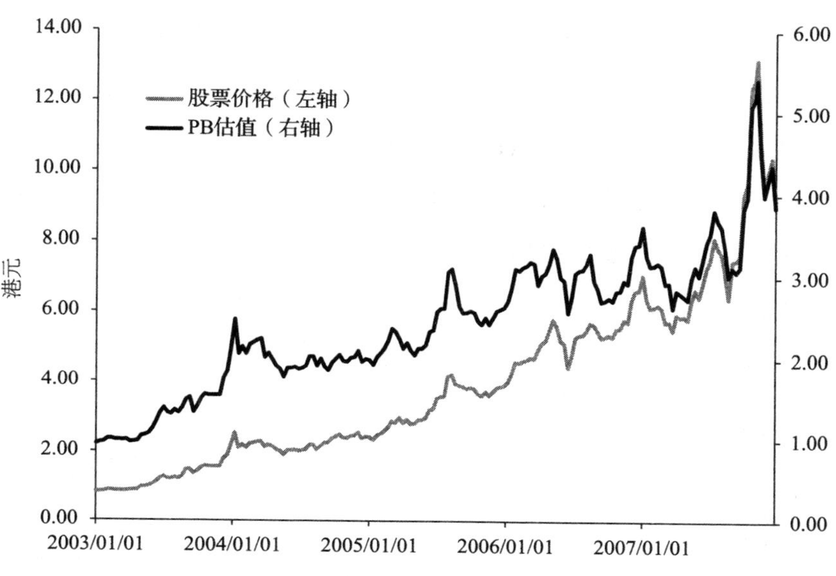

图 5-1 股票价格和 PB 估值（中国石油股份）

资料来源：Wind 资讯。

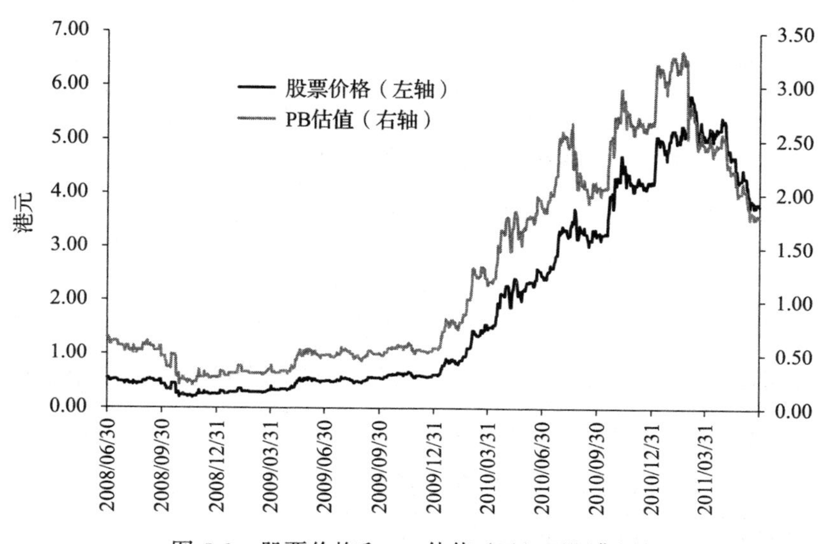

图 5-2 股票价格和 PB 估值（天虹国际集团）

资料来源：Wind 资讯。

2011 年香港市场迅速抛售了中国中车（代码 01766），其市净率估值最低触及 2011 年 10 月 4 日的 1.15 倍（这在当时高铁大发展的背景下是一个超低的估值）。但是，在仅仅 3 年半以后的 2015 年 4 月 17 日，随着当时内地资本市场的热潮，这家公司的股票价格又上涨到了 17.49 港元，是最低点的 8.8 倍，而其估值也上涨到了 5.34 倍，如图 5-3 所示。

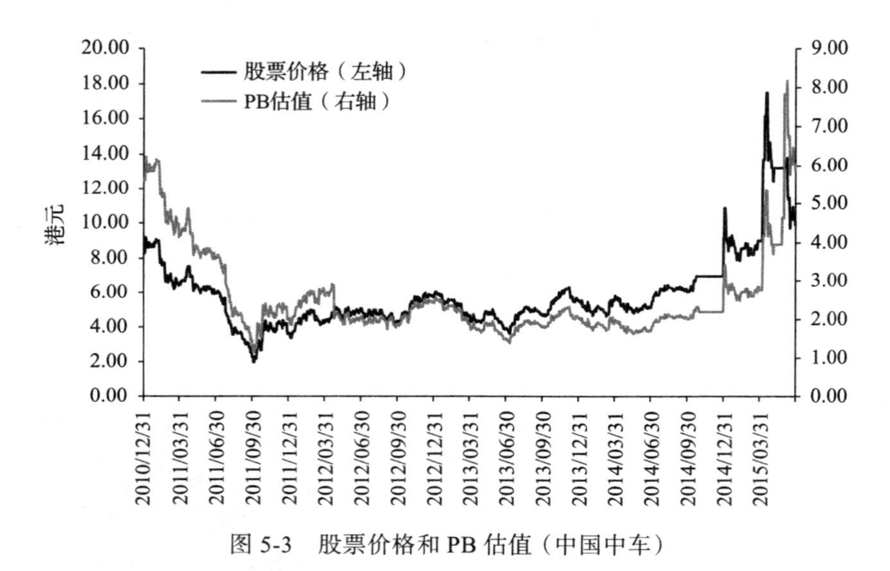

图 5-3　股票价格和 PB 估值（中国中车）

资料来源：Wind 资讯。

2012 年，随着风电行业的产能过剩，香港市场又对风电行业的公司谈虎色变，行业龙头企业金风科技（代码 02208）的市净率估值最低跌到了 2012 年 7 月 31 日的 0.42 倍。

但是，风电毕竟是中国长期清洁能源的发展方向，2012 年 0.42 倍 PB 估值的金风科技也被证明是一个非常好的买入对象。在仅仅 2 年零 10 个月以后的 2015 年 6 月 1 日，这家公司的股价就上涨到了之前的 8.2 倍，PB 估值也回升到了 2.82 倍，是之前的 6.7 倍。这中间固然有 2015 年内地资本市场热潮的作用，但是之前的 0.42 倍的超低 PB 估值，也是推动股价上涨的重要因素，如图 5-4 所示。

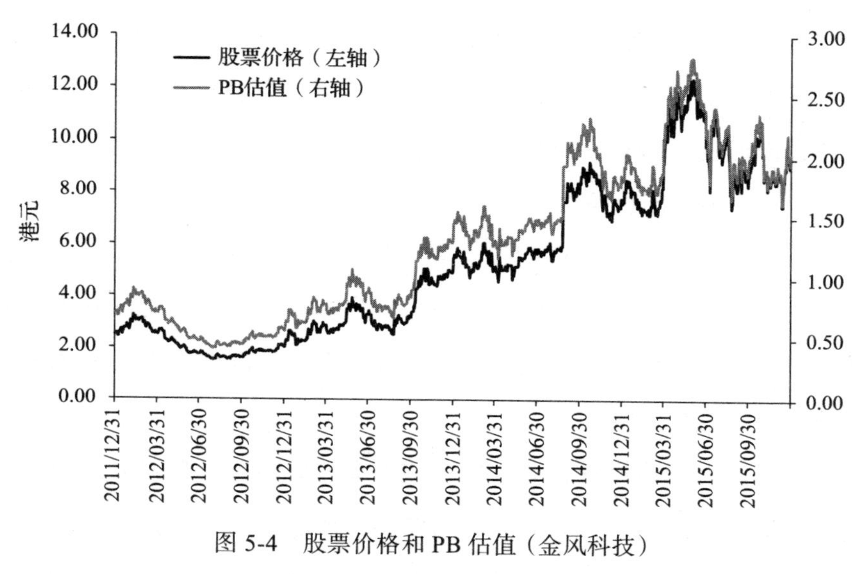

图 5-4 股票价格和 PB 估值（金风科技）

资料来源：Wind 资讯。

以上所列的，只是香港股票市场历史上曾经出现的价格大起大落的一部分。这种“在长期基本面没有改变的情况下，因为所发生的极端事件而导致的价格在短期暴涨暴跌”，是内地投资者所不熟悉的。这种暴涨暴跌的幅度之大，让内地市场的波动相形见绌。

对于有经验、有耐心的价值投资者来说，如果有可以长期坚守、不被短期业绩波动所影响的资金，那么这种价格的暴涨暴跌，恰恰会成为利润的来源。

内地机构投资者对港股的回避

对于香港这样一个陌生的市场，从目前来说，内地的投资者普遍是比较冷淡的。个人投资者自不必说，我在和一些证券公司营业部的朋友聊天时，了解到很多营业部几乎没有多少客户进行港股通交易，一线的业务员对港股的熟悉程度也非常有限。从整体来说，2022 年，沪港通南向资金每日成交量只在百亿元级别，和内地市场动辄万亿元的成交量，不可同日而语。

即使是内地市场的机构投资者，对香港股票市场的兴趣也不大。以机构投资者中最专业的机构之一——公募基金为例，通过分析公募基金持仓中香港股票的占比，我们就可以发现，内地机构投资者对港股的参与度仍然很低。

造成内地机构投资者对港股兴趣不大的原因，来自许多方面。首先，内地市场许多产品的成立时间较早，产品合同里的投资范围中不包含香港市场股票，而更改产品合同在实际操作中难度很大。因此，许多机构投资者根本无法购买港股。

其次，内地市场的资金提供方对香港市场也不熟悉，因此作为代理人的机构投资者，往往也不敢贸然投资港股。

再次，由于大多数内地机构投资者的主要投资对象是 A 股，且内地市场的考核周期相对比较短，因此对于一个机构投资者来说，哪怕它认可香港市场在长期的投资价值，也会担心因为香港市场的短期表现不佳，而在短期考核中严重落后于同行，最终受到资金方的责难。

最后，内地的投资者往往对香港市场的熟悉程度不高，作为卖方的证券公司研究部对港股的覆盖也比 A 股少得多。

长期超额收益的源泉：价值投资者的港股布局

尽管绝大多数内地投资者对香港市场的热情还非常有限，但是香港市场在近年以来的低估值状态，吸引了内地价值投资者的目光。如果我们仔细分析内地市场一些著名的价值投资者的持仓，就不难发现，相对于一般投资者对香港市场的普遍回避态度，内地市场的价值投资者们，多半已经开始布局香港市场。

举例来说，素来以价值投资著称的重阳投资一直表示，它已经在香港市场有所布局，香港市场的估值有明显优势。睿远基金的陈光明先生，也一直透露他对香港市场上优秀公司的偏爱。

可以看到，对于内地机构投资者来说，它们对于香港市场的态度是分裂的。一方面，普遍来说，机构投资者仍然在回避香港市场。但另一方面，内地市场上被历史和时间证明的一些杰出的价值投资者，已经开始不断参与香港市场，试图从香港市场极低的估值中获利。

这种“少部分先行者”和“大部分市场参与者”之间的仓位分配差异，必然会在将来体现为业绩上的区别。对于那些敢于参与香港市场，能准确找到优质和便宜的标的，并且有足够坚强的长期资金支持的投资者来说，香港市场将成为他们将来获取超额收益的源泉。

当然，在香港市场投资，仍然需要注意一些内地市场不常遇到的技术细节。

比如，不同于内地的上市公司往往不会轻易改变自己的上市状态，香港的上市公司大股东经常会进行私有化，使得公司从交易所退市。

这种私有化现象，尤其经常发生在股价大幅下跌、上市公司价值凸显以后。这就导致试图利用价格从暴跌到暴涨循环赚钱的投资者，面临“股价暴跌以后公司被私有化，因此无法持有上市公司股票直到暴涨的那一天”的困境。再比如，香港市场上一些上市公司大股东，有时会利用自己的控股地位，做出有损小股东利益的事情（也就是俗称的“出老千”）。这些技术细节，都是审慎的价值投资者在试图从香港市场的低估值中获利时，所需要注意的。

如何利用港股“双 5”类股票获利

在很长一段时间里，A 股市场的估值体系相对于港股来说，都是比较仁慈和慷慨的。

比如，A 股市场有个词叫“破净”，也就是股票价格跌破净资产价格，这往往会被投资者认为是估值很低的象征。但是，在更加国际化，也更加残酷的香港股票市场，股票估值“破净”是家常便饭。

甚至，在港股市场我们有时候会看到超低的估值，比如市净率跌到 0.5 倍左右，也就是“破净”阈值的 1/2。

同样，在市盈率的统计口径下，港股低于 5 倍 PE 的情况，也不在少数，而在 A 股市场，5 倍 PE 是一个非常难得的低估值。

这里，就让我来聊一聊，投资者应当如何看待港股市场的“双 5”类股票，也就是那些 PE 低于 5 倍，或者 PB 低于 0.5 倍的股票。这些股票究竟是低估值的机会，还是价值陷阱？投资者应当如何利用这种低估值的股票，来增加自己盈利的概率？

“双 5”估值的股票在港股市场中很常见

在 A 股市场，PE 低于 5 倍，或者 PB 低于 0.5 倍的股票，并不多见。

根据 Wind 资讯，以 2022 年 11 月 17 日收盘价计算，A 股市场共有 4 992 只股票，其中 PE（这里以 TTM 口径计算）大于 0 的共有 3 963 只，而 PE 小于 5 且大于 0（小于 0 则为亏损股，虽然 PE 算数上的数值更小，但是与低估值无关）的股票，只有 56 只，占全部股票数的比例仅为 1.1%。

在港股市场，PE 小于 5 的股票，则要多得多。根据 Wind 资讯提供的同一天的数据，在内地投资者最容易交易的港股通的范围内，共有 547 只港股。其中，PE 小于 5（同时大于 0）的股票，共有 105 只，占总样本的 19.2%。

以 PB 指标来说，事情也很类似。同样以 2022 年 11 月 17 日的数据为例，在 A 股的 4 992 只股票中，PB 小于 0.5（且大于 0，为防止计入净资产为负数的公司，这里 PB 采用 LF 口径，即最新公告股东权益数据）的公司，仅有 36 家，占比 0.7%。

同时，在港股通范围内的 547 只港股中，PB 小于 0.5 且大于 0 的，共有 150 只，占比 27.4%。

从以上数据中，我们可以看到，A 股投资者很难遇到的“双 5”类股票（比例只有 1% 左右），即 PE 小于 5 或者 PB 小于 0.5 的股票，在港股相当常见。在以上所取时点中，通过港股通进行港股投资的投资者，遇到这类股票的概率是 1/5～1/4。

“双 5”类股票是价值陷阱还是投资机会

参考以上的估值数据，我得由衷地说一句，相比于 A 股市场，港股市场的估值体系的确更加残酷。所以，如果一个投资者能在港股市场做到进退有度、胸有成竹，那么他一定是一个足够成熟、足够有经验的投资者。

那么，这些港股市场上经常见到的“双 5”类股票，究竟是投资机会还是价值陷阱呢？有意思的是，在港股市场的“双 5”类股票中，这两者同时存在。

在《贾宁财务讲义》中，有一个非常令人震撼的发现：许多破产的企业，在出事前的财务报表中，报出的盈利和净资产数据，经常看起来还不错。

也就是说，在一般人把“利润”“资产”理解成实打实的钱的概念时，财务上的利润和资产，并不一定是真实的价值。即使一家公司已经出现了使其破产的问题，它也可以通过财务手段（俗称“财技”），把财务上的主要指标，尤其是净利润和净资产，进行一定程度上的修饰。

所以，对于投资者来说，不看财务指标固然不行，但完全相信财务指标，以及基于这些财务指标算出来的估值，也是万万不行的。

在港股市场，我们可以看到不少出问题的股票，甚至是所谓的“老千股”，其 PE 和 PB 估值，在出问题之前看起来都挺不错。在此我就不一一举例，投资者只要翻一下那些股价在 10 年中下跌了 90% 以上、主营业务近于停顿的港股资料，就能看到这种看似“健康”的低估值。

虽然存在价值陷阱，港股市场上一些质地还算不错的公司，却可以依靠很低的估值，给投资者带来不错的回报。

比如，2020 年 3 月 19 日，在那个油价低迷，甚至一些合约出现让人前所未见的“负价格”的时点，在港股市场上市的中国石油股份（代码 00857），就出现了 0.3 倍 PB 的超低估值。与这个估值对应的，是 1.76 港元的股价（2022 年 11 月 17 日前复权价格，下同）。

而到了两年以后的 2022 年 3 月，这家公司的股价，上涨到了 4 港元左右。

依靠极低的估值，即使是中国石油这样巨型的传统企业，也能让投资者赚到不错的利润。相比之下，在 2007 年以 40 多元人民币买入这家公司股票的 A 股投资者，则付出了太高的价格。

所以，对于港股市场的“双 5”类股票，价值陷阱与投资机会是并存的。

但是，投资者需要意识到的是，无论如何，超低的估值，也就是 PE 小于 5 或 PB 小于 0.5，都不是一件坏事。那些“双 5”类股票中的价值陷阱，也就是看起来便宜实际上还会让人赔钱的股票，其问题并不是出现在低估值上，而是出现在糟糕的企业质量上。只要企业质量不出问题，低估值本身永远是一件好事。

基于价值交易“双 5”类股票可以让基本面价值暴增

除了诱人的低估值以外，港股常见的“双 5”类股票，还有一个许多投资者没有意识到的特质。它就是利用基于价值的交易方法，可以让基本面价值暴增。

所谓基于价值的交易，简单来说，就是通过交易增加投资组合的基本面价值。

比如，投资者在企业基本面相似的情况下，不停地卖出估值高的股票，买入估值低的股票，借此达到基本面价值的增加。这种价值的增加不同于传统的商业行为导致的价值增加，是一种金融交易带来的价值增加。

同样，如果投资者在估值近似的情况下，卖出企业基本面更差的股票，买入企业基本面更好的股票，那么这种交易也会增加投资组合的真实价值，尽管它看起来不会增加基本面财务数据。

在价值投资的理论中，许多投资大师都非常强调交易带来的价值增加，美国的沃尔特·施洛斯和中国的裘国根对此都非常推崇。

即使是被流行理论误以为喜欢长期持有的巴菲特，其实也经常采用这种交易方法。只不过，巴菲特常常用“资本配置优化”这样的词，来代替“交易”这个看起来投机意味更多一些的词，其实它们讲的是同一个东西。

对于“双 5”类股票来说，它超低的估值，会导致基于价值的交易所能带来的基本面价值的增加，远远高于交易估值合理的股票。这里，让我用一个例子说明这种现象。

在企业质量近似的前提下，当一个投资者卖出 PB 估值为 0.6 倍的股票，买入一只 PB 估值为 0.3 倍的股票时，他得到的价值增加，和卖出 PB 估值为 6 倍的股票，买入 PB 估值为 3 倍的股票，是一样的吗?

假设一个投资者有 100 元，当他卖出一只 PB 估值为 6 倍的股票、买入一只 PB 估值为 3 倍的股票时，他得到的价值增加为 100/3−100/6 =

17 元。对于一个 100 元本金的账户来说，这笔交易只带来了 17 元的基本面价值增加。对于这 100 元的本金，如果按企业 10% 的资本回报率计算，那么这笔交易只带来了不到两年就可以赚到的价值增加。

而如果把以上的卖出、买入股票的 PB 估值，分别换成 0.6 倍和 0.3 倍，那么同一个投资者得到的价值增加则为 100/0.3−100/0.6 = 167 元。

也就是说，对于一个 100 元市值的账户，这笔交易让其持有的股票净资产，足足增加了 167 元。如果按照 10% 的正常企业经营回报率计算，100 元需要十多年，才能赚到这么高的基本面价值增加。

总的来说，港股的“双 5”类股票，以其超低的估值，成为价值投资者不可忽视的、梦寐以求的资产类别。在投资此类股票时，投资者只需要做好价值陷阱的甄别，同时找准机会，持续进行基于价值的主动交易，就能在长期获得丰厚的回报。

老虎基金传奇：真正的投资者永不退场

老虎基金曾经是资本市场上的一代传奇，年轻一些的投资者也许不了解它，但是在 20 世纪八九十年代的美国资本市场上，老虎基金和它的创造者——朱利安·罗伯逊，是如雷贯耳的名字。

2022 年 8 月 22 日，90 岁的罗伯逊与世长辞。这里，就让我们来回顾罗伯逊和老虎基金的投资历史，让我们看看这段华尔街曾经的传奇。

科技股泡沫中的价值投资

终结于2000年的美国科技股泡沫，是人类历史上最传奇的金融泡沫之一。构成这段传奇历史的，不只是作为泡沫主角的科技股本身，还有站在泡沫股票对面的、拥抱价值的投资者。

2000年3月10日，纳斯达克指数终于登上了泡沫中的最高点——5 132点。要知道，仅仅在五年多前的1995年1月1日，这个指数只有743点。

不过，世界上没有不散的宴席，也没有不破的泡沫。这场持续了多年的金融大泡沫，终于在2000年3月10日走上了顶峰。从此以后，纳斯达克指数一路下跌，在2002年底跌到了1 200点附近，无数财富灰飞烟灭。

但是，在泡沫顶点的2000年3月10日，美国股市中的一只股票恰好创下了自己价格的最低纪录。这只股票，就是伯克希尔－哈撒韦公司的股票，该公司由著名的价值投资者沃伦·巴菲特掌舵。

3月10日当天，伯克希尔－哈撒韦公司的股价收于40 800美元，是1998年到2000年这3年中的最低点。毕竟，巴菲特这个“老顽固”，在泡沫中坚守具有低估值、高竞争力的价值股，抛弃高估值、竞争力存疑的新兴科技股，因而被市场抛弃，似乎是天经地义的事情。

当然，价值会迟到，但是不会缺席。在我写下这篇文章的2022年8月31日，伯克希尔－哈撒韦公司的股价已经上涨到429 700美元/股，是当年的十倍多。而纳斯达克指数只上涨到11 883点，这还是在中间录得巨大跌幅，后来又有众多杰出科技公司加持的情况下所取得的。

就在 2000 年 3 月的同一时间，另一位华尔街的资深投资者朱利安·罗伯逊，也就是大名鼎鼎的老虎基金的创始人，却在这个月的 30 号，写信给自己的投资人：老虎基金要关门了。

罗伯逊让老虎基金关门的原因，并不是他预测错了市场——他对科技股泡沫终将破裂的预测完全正确，也不是因为他的投资组合蒙受了无法拯救的亏损——之前的亏损虽然让人不悦，但是仍然可控，而且就在这封信发出以后，罗伯逊的策略就获得了巨大的投资回报。

事实上，在罗伯逊关闭了老虎基金，把资金都还给投资人以后，他继续用自己的钱进行投资，在科技股泡沫破裂中获得了可观的利润，并且在几年以后的次贷危机中又大赚了一笔。2008 年，罗伯逊成功地预测了次贷危机的到来，并且通过持有次级债信用违约掉期等工具，赚取了超过 70% 的投资回报。

罗伯逊所创建的在 20 世纪 80 年代和 20 世纪 90 年代雄冠华尔街的老虎基金，之所以在 2000 年的春夏交替之际黯然落幕，背后的原因只有一个：基金的投资人扛不住了。

让我们一起来看看，这段传奇的历史是如何演绎的，以及我们能从老虎基金的故事里，学到哪些对投资有用的经验。

不一样的价值交易者

严格来说，罗伯逊并不能算是经典的价值投资者，而应该算作“根据价值进行市场投机的对冲基金投资者”，或者“价值交易者”。这个称呼听起来有点长，让我们仔细来研究一下。

在价值投资中，经典的做法，是菲利普·费雪、沃伦·巴菲特、彼得·林奇，以及中国的陈光明、裘国根、曹名长等人的投资方法。

这些价值投资者找到市场的错误，发现有价值的资产，然后买入持有，等价格上涨到性价比不高的时候再卖出。如此周而复始，投资组合的净值就会一直水涨船高。

但是，朱利安·罗伯逊和他在1980年创立的对冲基金——老虎基金，并没有走这样经典的价值投资之路。他的投资方法，只有一半和经典的价值投资方法相似。

从相似的方面来说，罗伯逊对资本市场上价值在何处非常敏感，他不会做出不顾价值、只跟随市场趋势的投机决策。

在老虎基金20年的历史中，罗伯逊曾经多次准确预测了各个著名的市场泡沫，并且从中获利，他依靠的就是这种对市场价值的极度敏感，他非常清楚什么东西有价值，什么东西没有价值，尤其是什么东西非常没有价值。

罗伯逊看准过的市场价值变动至少包括：1989年的日本股市崩盘、1997年的亚洲金融危机、让老虎基金关门的2000年科技股泡沫，以及2008年的次贷危机。

其中，由于投资人撤资，2000年的科技股泡沫并没有让老虎基金获利，但是罗伯逊本人却在老虎基金关门以后，用自有资金获利颇丰。而他对小级别的市场价值的成功发掘，比如单只股票的挖掘、某个商品期货的价值挖掘（比如铜和金属钯），更是不胜枚举。

可以说，罗伯逊对资本市场中各种资产是否有价值，了如指掌。从这一点来说，罗伯逊和他的老虎基金，和传统的价值投资者是完全一样的。

但是，他们不一样的地方在于，罗伯逊使用了大量传统价值投资者不会使用的投资方法，并且涉猎了不少传统价值投资者不会涉猎的投资领域。

从投资方法来看，罗伯逊会做空，还会使用金融杠杆，这是巴菲特等传统价值投资者不会使用的。巴菲特使用的保险资金类杠杆不属于金融类杠杆（不会因为市场变动而需要提前偿还），而彼得·林奇等人根本不会用杠杆。

在老虎基金运作的早期，一个典型的“罗伯逊式组合”，会包含175%的股票多头、75%的股票空头。这样，罗伯逊不但能够像传统价值投资者那样，享受100%多头仓位带来的上涨收益，剩下的75%多头和75%空头还会为他构建一个市场波动中性但会带来价值差异导致收益的组合。

从投资领域来看，除了股票投资以外，老虎基金大量参与商品期货、各国货币，甚至衍生品等领域的交易，这种交易范围的扩大在老虎基金运作的后期，随着基金规模的变大而变得更加明显。

以上这种交易方法、投资品种上的区别，让老虎基金和传统的价值投资者有了明显的区别。而罗伯逊这种“价值交易”的方法，就成了经典的对冲基金式的投资。

成也萧何，败也萧何

罗伯逊的这种“价值交易”方法，相较于传统、经典的价值投资方法，有一个明显的好处，就是收益率更高。

这种更高的收益率，至少来自这几个方面：杠杆会带来一部分额外的收益；在判断正确的时候，做空带来的收益也很可观；更广泛的投资类别让罗伯逊能找到很多投资机会，这也让他的投资收益率更高。

根据记录，在老虎基金成立之初，如果向基金里投入 1 美元，那么到了 1998 年底（也就是罗伯逊最辉煌的时候），这 1 美元会变成 117 美元（还是扣除费用以后）。

而在同一时期，如果把资本投入标普 500 指数，投资人的 1 美元只会变成 22 美元。不过，考虑到标普 500 指数并不包含股息，因此包含股息的标普 500 全收益指数的回报率也许会更高一些。

那么，这种“对冲基金式的价值交易”，有什么不好呢？它最大的问题，在于抗风险能力更弱。

从本质上来说，无论是传统的价值投资，还是罗伯逊的“价值交易”，都是利用市场的无效，找到有价值的投资方向。但是，传统的价值投资，在进入一个由市场无效造成的投资机会以后，可以容忍市场变得更加无效，甚至极其无效。

由于既不做空，也不用杠杆，甚至如巴菲特般不用多少投资人可以随意撤走的资金，因此传统价值投资的方法，对于市场无效的容忍度非常高，只要最后价格能回来，中间忍受多少短期回撤，都无所谓。

然而，罗伯逊和他的老虎基金所进行的“价值交易”，不能容忍太无效的市场。过于无效的市场带来的冲击，会被杠杆、做空的仓位、大量的客户资金（而非自有资金）放大，这种冲击会让人难以接受。

也就是说，罗伯逊的“价值交易”方法，需要发现市场的无效，等待市场变得有效，但是在这期间市场又不能变得过于无效。而对于传统价值投资来说，则需要发现市场的无效，等待市场变得有效，在这期间，市场可以变得非常无效。

如此对比，我们就可以很容易地发现，罗伯逊和他的老虎基金，抗风险的能力比巴菲特和他的伯克希尔 - 哈撒韦公司，其实是要弱不少的。

罗伯逊和他的老虎基金的投资业绩，在 1998 年之前的 18 年里独占鳌头。面对 2000 年的科技股泡沫，罗伯逊和巴菲特都看到了科技股泡沫中的疯狂。但是让人唏嘘的是，老虎基金没熬到最后的几年，伯克希尔 - 哈撒韦公司却活到了今天。

真正的投资者永不退场

值得指出的是，罗伯逊不愧是一代对冲基金天才。即使应用了一种更加脆弱但潜在收益率也更高的方法，罗伯逊和老虎基金聪明的雇员们，也在享受高收益的同时，把风险降到了最低。

在 2000 年科技股泡沫见顶的前两年里，老虎基金的表现不佳，并且让投资人亏了一些钱。但是，平心而论，老虎基金的亏损和它之前的回报相比，简直不值一提。

但是，老虎基金的管理规模却在这几年里大幅下降。在 1998 年 8 月的鼎盛时期，老虎基金管理了 220 亿美元的资产。（作为对比，同月，中国公布的全国外汇储备是 1 407 亿美元。）但是，到了 2000 年 2 月底，老虎基金管理的资产只剩下 60 亿美元。

为什么微小的跌幅，会带来资产管理规模的巨大缩水呢？因为这一时期，正是科技股泡沫最鼎盛的时候。所有人都在赚钱，坚持“只做有价值的交易”的老虎基金却不赚钱，甚至还亏一点，投资人不赎回老虎基金的产品，赎回谁的呢？

这时候，哪怕老虎基金的投资方向是对的，哪怕市场上那些短期盈利的基金都建立在追逐泡沫的虚幻之上，短视的投资人也不愿意管这些。

在老虎基金的规模大幅萎缩以后（估计当时还挨了投资人不少骂，类似的情况在后来的电影《大空头》中也出现过），坚信自己没错，但是被市场搞得灰头土脸的朱利安·罗伯逊，终于决定把老虎基金关门了事。

毕竟，罗伯逊当时已经赚到了足够的钱，且 1932 年出生的他在 2000 年也已经 68 岁。钱也不缺，年纪一把了，还得天天挨骂，这样的生活，换成你我，又有几个人乐意？

在老虎基金关门以后，罗伯逊没有再创业，但也没有退休，而是专注于管理自己的财富，还支持了不少对冲基金的创业，给它们进行种子投资。

是金子总会发光，尤其是在没有了投资人撤资的干扰以后。2008 年 1 月，根据罗伯逊向《财富》杂志提供的交易记录，从 2000 年 3 月 30 日老虎基金关闭到 2008 年，他又为自己的资金创造了 403.7% 的总回报。

如果加上之前老虎基金给投资人取得的超过 100 倍的回报，这意味着罗伯逊在不到 30 年的时间里，赚到了超过 500 倍的回报。

比投资业绩的影响更加深远的是，罗伯逊在经营老虎基金时，雇用了许多聪明的投资者、研究员、证券分析师。在老虎基金的时代结束以后，这些人陆续创办了许多对冲基金公司。

根据统计，有接近 200 家对冲基金的起源，可以在一定程度上追溯到老虎基金。它们要么是创始人曾经在老虎基金工作，要么曾经接受罗伯逊的种子投资，要么有一些业内密切的联系。

2022 年，在老虎基金时代结束以后的第 22 年，罗伯逊以 90 岁的高龄与世长辞。而他曾经创下的辉煌的投资业绩，和被老虎基金投资理念影响的一代代对冲基金们，仍然在对我们说：真正的投资者，永不退场。

第6章　理解基金投资的奥妙

基金经理自购为何如此重要

2011年，杜琪峰导演的电影《夺命金》上映。在这部以普通人的金融生活为主题的电影里，演员们生动还原了投资、股市与基金对普通人生活的巨大影响。

最近重温了这部电影，我的内心感慨良多。投资这个行业，看似只是数字和逻辑的游戏，其实关系到千家万户的衣食冷暖、喜怒哀乐。

故《孙子兵法》有云："兵者，国之大事，死生之地，存亡之道，不可不察也。"在今天的和平年代，金钱、股票、基金、房地产，扮演了同样的角色。

在最近的2020年到2023年的基金大周期中，不少投资者体验到了基金带来的巨大财富波动。上涨时金钱滚滚而来，下跌时利润随风飘散。究竟如何投资基金？相信许多投资者在经历了几年的波折以后，仍然没有想明白。

在这章里，我把基金投资的奥妙告诉你。你的基金为什么跌了这么多？我们还能信任专业投资者吗？为什么自购产品的基金经理更值得信赖？基金回本了该不该卖？基金应该只看业绩吗？不看业绩，又看什么呢？业绩的替代品组合基本面如何分析？基金的投资组合应该怎样管理？我们究竟应该如何考核基金的投资结果？

看完这一章，你就能回答以上的问题了。相信这些你在其他地方也许从未见过的知识点，能够为你的基金投资带来一些帮助。

基金经理自购为何如此重要

在证券投资中，一个人的能力总是有限的，再好的投资者也很难覆盖市场上所有的投资机会。这时，无论是对于普通投资者还是专业投资者，寻找优秀的基金来帮助自己管理一部分资产，都是不错的选项。

可是，如何找到好的基金呢？如果说在股票估值中，市盈率、市净率、股息率是3个最重要的估值指标，那么在选择基金，尤其是主动管理型股票基金时，除了基金经理的投资能力等主观指标以外，我最看重的客观指标，就是基金经理自购的金额。

那么，为什么基金经理自购，尤其是大额自购如此重要呢？

首先，我们问自己一个问题，当面对一只基金时，谁会是最了解这只基金的人？是基金代销机构，比如银行和证券公司？还是第三方评价机构，比如私募排排网、Wind资讯？抑或是发行这只基金的基金公司和基金公司的从业人员？

答案是都不是。最了解一只基金的人，只能是这只基金的基金经理。因为基金经理决定基金的具体运作，他一定是对这只基金最了解的人。

由此，我们就可以很容易明白，为什么基金经理自购，尤其是大额自购，是特别重要的指标了。

作为最了解这只基金的人，如果基金经理非常有信心，大额认购了自己的基金，甚至有一些基金经理在大额认购之后，承诺锁定 3 年甚至 5 年，那么我们很有理由相信，这只基金是可以信赖的，至少它的实际管理者这么认为。

反之，如果一只基金，连最了解它、决定它每天运作的人，都不愿意买，或者只是象征性地买一点点，那么作为投资者，又如何能比基金经理做出的判断更好呢？

举一个简单的例子，如果我们去一家早餐店吃包子，吃到一半发现早餐店老板出门左拐，到别的店买了同样的包子拿回来自己吃，我们的心里会感觉如何？

其实，“自己餐厅的人不吃自己餐厅的饭”，这样的事情还真不罕见。我 17 岁刚到英国留学时，就曾经在一家餐厅短暂地工作过 3 天，目睹了一件让我感到吃惊的事。在工作的第 1 天，我就被这家餐厅后厨的洗碗方式震撼了。

在餐厅的后厨，小工洗碗的质量非常糟糕，基本上就是在机器里过一遍洗涤剂，拿出来擦干就给厨子盛菜。一个偌大的餐厅，只安排了一个小工负责洗碗，即便他想用清水洗净每一个盘子也根本来不及。而餐厅的灯光也比较幽暗，美其名曰看起来有气氛，其实这样做是让客人很难察觉餐具上残留的洗涤剂。

这样的餐具，能放心地拿来用餐吗？答案当然是否定的，餐厅的员工们对此也是心知肚明。每天半夜 12 点餐厅打烊以后，厨子和小工们要吃一顿宵夜。每到此时，掌勺的厨子就会专门嘱咐小工：仔细洗一批盘子来！要参加宵夜的小工对此当然也是心领神会，这时候才会仔细用清水洗盘子，而且往往会洗上两三遍，毕竟这是要自己吃的。

在哪里可以找到基金经理的自购信息

我们也许没法知道一家餐厅的厨子们是不是会和我们用同样的方式吃饭（除非像我那样在后厨待上一阵子），但是我们比较容易通过公开信息，找到基金经理自购的数据。

公募基金每年的年报中都有一个"第 9 章　基金份额持有人信息"，可以给投资者不错的参考。在这一章的信息披露中，基金需要披露一些关于基金持有人的信息，让我们可以对基金经理自购的情况一窥端倪。

但是，这一部分信息的披露形式，往往让我们不一定能直接找到基金经理自购的准确信息。

比如，"本基金基金经理持有本开放式基金"这个信息，是按照区间的形式披露的，如"大于 100 万份"的描述并不十分准确，101 万份也是大于 100 万份，2000 万份也是大于 100 万份。而"基金管理人所有从业人员持有本基金"的信息，则包括了同一家基金公司所有从业人员持有的信息，不是基金经理本人认购的信息。

不过，在某些情况下，我们可以找到基金经理本人购买了多少产品的准确信息。

比如，对于上市交易型的公募基金，披露规则要求其每年的年报、半年报，都要披露"期末上市基金前十名持有人"的细节。这时，对于一些规模比较小、基金经理本人认购相对较多的上市交易型基金，我们就会发现，基金经理本人的名字和准确的持有份额，在前十名持有人名单中赫然在列。

再比如，当基金经理自购时，一些公募基金和私募基金往往会发布相关公告，以便让持有人坚定信心。当然，对于此类信息，我们一方面要通过核实发布渠道是否为足够可靠的信源、索要证明材料等方式，核准其真实有效性，另一方面则要关注基金经理自购的资金是否后来又退出了。

战争艺术里的“基金经理自购”

在管钱的基金行业，基金经理的自购行为非常重要，而在负责战争的军队中，军队将领对所辖军队的“自购”，也非常重要。

在周朝开国元勋姜太公所著的《六韬》中，就有这样一段话：“将冬不服裘，夏不操扇，雨不张盖，名曰礼将。将不身服礼，无以知士卒之寒暑。”意思就是说，好的将领一定要和士兵同吃同住，“自购”自己统辖的军队，冬天不穿专门的暖裘服，夏天不让人摇扇子，下雨不打伞，如此才能知道士兵的状态如何。

诸葛亮所著的《将苑》中，也有类似的记载：“为将之道，军井未汲，将不言渴；军食未熟，将不言饥；军火未然，将不言寒；军幕未施，将不言困。夏不操扇，雨不张盖，与众同也。”作为将军，一定不能在生活上搞特殊，要和士兵打成一片，如此“自购”才能带好军队。

如果军队的将领，不和士兵一起生活，那么他就无法知道士兵的体力、心理状态。当他认为可以进攻时，也许士兵已经疲惫不堪。如果连自己军队士兵的生存状态，将领都不愿意做到“自购”，如此作战，又能有多少胜算？

战争的智慧，古今中外一般无二。在1965年拍摄的反映第二次世界大战的电影《突出部之役》中，有这样的一幕。在一场大战胜利之后，当侍从给将军端上特制的丰盛餐食以资庆祝时，坦克军指挥官要求换成普通士兵的干面包：“我如果不和他们吃得一样，又如何能了解军队的情况？”

在基金投资的领域，一位基金经理自购或者不自购的举措，难道不足以告诉我们，他对基金的信心究竟如何吗？

几个需要考虑的细节

在使用“基金经理自购”这个信息时，有一些需要注意的细节，在此一并指出。

并非所有基金都需要考虑基金经理自购，一般来说，基金经理自购对于主动管理型基金是一个特别重要的指标。但是，对于指数基金，尤其是行业类指数基金，则不一定是一个要考虑的因素。此外，对于一些诸如货币基金、保本型基金，基金经理自购也不是非常重要的考虑因素。

这是因为，此类基金往往更多是以工具而非全资产配置的形式出现，基金经理更像是一套规则的执行者而不是通盘资产的分配者。简单来说，我们也许会希望一家面粉厂的厂长只吃自己家的面粉，但是不会要求一家馒头店的店主永远只吃自己做的馒头，不吃别人做的烧饼或面条。

在研究基金经理自购时，我们还会遇到两种类似的自购，这就是基金公司自购，以及该基金公司所有从业人员的自购。一般来说，这两种自购也反映了基金在业内的受欢迎程度，但是不如基金经理自购直接和有效。毕竟，基金经理才是基金投资的第一责任人。

尽管基金经理自购，尤其是大额自购，是一个非常重要的考虑因素，但是基金经理毕竟不是神，任何人都有犯错的时候。当市场处于极度高估的状态时（比如基金的整体持仓达到 50 倍市盈率甚至更高），那么即使是基金经理大额自购的基金，投资者也需要保持一定的警惕。

在某些情况下，基金经理或者基金销售机构人员在面对“为什么不自购”的疑问时，会以“要买房、要还房贷，所以没有钱”作为不自购的理由。在“丈母娘压力论”颇为流行的社会氛围下，这似乎是一个合理的解释。

不过，在我看来，这并不是一个好的理由。如果基金经理自己都觉得，把资产配置在房地产而不是自己管理的基金上更有效，那么我们又有什么理由去买他的基金呢？而如果基金经理连自己的丈母娘都没法说服，又凭什么能说服投资者呢？

你的基金为何跌了这么多

对于不少在 2019 年到 2021 年之间，从基金投资中获利颇丰的投资者而言，2022 年并不是一个友好的年份。在这一年里，不少投资者发现，自己给予了很高期望的专业投资基金，居然也会跌这么多。

根据 Wind 资讯，在 2022 年的前 9 个多月里（截至 10 月 12 日），中证股票型基金指数下跌了21.8%。而在之前的2019年、2020年、2021年，这个指数分别上涨了41.1%、44.5%、5.9%。

从具体的细分数据来看，在2022年的这一段时间里，根据Wind资讯，845只普通股票型基金中，最大跌幅为41.3%，平均跌幅为19.3%。而在2 311只灵活配置型基金中（这类基金往往以股票投资为主），最大跌幅为44.9%，平均跌幅为14.4%。

“为什么我的基金会跌这么多呢？”“不是说基金投资是把钱交给专业的人做专业的事吗？”许多对基金投资一知半解，又在2022年蒙受亏损的投资者，开始提出这样的问题。

其实，这样的发问，对于长期投资恰恰是一件好事。发问会带来思考，思考才会带来长期的投资回报。投资中最糟糕的事情，就是什么都不问，什么都不想，什么数据都不计算，只凭着对所谓“专业投资”“价值增长”的信念就往里冲。

这里，就让我们来看看，基金投资的回报究竟是怎么回事，为什么有时候会赚到不少钱，有时候会亏损，以及我们应该怎样衡量、选择基金。

拆解基金的净值波动

许多投资者以为，基金的投资回报就是净值变动本身。其实，净值变动只是基金投资回报的表象。基金净值的背后，可以拆成两个部分：基金投资组合的基本面变动，以及基金投资组合的估值变动。

简单来说，基金的净值变动同时来自基金投资组合的估值变动和基本面变动。这个公式很简单，而且它和股票价格的变动公式是一致的，即股票价格等于股票的估值乘以基本面。

也就是说，我们一定要给标的基金做一个分析，把各个持仓所对应的基本面分别计算出来，然后做一个加成，得到基金的持仓基本面。最后，用基金资产除以这个持仓基本面，就可以得到基金的估值。

比如，如果一只基金的规模是 10 亿元，这只基金买了两只股票——A 和 B，A 股票买了 3 亿元，PE 估值为 20 倍，B 股票买了 6 亿元，PE 估值为 50 倍，还有 1 亿元现金存款，存款利率为 2%（也就是 PE 估值为 50 倍）。

那么，这个基金投资组合的盈利，就是 3/20 + 6/50 + 1/50 = 0.29 亿元。然后，用基金总资产的 10 亿元除以 0.29 亿元，我们就可以得到这只基金的持仓 PE 估值为 34.5 倍。

当我们算出了基金的基本面和估值以后，就很容易理解基金的净值变动了。

比如，当一只基金的净值增长了 100% 时，可能有 3 种情况：①基金的基本面增长了 100%，估值没变；②基金的基本面没变，估值增长了 100%；③基金的基本面增长了 300%，估值下跌了 50%。

很明显，以上 3 种情况，都会导致基金的净值增加 100%，但是 3 种情况的可持续性并不相同。在盈利质量大体相当的情况下，第 3 种情况是最优秀的，而第 2 种情况是最糟糕的。

当然，以上的模型是一个简化版的假设，在实际投资工作中，基金的持仓往往有几十只，甚至上百只股票。这时候，计算的过程会变得稍微复杂一些。但是，在 Excel 表的帮助下，有经验的分析员也不会花费太多时间。

需要提醒的是，以上的计算，是对基金的定量计算。有经验的投资者都知道，投资不可以完全依赖定量计算。因此，在定量计算了基金的基本面和估值以后，投资者还需要从定性的角度，仔细分析基金的基本面数字究竟包含了何物。

不过，这种修正并不会否定定量计算的重要性。正所谓投资全靠计算不行，完全不算更不行。

一个跨越 17 年的案例分析

这里，让我们来看一个实际投资中的例子，通过它明白如何具体分析基金的基本面和估值变动。

上证 50ETF 基金（代码 510050）是内地资本市场上历史最长的指数基金之一，这只基金从 2004 年底开始运行。根据相关规定，基金只在半年报和年报中披露完整的持仓信息，因此，我们就来分析从 2005 年 6 月 30 日到 2022 年 6 月 30 日这整整 17 年中，上证 50ETF 基金的变动。

需要说明的是，上证 50ETF 基金的主要持仓为股票，2005 年 6 月 30 日的股票仓位为 99.1%，2022 年 6 月 30 日的仓位则为 98.4%，两者相差无几。这就让我们的分析，变得更加清晰，不容易受到仓位变动带来的干扰。为了简便起见，这里我们对剩余 1% 左右的现金仓位，统一假设其回报率为 2%。

通过计算可知，在这 17 年的时间里，上证 50ETF 基金的净值增长了 433.0%，CAGR 为 10.3%。那么，这样高的回报率是怎么来的呢？我们可以从投资组合的盈利、净资产、股息这 3 个方面来计算。

从盈利来看，上证 50ETF 基金在这 17 年中，持仓所对应的盈利增长了 552.8%，CAGR 为 11.7%，同时 PE 估值下跌了 18.4%，CAGR 为 −1.2%。

从净资产来看，上证 50ETF 基金持仓所对应的净资产增加了 426.9%，CAGR 为 10.3%。同时，PB 估值累计增加了微不足道的 1.1%，CAGR 为 0.1%。

从股息来看，这 17 年中基金持仓所对应的股息（按前一年年报计算，即 2005 年 6 月 30 日对应 2004 年的股息，2022 年 6 月 30 日对应 2021 年的股息），累计增加了 409.2%，CAGR 为 10.0%。同时，股息率下跌了 4.5%，CAGR 为 −0.3%。

可以看到，在这 17 年中，上证 50ETF 基金的净值变动，绝大部分来自其基本面的变动，很少来自估值变动。也就是说，它很像我们之前举例中的第 1 种情况。所以，这种长期基金净值的变动，是比较扎实的。

现在，回到我们的问题："为什么我的基金会跌这么多呢？"聪明的投资者应该就不难回答了。只要把基金的基本面和估值拆开，我们就会找到下跌的真相：要么是基本面的问题，要么是估值的问题，除此以外别无其他可能。

应该如何选择基金

有意思的是，虽然计算基金的基本面和估值并不困难（可能有一些烦琐，借助计算机表格会更容易一些），但是我很少见到基金投资者如此计算。可以说，99% 的基金投资者，没有计算过他们投资的基金的基本面和估值。

仔细想来，这是一件非常奇怪的事情。为什么我们在投资股票的时候，都知道股票的价格等于基本面和估值的相乘，但是在投资以股票为主要成分的基金时，不做类似的计算，只关心基金的净值变动呢？

现在，我们既然搞清楚了基金的净值涨跌，是如何被基本面和估值两个因素影响的，那么我们就很容易搞明白基金为何在2022年下跌。同时，我们可以解决一个更重要的问题：应该如何选择基金？

从估值的角度来说，问题比较简单。我们需要回避估值太高的基金，多关注估值合理，甚至很低的基金。一般来说，当一只基金的持仓估值高达50倍PE，甚至80倍、100倍PE的时候，其长期净值回报率往往不会太高，这和股票估值高了容易跌，完全是一个道理。

从基本面的角度来说，我们需要寻找长期基本面增长速度比较快、增长比较稳定、可持续的基金。

需要指出的是，由于基金的持仓资产类别会发生变动，比如上一年度有40%的债券和60%的股票，下一年度有5%的债券和95%的股票，因此在分析基金的基本面变动时，一般短期的数据容易受到持仓变动的影响，我们应当分析至少在5年以上，或者更好一些，10年以上的基本面变动情况。

从历史经验来看，巴菲特在几十年中，所取得的长期基本面CAGR大约在20%左右。当然，说巴菲特在长期取得20%的CAGR，这意味着他必然在某些年份取得高于20%的增长速度，也在某些年份取得低一些的增速。

实际上，巴菲特长期的 CAGR 在 10% 到 30% 之间，最后才造就了 20% 左右的长周期 CAGR。而在 15 年左右的周期中，中国市场中一些久负盛名的价值投资者的 CAGR 也往往在 20% 左右。因此，20% 的长期基本面 CAGR 大概是判断最优秀的投资者的模糊标准。

在学会了把基金的净值变化，拆成基本面和估值这两个变量分析以后，我们是不是就能轻松地回答："为什么我的基金会跌这么多呢？"而当我们在面对基金的下跌时，通过思考基金的基本面和估值变动，是不是也就能更容易做到心里有数，更容易找到值得长期投资的好基金了？

别迷信专业投资者

2022 年的夏天，我和朋友聊到香港股票市场在这两年里出现的一些难得一见的低估值股票时，我说："你看现在的港股，很多很好的大型中国公司，PE 只有几倍，股息率逼近 10%，这明显是一个巨大的机会。"

朋友反问我："如果这个投资机会这么明显，而且香港股票市场是一个专业投资者云集的地方，怎么大家都看不到这个机会，不把这些股票的价格推回合理位置呢？"

我想了一下，回答道："那华尔街和金融城是不是专业投资者云集的地方？如果是，为什么在 2008 年全球金融危机中，那么多金融机构亏钱的亏钱，破产的破产呢？"

以上这段对话，我觉得很有意思，所以记录下来给大家看。这段对话牵涉一个投资中最核心的问题：在这个行业里，我们是不是应该信任专业人士？

人类社会的每个行业中都有专业人士。在绝大多数情况下，我们都选择相信专业人士提供的建议。而且，在绝大多数情况下，这么做也是对的。

比如，如果今天眼睛有点看不清楚，视野有点发黑，我们是会找自己的好朋友来看呢，还是会去医院找医生，用专业设备检查一下眼底视网膜？如果汽车坏了，我们是会把它拖到4S店，让专业人员维修呢，还是自己买一堆零件，回家和家人一起捣鼓？很明显，除了汽车修理工出身的司机，基本上没人会试图修自己的车。

如果想要学习网球，我们是会自己抡个拍子上场乱打呢，还是会找专业的网球教练来教我们？当然，关于网球这个事情，我是自己乱学的，但是代价就是水平不咋地。不过，我也没打算拿打网球当职业。

可以看到，在日常生活中，几乎但凡遇到稍微复杂一些的事情，我们都会选择找专业人士。而且，在这些事情中，专业人士一般不会犯太多错，水平也比一般人高得多。

不过，在投资领域，事情却不一样。当有投资问题时，人们仍然像往常一样，期待专业投资者可以给我们满意的答案。但是，在投资领域，专业投资者犯错的概率，比其他领域里的专业人士要高许多。

看看历史上曾经出现的事件，我们就会知道，专业投资者在不少时候，投资水平和普通投资者的差异，并不像其他行业中专业人士和普通人的差异那么大。

更重要的是，一个专业的汽车修理工就算修不好车，他也不会把汽车改装成一个炸弹。一个眼科医生水平再差，也不至于直接拿剪刀把视神经剪断。但是，专业投资者却可能犯下超级巨大的错误。

看看历史上曾经出现的大错，你就会明白我在说什么。在 2000 年科技股泡沫中，全球许多重仓高估值科技股的基金亏得一塌糊涂。在 2005 年的 A 股大熊市中，一些证券公司不幸破产。在 2008 年全球金融危机中，美国大型投资银行轰然倒下。在 2015 年到 2020 年的 P2P 危机中，许多 P2P 机构破产关门，还欠投资者一大笔钱。而在 2022 年前后破裂的虚拟货币泡沫中，更是有不少虚拟货币投资机构血亏出局。

针对这些情况，有一本书进行了深刻的分析，这本书的名字叫《客户的游艇在哪里》[1]。书的名字来自一段对话。一位华尔街投行精英，把朋友带到码头，指着码头上的一排排船说：“这艘船是这家投资机构的人买的，那艘船是那家金融机构的人买的。你看，这些游艇多么好看。”

他的朋友听了以后，迟疑了一会儿，反问他：“那么，这些投资机构、金融机构，它们客户的游艇，又在哪里呢？也就是说，它们帮客户赚到钱了吗？”

那么，为什么在许许多多的行业里，我们都可以信任专业人士，完全按照他们的指导操作，并且取得的效果往往不错，在投资行业，我们却不能这样做呢？

一些流行的观点，把这种“不能迷信专业投资者”的现象，简单地归结于道德问题。认为投资行业中的从业者，在巨量的金钱面前迷

[1] 此书中文版已由机械工业出版社出版。

失了自我，从而做出大量损人利己的事情。

诚然，在任何社会问题中，道德问题都是影响因素之一。但是，把问题完全归于道德败坏，是一种最简单也最粗糙的方式。为什么同一个班的同学，毕业以后做投资的就道德败坏，开工厂的就道德优良？为什么同是高薪行业，专业投资者就道德败坏，专业的医生、飞行员、IT 工程师，就道德优良？

其实，道德问题并不能解释投资行业中，为什么会出现“不能迷信专业投资者”的现象。

如果我们假设现在投资行业几十万的从业者中，大部分人都是“坏人”，那么我们把这些人全部换掉，找另外几十万原来没做过投资的“好人”来，加以金融培训然后掌管这个行业，事情会变得更好吗？新来的几十万人会比原来的几十万人更有道德，从而改变这个行业吗？显然不会。

为什么“不能迷信专业投资者”，这其中最重要的原因，是投资行业实在是太复杂了。

当电脑程序阿尔法围棋在 2017 年战胜了人类优秀的围棋大师柯洁，人工智能终于攻克了围棋这个人类最难的智力游戏时，舆论一度认为，人工智能已经无所不能。但是实际上，围棋只是一个智力游戏，它只是一个 19 × 19 的棋盘。真实的世界，比围棋复杂得多。

对于大部分行业来说，事情是相对比较简单的。一辆汽车只有几千到一两万个零部件，把这些部件都搞明白，专业人士就可以把车修好。一个眼球只有固定数量的生理特征，尽管很难掌握，但是只要多学习、多执业，眼科医生就可以把眼睛看好。

但是，投资有多少变量？仅仅A股就有5 000多家上市公司，每家上市公司每个季度有500多个财务指标，A股每个季度就有超过250万个财务指标，每年就有超过1 000万个财务指标。

同时，投资中各个变量还会互相影响，这家公司收入上升可能对应那家公司收入下降，那家公司的利润率明显高于行业平均水平，似乎有问题，等等。如果1 000万个财务指标，再来个几百次方，会有多少变量？社会上那些天天被爆出来的新闻、舆论、事件、数据、情绪、利益纠葛，它们甚至不能用数字表示，这中间又有多少变量？

如果把围棋的变量比作太阳系，那么投资世界的变量就是银河系，甚至许多个银河系。对于这样数量巨大的变量，再专业的投资者，也一定会犯错。对于也只是人类的专业投资者，我们又如何能求全责备呢？我们又怎么应该相信他们的判断绝不会错，所做的投资决策一定对呢？

在2020年到2021年之间，内地股票市场出现了“估值越高的股票表现越好”的现象。当时，不少人以为，市场上那么多专业投资者，怎么会犯错？人家看了那么多财务报表，肯出高价肯定有他的原因，当时叫作“贵一定有贵的道理，便宜一定有便宜的问题”。结果，后来的行情证明，专业投资者还真有可能犯错。

今天的我们，需要记住不能迷信专业投资者。但两千年前的汉景帝差点迷信了“专业将领”。这里，就让我们来看一段著名的对话。

在西汉初年所爆发的七国之乱中，带头造反的吴王刘濞，是一位名将，也可以说是军队中的“专业投资者”。刘濞20岁时，跟随刘邦参加平定大将英布叛乱的战争，多有军功，因此被封为吴王，统辖三郡五十三城。

时过境迁，两个人关系再好也有可能反目成仇。40多年以后，到了七国之乱时，吴王刘濞带头造反，联合楚王刘戊、赵王刘遂、济南王刘辟光、淄川王刘贤、胶西王刘卬、胶东王刘雄渠等刘氏同姓宗亲，发动对刘氏江山的叛乱。参加叛乱的诸侯军队，有几十万人之多。

对于当时的皇帝汉景帝刘启来说，刘濞无疑是一位军事上的“超级专家”。

论年龄，刘濞当时已经60余岁，汉景帝才30多岁，刘濞的军事经验丰富得多。论辈分，刘濞是刘邦哥哥的儿子，汉景帝则是汉文帝的儿子，属于汉高祖刘邦的孙子辈，两人差了一辈。论军功，刘濞帮刘邦平定原来项羽的名将英布的叛乱时，才20岁，那时候汉景帝都还没有出生。论军队，七国叛乱的兵有几十万人，不比中央军队少。论经济实力，刘濞准备多年，财力雄厚。

于是，面对刘濞的叛乱，汉景帝刘启问出了这样一段话：“吴王即山铸钱，煮海水为盐，诱天下豪桀，白头举事。若此，其计不百全，岂发乎？”意思是吴王这么能干的人，军事和经济上准备得这么充分，年纪这么大才起来造反，这么专业的造反，一定是准备好了、“计策百全”的啊？你看这么一个老基金经理，这么久负盛名，我还没生出来他都在管钱了，他怎么会错？

但是，吴王刘濞还真就错了。

面对皇帝的担忧，汉景帝的大臣、曾任吴国国相、对吴王刘濞和吴国君臣甚为了解的袁盎，告诉景帝：“不足忧也，今破矣。”结果，在后来的战场上，“专业造反军队”的七国之军果然敌不过以周亚夫为首的中央军。声势浩大的七国之乱，也就在短短 3 个月之内被平定。

查理·芒格曾说："再聪明的人都会犯错。"《淮南子》记载，"蘧伯玉年五十，而有四十九年非"。就是说蘧伯玉这个人已经 50 岁了，仍然不断反省，知道自己前 49 年哪里做错了。在投资这个超级复杂的行业中，更是任何专业的意见都有可能出错，任何专业的投资者也都会犯错。

有鉴于此，我们一方面要谦虚地学习专业投资者的投资技巧，另一方面，迷信专业投资者却是要不得的事情。反之，对专业投资者提出质疑，对专业投资的意见进行思考，才恰恰是投资行业中最专业的事情。

基金回本了，该卖吗

2022 年夏天，随着之前一度下跌的基金不断"回血"，不少投资者都开始问一个问题：我的基金快回本了，该卖吗？

具体来看，这个问题有许多版本，比如"我的基金马上要回本了，是不是该卖？""我的基金只亏 5% 了，是不是该卖？""看着最近趋势不错，我打算只要亏损减少到 10% 以内就卖，怎么样？"不过，万变不离其宗，"差不多回本就卖吗"，是这些问题的共同点。只不过，有一些人会对"回本"给出一个稍微宽泛一点的定义，比如只赔 5%、10%。

其实，不光是 2022 年夏天，也不光是基金，"回本了该不该卖"这个问题，我们在投资里听得太多太多了。不仅个人投资者（散户）

会问，其实在机构投资者里，问“回本了要不要卖”的，也绝对不在少数。

在回答“基金回本了，该卖吗”这个问题之前，先让我们来看一个历史故事。虽然时隔两千多年，但是这个故事，对今天我们的投资仍有莫大的启示。

“纸上谈兵”这个成语，想必是不少中国人都熟知的。这个成语说的是战国时的赵军大将赵括，因为不会打仗，只会在“纸上说兵法”，导致40余万赵军全军覆没的故事。史载秦军“遗其小者二百四十人归赵。前后斩首虏四十五万人”。45万人里，只有200多人逃得性命。

但是，在赵括被任命为赵军大将之前，他的母亲和赵王的一段对话，却没有多少人知道。

赵括的父亲，是赵国名将马服君赵奢。赵奢凭借阏与之战的赫赫战功，成为赵国一代名将。在长平之战爆发以前，赵奢已经去世，赵王就打算让他的儿子赵括带兵，替换年迈的廉颇，抵御秦军。

命令一下，赵括的母亲也就是赵奢的遗孀，找到赵王说“括不可使将”，赵括不可用为将。赵王问为何？赵括的母亲说了一番话，对比了赵括和他父亲赵奢带兵的状态。

赵母说，赵奢当年带兵时，“始妾事其父，时为将，身所奉饭饮而进食者以十数，所友者以百数”。就是说当年名将赵奢带兵的时候，到军队里，受到赵奢这个一军统帅亲自端饭、伺候饮食之礼的有十几个人，朋友有数百人。如此人脉，军队里还有什么事情是他不知道、搞不定的吗？如此带兵打仗，自然如身使臂，无比顺畅。

但是赵括呢？“今括一旦为将，东向而朝，军吏无敢仰视之者。”

赵括到了军队里以后，往将军座上一坐，那个气势大啊，军士们没有敢抬头看他的。

气势是大，但是有什么用呢？这是去打仗还是去摆排场？打仗是性命相搏的事情，气势有什么用？军队里的实际情况，他能了解多少？人家连抬头看他都不敢，还有人敢跟他说真话吗？要是什么都不用做，什么话都不用听，也能打胜仗，那要你这个大将做什么？放个木偶上去，大军不也一样马到成功？

所以，赵母最后说："王以为何如其父？父子异心，原王勿遣。……王终遣之，即有如不称，妾得无随坐乎？"赵括对军队的知情力、掌控力太差了，他和他爸赵奢根本就不是一类人，千万不要派他去打仗。退一万步说，真的要派他去，一旦失败，请不要连坐、诛杀赵家全家。

当然，赵王最后没有听，否则就不会有长平之战赵军的45万冤魂。但是，赵军大败之后，赵王信守了诺言，没有株连赵家。"赵王亦以括母先言，竟不诛也。"知错能认，赵孝成王的气度，比后来官渡之战兵败之后杀了田丰的袁绍强不少。长平之战以后，举国戴孝的赵国重整军队，击败了前来趁火打劫的燕国军队，也与赵孝成王的气度有关。

故事说完了，回到我们前面的问题，"基金回本了，该卖吗？"这个问题，和以上的故事，有什么关系呢？

一个投资组合，就像一支军队。只不过以前的军队，是由一个个作战单位的军官、士兵、武器装备组成，今天的投资组合，是由一个个仓位和对应的基金、企业管理层、工作人员、生产装备组成。古代的将军调配军队的战斗资源，恰如今天的投资者调配生产资源。

在面对一个投资组合时，我们作为“带兵的将领”，对投资组合中各个头寸的盈利情况、增长情况、估值情况，对各个基金的管理者(类似军队里的各级将领)，是有深入的了解呢，还是像赵括一样，往堂上一坐，开口就问“回本了没有”，却对各种细节缺乏了解呢？

其实，在投资中，“回本了没有”，是最不重要的三个问题之一。另外两个同样不重要的问题，是“我赚了多少”和“我亏了多少”。

要知道，在这个资本市场上，除了我们自己以外，没有一个人在乎我们的账户，是回本了还是赚了或亏了。别的交易者在出价的时候，不会考虑我们的感受。市场在对资产定价的时候，不会考虑我们的感受。上市公司在分红、退市的时候，也不会考虑我们的感受。

我们回本没有，除了我们自己，真的没有一个人在乎。我们的成本，在这个现实又残酷的市场里，根本不重要。

那么，当我们面对自己的投资组合时，问“回本了没有”“回本了，该卖吗”，又有什么意义呢？这就像赵括在统军时，问手下“今天赵军死了多少人”一样，这对战局有什么影响吗？难道因为赵军少死几个人，或者多死几个人，对面的秦军就会罢手？

战场是武力的竞技场，市场是利益的角斗场。身处其中的投资者们，所应当关心的唯一问题，是我手上的资产包还有价值吗？还有没有比这个资产包更有价值的投资标的？对于投资基金的人来说，要问“我的基金经理为我努力争取价值了吗？”

至于回本没回本，也就是“现在的市值相对于我的成本如何”，根本不重要。

那么，回到最初的问题“基金回本了，该卖吗”。对于基金投资者来说，我们怎么知道，基金经理有没有帮我们争取价值呢？从技术上来说，方法有很多，我们得看基金经理的仓位里包含什么资产，整体估值如何，最近买了什么股票、卖了什么股票，买卖的原因大概是什么（对于熟悉市场的人不难猜到）？买卖以后价值增加了还是减少了，估值的变化怎样？如此等等，不一而足。一句话，我们得像赵括的父亲赵奢那样，“身所奉饭饮而进食者以十数，所友者以百数”。在这个市场里，我们得有许多值得请教的聪明朋友，得有无数可以给我们提供细节信息的报表和信息来源。如此，才能如当年的名将般，成为优秀的投资者。

否则，往账户前面一坐，问一声“回本了，该卖吗”，什么细节都不知道，这和赵括当年“东向而朝，军吏无敢仰视之者”，又有多少区别？

不过，人世悠悠，喜欢“回本就卖”的投资者，还真不在少数。我的一位朋友曾任公募基金的投资总监，他对我说过一个故事。他们公司有只基金，发行以后运气不好，净值从 1 元做到了 0.7 元。此时，几乎没有人赎回。后来，几经努力，基金终于回到了 1 元附近。结果，就在净值回到 1 元的那几天，赎回的指令雪片般飞来，基金的份额一下缩水了 1/3。

看看这个变幻莫测的市场吧。巴菲特一生赚了万倍回报，作为他的投资者，成本线早就给抛到九霄云外，问“回本了，该卖吗”，毫无意义。记得有一年，我在彭博终端上看到，全球市场里当年亏损最多的一只基金，赔了 99.9%。赔了 99.9% 是什么概念呢，就是得先赔 90%，再赔 90%，继续赔 90%。碰上这样的基金，问“回本了，该卖吗”，又有什么意义？

“圣人不察存亡而察其所以然。”两千多年前，代表中国哲学最高境界之一的《列子》，就这样教导我们。对于历史上的存亡、成败，以及今天的账户盈亏、回本，聪明的人是根本不会去考虑的。我们需要考虑的是，为什么国家会存亡？为什么战争会成败？为什么投资账户会上涨、下跌、盈利、亏损与回本？

把投资背后的逻辑想清楚了，该不该赎回基金的决定，自然水到渠成。相对价值低就该买，相对价值高就该卖，增加价值就该买，毁灭价值就该卖，如此而已。至于回没回到我们的成本线，又有什么关系呢？

基金不能只看业绩

资本市场上，有些投资者喜欢说的一类话是：“虽然搞不清某某基金有什么投资理念，但是人家业绩好呀！”“业绩好总不会错吧，毕竟赚到的是真金白银！”“只要能赚到业绩就是有本事，难不成业绩不好的才是好基金？”

对于这类人，我将其统一称为“不看原因只管业绩”。这一投资派别往往很难接受别人的反驳，一句话就给人堵回来了：“你的业绩比得上人家吗（通常是一年里涨了50%以上，甚至翻倍）？业绩比不上人家有什么好说的！”

那么，为什么在投资中，我们不能只看业绩呢？这里，让我们先来回顾历史上的两个案例。

第一个案例，是大名鼎鼎的美国长期资本管理公司（Long Term Capital Management，LTCM）。20 世纪 90 年代，这个公司依靠聪明的雇员、优秀的数学模型，在资本市场里寻找各种交易机会，并且用杠杆把这些机会的盈利放大。

那么，LTCM 公司的业绩好不好呢？答案是好到让人咋舌。在 1994 年 3 月到 1997 年底不到 4 年的时间里，LTCM 公司的业绩回报超过 300%。而且，这一切都是在几乎没有业绩回撤的情况下取得的。

这样好的业绩，放到今天的资本市场，仍然会让一家公司成为市场上绝对的明星。对于 3 年多赚 300%，而且几乎没有回撤的业绩，如果我们质疑它的投资方法，有多少投资者会说："人家业绩那么好，还有什么好说的？"

但是，LTCM 公司的问题，出在其极高的杠杆率上。本质上来说，LTCM 公司并没有找到一些在 3 年多里价格涨了 300% 的股票，而是依靠几十倍的杠杆，把一些微小的市场波动，放大了几十倍、上百倍而已。

有经验的投资者都知道，杠杆，尤其是高杠杆，有时候会让人们赚钱，有时候却会让人万劫不复。它类似武侠小说里的邪派武功，见效快，却后患无穷。即使对于明星云集（雇员里甚至有两位诺贝尔奖获得者）、数据处理能力极强的 LTCM 公司，杠杆所带来的杀伤力也一样恐怖。

结果，1998 年，随着俄罗斯债务违约冲击市场，短短几个月，LTCM 公司就把自己的资本金几乎赔了个精光。之前傲人的 300% 多的投资业绩，瞬间变成 –90% 还多。这时候，之前说"LTCM 公司业绩好就行，管它什么投资理念”的投资者，又会做何感想呢？

与 LTCM 公司类似的，则是名气没有那么大的美国不凋花基金公司（Amaranth Advisors）。这家公司成立于 2000 年，在之后的几年里，也取得了超高的业绩。对于当时的投资者来说，不凋花基金的业绩也是一时无两。

但是，不凋花基金公司的投资业绩，是建立在杠杆交易、多空交易、期货和衍生品投机之上的，和 LTCM 公司的情况类似，这类投资方法，天生就存在大量的不稳定性。

结果，2006 年，由于在天然气期货合约上下错赌注，不凋花基金公司预测失误，在很短的时间里就损失惨重，公司也因此关门歇业。那些之前购买了产品的投资者，也因此蒙受了巨大的损失。

有意思的是，LTCM 公司和不凋花基金公司名字中都带有“长期”的意思。LTCM 公司翻译成中文，是“长期”资本管理公司，而不凋花基金公司的名字里则带了“不凋谢”的意思。两家公司都希望自己基业长青，都在几年里取得了让市场惊叹的业绩，都在后来的一瞬间栽倒，如此巧合，不能不说是一种讽刺。

所以，对于说“基金业绩好就行”“业绩好代表一切”的投资者，我总想说一句：“当年的 LTCM 公司业绩好吗？不凋花基金公司业绩好吗？它们的业绩都一度超凡脱俗。但是，真的是只要业绩好，其他都不用看吗？”

当然，这里不是说“业绩好的基金一定有问题”，而是说“业绩好的基金不一定没有问题”。阅读了以上文字的投资者，一定要明白这个逻辑关系。

在信贷市场，事情也很类似。在货币基金领域，有一句老话叫“如果一只货币基金业绩好得不像话，那么它一定做了货币基金不该做的事情（违规拉长久期、放杠杆、买低评级债券等）”。

对于以贷款为主业的银行、信托、资产管理公司等信贷机构来说，如果一家公司在短期规模暴增、业绩突飞猛进，那么历史经验告诉我们，很大概率这家公司放了一些不该放的贷款，为未来埋下了爆雷的风险。

其实，不光是投资中有这种“不问原因只管结果”的流派存在，在其他很多领域，我们也能看到这类说法。比如，老板对员工说：“我不管你们用什么方法，把业绩搞上去就行！”父母对孩子说：“我们不要讨论什么长期素质发展，把成绩搞上去就行！”这些方法最后带来的结果，不用我多说，聪明的人都知道。

但是，我们真的可以这样只问结果，不问原因吗？想想看，如果你的朋友突然拿来一大笔钱，你问他“这钱哪儿来的”，他说：“你别管，我有钱就行！”你会不会有点害怕？那么，基金业绩暴涨，但是背后的逻辑搞不清，或者理不顺，和这样突然出现的大笔来路不明的钱财，又有多少区别呢？

为什么基金不公布组合基本面信息

在股票类基金的投资工作中，有一个有意思的现象，值得我们思考。这就是基金在公布自己投资的信息时，很少会公布持有的所有证券的基本面情况。

当打开一只基金的年度报告时，我们可以找到很多关于基金投资的细节。这些细节包括基金持有股票的明细、当年的成交金额、佣金、承接佣金的证券公司、基金经理和基金公司持有基金的份额，等等。

这些明细数据对我们理解一只基金的运作，有非常大的帮助，比只看基金净值的高低要强太多。但是，在这些细节里，一个至关重要的细节往往被忽略了，这就是基金持有股票的基本面情况。

简单来说，一只基金就相当于一个集团，它持有了一堆上市公司的股票。把这些股票所对应的基本面数据进行加总，比如盈利、净资产、股息等信息，我们就可以得到集团的合并财务报表。

但是，这项数据在大多数情况下，是缺失的，我们往往只能看到基金持有股票的市值情况，不知道每只股票的基本面情况如何。因此，我们也就不知道一只基金的净资产、净利润的情况如何。

在这种情况下，当两只基金分别持有 10 亿元市值的股票，但是一只基金持有的股票对应了 1 亿元净利润，另一只仅对应了 0.1 亿元净利润的时候，我们仅从基金所公布的数据，是看不出差异的。两只基金公布的都是 10 亿元市值，但是，两只基金每年从股票上获得的财务净利润，是不一样的。

在这种基本面信息缺失的情况下，基金投资就陷入了一个怪圈。一方面，大多数投资者都宣称自己认为，投资基金应该遵循价值投资的理念（至于什么是价值则众说纷纭，甚至有人认为估值根本不重要，这就另当别论），另一方面，我们从基金的报表里，却只能找到股票的市值而不是基本面财务数据的信息。

其实，从投资者的角度来说，尽管基金往往不公布持仓的基本面信息，但是由于基金会公布全部的持股明细（一般在半年报和年报中出现），因此只要自己稍微动动手，得到基金持仓的基本面信息，是一件很简单的事情。

而且，在Excel等工具的帮助下，这种工作甚至可以1秒完成，投资者只需要提前花点时间写一个自动小表格。

据我所知，有些坚信价值投资的基金经理，自己也会做这样的事情，用一个自动表格，做到对自己所管理的基金的基本面情况了如指掌。

那么，为什么基金的持股基本面信息对于价值投资来说非常重要，计算起来又很简单，但是我们往往看不到基金主动公布基本面信息呢？可能的原因，主要有三个。

1. 会计准则不要求计算基本面信息

从会计准则的角度来说，基金是没有理由主动计算持股的基本面信息的。

根据会计准则，基金持有公司的股份数量如果不够，不足以对企业产生影响（包括派驻董事等），那么在记账的时候，就只能按照公允价值（也就是我们通常说的市值）而不是企业基本面进行记账。

因此，在编制标准化公告的时候，从会计的角度来说，基金就是应该按照公允价值（市值）记账，公布持有股票的基本面信息本来就不是必选项。

虽然这种公布方法会产生很大的问题：一家100倍PE估值的公司和一家5倍PE估值的公司，只要市值一样，在报表里看起来就是一样的。但是，从会计的角度来说，这样做是最正确的选择。

其实，在投资中，这种“会计上正确但实际上有问题”的情况经常出现。比如，企业的利润高涨但应收账款也暴增，企业的净资产很多但商誉也很多，且没有进行充分的减值测试，等等。在这里出现的“基金不公布组合基本面信息”，也是会计这个工具可能带来的问题之一。

2. 基金行业没有公布基本面信息的传统

在商业实践中，“最好的做法”有时候不一定是通行的选择，历史悠久的商业传统经常主宰当前的商业行为。

简单来说，基金之所以不公布基本面信息，并不一定是因为认为“这样做没有意义”，而是因为“反正大家都不这么做，我也就不做了”。在基金行业信息公布的历史上，既然之前没有什么人公布基本面信息，后来的人也就懒得进行计算。

其实，这种商业传统导致的不合理现状还有很多例子。比如，中国的私募基金和美国的对冲基金，对业绩的提成往往都是盈利部分的20%。

为什么不是19%，也不是21%？其实，19%和21%，并没有什么本质区别，用20%大概就是正好取了个整数，然后大家约定俗成，就一直用这个数字罢了。

在上面的例子中，20%比21%似乎更容易计算，因此大家至少选择了一种更加便捷的方式。但是，有些时候，就算传统选择的是一种更加复杂的方法，现实的商业世界也会一直坚持下去，缺乏选择相对便利方法的动机。

比如，在中国的历史上，很长时间人们使用的称量方法，都是16

两为 1 斤。这个计量方法，直到 1959 年国务院发布《关于统一计量制度的命令》，才改成了今天我们见到的 10 两等于 1 斤。

从计算的角度来说，16 两为 1 斤明显没有 10 两为 1 斤方便。而且，中国历史上所用的大多也是十进制，比如保甲制度就约定“十户为一甲，十甲为一保，十保为一乡”。但是，为什么 16 两为 1 斤使用了那么长时间呢？

关于 16 两为 1 斤的起源，历史上众说纷纭，比较通行的解释是北斗 7 星、南斗 6 星以及福、禄、寿 3 星，加在一起共 16 星，所以以 16 两为 1 斤。显然，这么做并不是为了便利，而是为了保持一种传统。

3. 基金投资者没有强烈的需求

基金不爱公布基本面信息的第三个原因，是基金投资者的需求不强烈。“有需求才有供给”，既然大家都对此没有需求，基金也就懒得计算、公布这个麻烦的数据。

在现在的基金投资圈中，据我观察，能仔细阅读基金公告的投资者，实在少之又少。绝大多数投资者对基金的理解，只是一个炫酷的名字（比如增值、增长、成长等），加上一个基金净值，如此而已。

一些稍微进阶的投资者，则会知道基金经理是谁。但是，对基金的了解能更细的投资者，基本上就很少见到了。

不信，问问身边的基金投资者，有谁看过基金最近发的半年报和年报，有谁知道自己买的基金的 10 大重仓股大致是哪些，这几年重仓的股票发生了哪些变动。恐怕 100 个基金投资者里，都没有一个能答得上来。

聪明的投资者会看重基本面信息

总的来说，会计准则不要求、基金行业没传统、投资者没需求，这三个原因共同导致了基金很少公布自己持仓的基本面信息。不过，对于有需要的投资者来说，计算这些基本面信息也非常容易。

当然，从投资的角度来说，“尽信书，则不如无书”。基金组合的基本面，和基金的市值一样，都只能提供有限的参考。并不是说一只基金持仓的综合净利润、股息越高，基金就越好。同理，基金的净值（市值）越高，也不一定意味着基金越好。

但是，从价值投资的角度来说，如果我们真的把基金看成企业的组合，从企业价值增长的角度来看待基金，那么我们手上至少应该有一份简单的合并报表。有了合并报表不一定能知道所有的事情，但是没有报表，肯定有很多事情不知道。

在巴菲特所掌管的伯克希尔－哈撒韦公司的年报中，公司从 1965 年到 2018 年，连续 50 多年在年报的开头，公布公司净资产和股价的对比——这可以作为基金公布基本面信息的参考典范。直到后来重仓投资没有净资产可以参考的苹果公司以后，这种持续了 50 多年的做法才改变。

当然，巴菲特的公司是公司形式，所以它公布净资产和基金公布基本面信息略有不同，不过其实他做的就是基金投资，因此这种公布可以看作“近似于基金公布基本面信息”。

对于聪明的投资者来说，在基金不公布基本面信息的时候，自己手动计算基本面数据，是非常重要的工作。正所谓“物以类聚，人以群分”，相信对于聪明的基金管理者来说，公布持仓的基本面信息，更容易吸引聪明的投资者。

浅谈价值式组合管理

价值式组合管理的目的

组合管理的目的，就是以投资组合而不是单一投资标的的形式，分散我们所持有的投资标的的风险。从价值投资的原理上来说，组合管理本身并不会增加价值，它的主要目的就是分散风险而已。

举一个最简单的例子，我们手上有1 000元现金，那么无论我们是拿10张100元面值的纸币（也就是进行集中投资），还是5张100元面值、10张50元面值（进行一定程度上的组合管理）的纸币，结果都是一样的，因为它们的价值都是1000元。

那么，为什么在价值投资中，我们需要进行组合管理呢？原因很简单：我们对持有证券的价值，并不能像以上简单的例子那样，做到非常准确地估计。我们并不知道，每只股票的价值究竟是多少。

因此，投资者需要用组合管理的方式，对投资进行一定程度上的分散，以此弥补由于自己有可能出错的判断导致的损失。

其实，在投资工作中，绝对不犯错的投资者，是完全不存在的。一位著名的国际投机者曾经说，他最大的、用以战胜市场的长处，就是非常乐意发现和承认自己的错误，并且以别人没有的速度更改自己的错误投资决策。

马克·吐温也说过："让我们陷入困境的不是无知，而是看似正确的误判。"组合管理所做的，正是用一种刚性、不带主观判断的制度性安排，强制让我们避免在“我们认为正确的误判”上，押上全部的赌注。

因此，对于价值投资来说，只要我们对所投资资产的判断可能出错，包括对企业价值判断的错误、估值判断的错误等，我们就需要进行适当的组合管理。

组合管理也许会让我们付出一定的代价，导致看对的仓位赚不到足够的钱，但是它也一定会让投资者在最糟糕的错误判断发生以后，仍然能够活下去，并且有朝一日能够东山再起。

两种组合管理的区别：价值式与非价值式

价值投资需要组合管理，但是，并非所有的组合管理都是“价值式组合管理”。

简单来说，价值式组合管理的目标是“在投资者对价值的判断力不足的情况下，通过组合管理的方式，让错误的判断不至于造成致命的后果”。而非价值式组合管理的目标是“管理价格的波动，以便获得更加平稳的投资组合市值”。

也就是说，价值式组合管理的目标，是尽可能取得确定的价值，并不在乎投资组合的市值波动。反之，目的在于熨平市值波动，而不是熨平价值波动的组合管理方式，则是非价值式组合管理。

首先，让我们来看看哪些是非价值式组合管理。

比如，“在大小盘股票中进行不同程度的分散”，就属于典型的“非价值式组合管理”。股票市值的高低，和股票的价值毫无关系。但是，股票的价格有时候会按市值波动。

比如，2011 年到 2013 年，“蓝筹股”一度被称为“烂臭股”。只要是市值高的股票，市场就一概不买账，根本不管投资价值如何。那时，有些组合管理理论就认为，投资者需要在不同市值的股票之间进行分配（或者干脆只买小盘股）。

很显然，这种组合管理并不是用分散增加价值判断的正确性，而是对市场波动风格的妥协。只依据股票市值做组合管理，可以说和价值判断毫无关系。

再比如，在 2020 年到 2021 年的高估值股票泡沫中，估值越高的股票（大部分都是最近价格涨幅比较大的股票），越受到当时市场的待见，价格涨幅越大。这时，市场上出现了所谓“怕高就是苦命人”“估值越高越买，越低越卖”的可笑理论。

虽然这些理论非常可笑（哪有花钱越多越好，买得越贵越好的道理），但是在当时的市场环境下，这些理论是符合潮流的。于是，不少当时的组合管理规则中，加入了“高估值股票必须占一定百分比”的条款。显然，这种组合管理规则，与价值投资毫无关系，它明显是在毁灭价值。

两个典型的价值式组合管理规则

下面，让我们来看两个典型的“价值式组合管理规则”，以便与前述的“非价值式组合管理规则”进行区分。

首先，在不同行业之间进行分散投资，从而形成组合投资，就属于一种“价值式组合管理”。这是由于投资者对行业的价值判断，往往很难做到尽善尽美。

比如，在2021年初的教育行业大整顿中，大量教育行业的股票暴跌。但是，在整顿之前，很少有人能预测到教育行业蕴含的巨大风险。毕竟，教育行业中的公司过去一直依仗着“家长愿意给孩子砸钱”的特殊商业属性，以高利润率、高增长、低杠杆、优秀现金流等特质，吸引着投资者。

这时候，适当的组合管理可以帮助投资者规避难以预料的风险。所以，以行业为区分标准进行适当的组合管理，是有益于提高投资组合稳健程度的。同时，不同行业的股票在投资回报上，一般来说也不会有像高估值和低估值股票之间的巨大的差别。因此，适度的分散，不会毁灭多少价值。

此外，这类组合管理也要考虑不同行业之间的关联性。比如，保险公司的投资组合中，往往有大量的银行股票，因此这两个行业之间是有关联的，将资产分散在这样的两个行业中一定要考虑其关联性。

其次，在不同股票之间进行适度的分散，也是基于价值判断存在不确定性的“价值式组合管理”。

尽管我们可以看到，不少投资者宣称自己对某只股票了如指掌，对公司的未来信心满满，但是事实上，很少有人能够真正明白一家公司。甚至有的公司的董事长、总经理，对公司的真实情况也会有所忽略。

比如，即使是对马来西亚航空公司（简称马航）再了解的人，又怎能预料到在2014年的短短几个月里，马航连续损失了MH370、MH17两架大型客机呢？要知道，在这两起悲剧发生以前，马航拥有几十年的安全航空记录，是世界上最优秀的航空公司之一。这两起悲剧，直接导致马航的股票在 2014 年底退市摘牌。

再比如，2023 年硅谷银行的倒闭，发生得非常突然。就在倒闭前不久，硅谷银行还被评上了《福布斯》杂志“全美最佳银行榜”，且其股东中的机构投资者也为数众多。几乎在顷刻之间，伴随着突然爆发的银行挤兑，这家以支持初创企业闻名的优秀银行就倒闭了，股票也变得一文不值。《巴伦周刊》中文版有一篇文章题为“为什么华尔街没能预见到这场银行危机”，很好地总结了当时鲜有人预料到的硅谷银行危机的窘境。

让我们扪心自问，对于以上的两个企业案例，有多少投资者能在事前看出端倪呢？那么，既然我们无法预知所有的企业经营风险，一定程度上的分散和组合管理，就变得十分有必要。

大类资产管理是“价值式组合管理”吗

接下来，我想专门谈一下这个问题：大类资产管理，或者说大类资产管理，应该被认为是属于“价值式组合管理”吗？

所谓大类资产管理，指的是在各类大类资产之间按比例分配投资。常见的大类资产至少应该包括：股票、债券、各类别的主动管理型基金和被动管理型基金（也就是指数基金）、现金和现金等价物（包括资金拆借、货币基金等）、房地产、贵金属等。对于个人投资者来说，一般还要加上保险。

在许多金融理论中，大类资产配置似乎是一个必选项，甚至必要到毋庸置疑的地步，让人感觉做投资必须进行大类资产配置，只有大类资产配置才是专业的、有价值的。

实际上，我认为大类资产配置并不属于一种依靠分散投资来弥补价值判断能力不足的“价值式组合管理”，而是属于希望依靠资金分散在不同类别的资产中，从而熨平市值波动的“非价值式组合管理”。

正是因为它对熨平市值的有效性（同时也必然折损了长期价值，因为没有把资产全部配置在最有效的大类资产上），大类资产配置才被众多投资者所推崇。要知道，真正的价值投资者在资本市场中一直属于少数，大多数投资者是非常在意市值波动的。

为什么说大类资产配置是非价值式组合管理呢？与资金在行业和公司之间分散不同，大类资产之间的长期价值比较，是一件比较容易的事情。也就是说，我们完全难以预判一家公司长期的发展，比较难以预判一个行业长期的发展，但是我们很容易预判一个大类资产的长期回报。

比如，在货币总量常年增长速度在 10% 左右的情况下，回报率只有 2% 左右的现金类资产，在长期肯定很难给投资者带来很多价值。同样，贵金属除非价格特别低廉，否则长期回报率也不高。对于租金回报率只有 1%～2% 的房地产来说，情况也差不多。

在硬币的另一面，则是股票类资产的长期总回报率。在估值合理的情况下（一般来说需要等于或者小于 20 倍市盈率），股票类资产的长期总回报率会远远高于大类资产中几乎所有其他类别。只有在房地产非常便宜的时候（比如租金回报率达到 8% 左右的 2000 年），估值合适的股票类资产才会有能与之匹敌的对手。

不过，当股票类资产的估值很高时，比如市盈率飙升到 50 倍，甚至 80 倍，那么事情又变得完全不一样了。我们很容易就会知道，这样的估值，在长期，很难给投资者带来优秀回报。

从以上的分析，我们就可以看到，在大类资产的领域，投资者会很容易区分哪个大类资产是优秀的、哪个是平庸的，甚至哪个在长期是容易赔钱的。既然如此，为什么还要进行大类资产的组合管理呢？把所有的资本都投在回报率最高的资产上，不是更好吗？事实上，一些著名的投资大师，比如沃伦·巴菲特、彼得·林奇、陈光明、曹名长、裘国根，都是这样做的。

当然，以上的论述，仅针对纯粹以提高长期投资回报率为投资目标的、比较单纯的投资者。

对于一些资金来源更加复杂的投资者来说，比如客户稳定度不高的私募基金、保险资金需要进行期限匹配的保险资产管理公司，它们仍然是需要大类资产配置的。不过，它们进行大类资产配置的目的，恰恰是熨平投资组合的波动，以便匹配更加脆弱的资金来源对于更小波动率的需求，而不是追求长期更高的投资回报。

以上，就是关于价值式组合管理的探讨。总的来说，通过分散投资，对冲由于对价值判断不准确可能带来的风险，就是价值式组合管理。而通过利用不同资产价格波动之间的不同步，来熨平投资组合的市值波动，则是非价值式组合管理。

《论语》有云，“求仁而得仁，又何怨？”价值式组合管理带来的是长期价值的稳健性、安全性的增加。而对于非价值式组合管理来说，它们在带来更小的市值波动的同时，由于着眼点不是价值增加，因此也不会对长期的价值变动起到什么作用。聪明的投资者，到底哪种组合管理适合你呢？

怎样考核投资回报

在证券投资中，如何科学、合理地考核投资回报，是非常重要的。这里，就让我来谈一谈三种不同的考核投资回报的方法。

首先，我们能不能不考核投资回报，就凭主观印象办事呢？毕竟我们在日常生活中，很多事情都是用主观印象做判断的，比如，那所大学听说不错！这家烧烤店挺好吃！但是，在投资中，这种凭主观印象衡量投资回报的做法，完全行不通。

正如《大学》所云："人莫知其子之恶，莫知其苗之硕。"意思就是，人都认为自己的孩子天下最好，都不满足于自己的财产数量，还想要更多，人的主观认知往往有偏颇。

所以，如果我们用主观印象来考核自己的投资回报，那么几乎所有人都会觉得"我投资做得还不错啊"。

如果说个人投资者用主观印象衡量自己的投资回报，说不定还有几个头脑清醒、比较客观的，但是机构投资者也如此，事情就会变得糟糕。

在大型投资机构里，如果我们用主观印象来考核投资回报，那么为了自己的利益，几乎人人都会宣称自己投资做得很好（哪怕实际上一点儿都不好）。

这就好比在封建社会，朝廷经常让各地举荐贤良，最后往往贤良找不到，结党营私的倒是一大堆，就是因为"贤良"这个词过于依靠主观印象，难以客观定性。

因此，在考核投资回报时，单纯凭借主观印象，对于个人来说是基本不行的，对于机构投资者来说则是绝对不行的。

所以，我们需要从客观的角度，来衡量投资回报。总的来说，一共有三种考核方法：绝对收益考核法、相对收益考核法、基本面收益考核法。其中，只有第三种方法，才是正确的投资回报考核方法。下面，就让我们一一看来。

绝对收益考核法

从最直观的感受来说，绝对收益考核法是最容易让投资者接受的。简单来说，今年赚了钱（绝对回报）就是好的，没赚钱就是差的。

对于构成证券市场重要组成部分的个人投资者来说，绝对收益考核法是很多人最容易接受的方法。毕竟，赚钱了一切好说，赔钱了提头来见，这么简单的逻辑，有什么好思考的呢？

这种来自广大个人投资者的、简单朴素的考核方法，也影响了不少专业投资机构。比如，直接面对个人投资者的私募基金，往往就采取绝对收益考核法。基金赚钱了就提分成，亏钱了就免谈。

不过，绝对收益考核法看似简单，却有很大的问题。

当市场进入熊市时，比如 2008 年当年，上证综合指数下跌了 65%。这时，一位股票投资者如果只亏了 5%，那么无疑是非常惊艳的回报。

但是，在绝对收益考核法看来，他是不合格的。不论市场好坏，单以赚钱与否做判断，有时候会错失最优秀的投资经理。

比如，巴菲特的伯克希尔 – 哈撒韦公司的股票价格（巴菲特的投资结构比较特殊，股价近似于他管理的基金可申购和赎回的净值）在

1973 年下跌了 2.5%，1974 年又下跌了 48.7%。

连续两年赔钱，第二年还赔了几乎一半，这样的基金经理，不开除还留着干什么呢？结果，从 1975 年到 2022 年，巴菲特把投资者的 1 美元变成了 11 681 美元。

反过来，当市场走牛时，绝对收益考核法也会“错赏佞臣”。比如，在 2019 年、2020 年，沪深 300 全收益指数分别上升了 39.2%、29.9%。这两年，几乎所有的股票型投资产品都在赚钱，从绝对收益的角度来说都非常好。但是后来呢？现在大家都知道答案了。

相对收益考核法

鉴于绝对收益考核法的种种弊端，虽然绝对收益考核法是广大个人投资者最喜爱的方法，但是对于绝大多数专业投资机构来说，相对收益考核法是更常见的方法。

所谓相对收益，指的就是一段时间内，投资组合的回报相对于整体市场的回报的表现。

比如，今年市场是个大牛市，股票指数上涨了 100%，那么如果投资组合只赚到了 80%，虽然也赚了不少钱，但是它仍然是不合格的，因为回报比市场少了 20%。反之，如果今年是熊市，市场跌了 30%，但是投资组合只跌了 20%，它就是非常优秀的。

对比绝对收益考核法，相对收益考核法要优秀很多。它考虑到了市场波动的不可预测性，因此只要投资组合表现得比同行（市场）更好，就会被视为优秀。这就好比对于一个小学生，我们不会要求他能做出大学的高等数学卷子，他只要比自己同班同学考得好就行。

不过，相对收益考核法也有显而易见的问题。当市场出现长时间、大幅度的风格漂移时，相对收益考核法会让那些最坚持投资原则的投资经理，得到最糟糕的评价。

还是以巴菲特为例，这位有史以来最伟大的价值投资者，在 2007 年全球金融危机之前，准确判断到了全球金融体系即将出现巨大问题。他和查理·芒格当时把衍生品称为“金融大规模杀伤性武器”。

于是，巴菲特在自己的投资组合里，非常坚决地贯彻了自己的投资理念，尽可能避免接受当时市场上炙手可热但风险巨大的投资产品。

这样做的结果是什么呢？在 2003 年、2004 年、2005 年，伯克希尔－哈撒韦公司的股票价格，分别跑输标普 500 全收益指数 12.9%、6.6%、4.1%。这种情况到了 2007 年也没有太大的改变，当年该公司的股价只跑赢了指数 8.3%。

同样的事情，在 2019 年和 2020 年再次上演。当时，美国科技股的股价大涨，科技公司非常昂贵。在这两年里，不爱追高的巴菲特，也分别跑输了市场 20.5%、16.0%。如此糟糕的相对回报，在不少机构投资者那里，是要受到下岗处罚的。

在短短 20 年里，相对收益考核法两次给这个星球上最伟大的价值投资者“糟糕”的评价，原因却是他准确预测了市场的泡沫，并且坚持了正确的投资理念。如此考核，科学性又在哪里呢？

在《论语》中，孔子曾经对公冶长做出评价：“子谓公冶长，‘可妻也。虽在缧绁之中，非其罪也’。以其子妻之。”孔子知道，虽然公冶长被关进了监狱，但是这“非其罪也”，因此把自己的女儿嫁给了他。

和孔子相比，今天的绝对收益考核法和相对收益考核法，可谓相差远矣。

基本面收益考核法

比起绝对收益考核法和相对收益考核法两种方法，基本面收益考核法可以说是最好的了。

简单来说，和绝对收益考核法、相对收益考核法都以市值多少为考核基础不同，基本面收益考核法压根儿不考虑投资组合的市值，只考虑投资组合的价值。

只要价值增加了，增加得足够快、足够好，那么哪怕市值暴跌也无所谓。反之，如果价值没增加，那么市值再好，在基本面收益考核法看来，也如空中楼阁一般。

如此，基本面收益考核法完全脱离了市场价格的束缚，让投资者把精力完全放到基本面的增长上来。而在长期，投资组合的市值增长，一定会和基本面增长相差无几。

从细节来说，基本面收益考核法分两个方面：定量和定性。

所谓定量，就是指投资组合中股票、债券、现金、贵金属、房地产等资产的财务基本面，加在一起得到的数据。比如，今年的投资组合基本面合并报表数据增加了 40%，那么即使市值下跌了 10%，考核结果也应该是非常优秀的。

但是，定量考核有一个问题，就是这种考核有时候是可被故意满足的。

比如，如果我们考核投资组合所有股票的合并净资产，那么投资经理只要买入一家快要破产、全市场都知道它有问题、市净率是 0.1 的公司的股票，就可以轻松实现净资产的大幅增长。

如果我们考核组合的净利润、当期现金流和股息，那么买入一只业绩在顶点、大幅分红的周期股，就可以达到目标，哪怕等周期景气度下降以后，留下的是一地鸡毛。

因此，除了定量考核以外，基本面收益考核法还需要定性考核，即结合投资者的专业能力，考核“定量的基本面增长”是否是真实优秀的基本面增长。

对于个人投资者而言，这种“定性的考核”意味着自己对每只股票的主观判断。而对于大型投资机构来说，一个由非常有经验的老投资者组成的核心考核团队，往往是这种定性考核不可或缺的组成部分。

有了定量和定性考核的双重保障，我们就不难应用基本面收益考核法来衡量投资结果了。与绝对收益考核法和相对收益考核法相比，这种考核方法可谓是最科学、最有效的。

不过，为什么很少有人用基本面收益考核法呢？原因很简单，这种考核法和市值无关，很难满足人们“今天买进去，明天就赚钱，长期懒得管”的心理。所以，也就难怪基本面收益考核法如此曲高和寡了。

推荐阅读

序号	中文书号	中文书名	定价
1	69645	敢于梦想：Tiger21创始人写给创业者的40堂必修课	79
2	69262	通向成功的交易心理学	79
3	68534	价值投资的五大关键	80
4	68207	比尔·米勒投资之道	80
5	67245	趋势跟踪（原书第5版）	159
6	67124	巴菲特的嘉年华：伯克希尔股东大会的故事	79
7	66880	巴菲特之道（原书第3版）（典藏版）	79
8	66784	短线交易秘诀（典藏版）	80
9	66522	21条颠扑不破的交易真理	59
10	66445	巴菲特的投资组合（典藏版）	59
11	66382	短线狙击手：高胜率短线交易秘诀	79
12	66200	格雷厄姆成长股投资策略	69
13	66178	行为投资原则	69
14	66022	炒掉你的股票分析师：证券分析从入门到实战（原书第2版）	79
15	65509	格雷厄姆精选集：演说、文章及纽约金融学院讲义实录	69
16	65413	与天为敌：一部人类风险探索史（典藏版）	89
17	65175	驾驭交易（原书第3版）	129
18	65140	大钱细思：优秀投资者如何思考和决断	89
19	64140	投资策略实战分析（原书第4版·典藏版）	159
20	64043	巴菲特的第一桶金	79
21	63530	股市奇才：华尔街50年市场智慧	69
22	63388	交易心理分析2.0：从交易训练到流程设计	99
23	63200	金融交易圣经II：交易心智修炼	49
24	63137	经典技术分析（原书第3版）（下）	89
25	63136	经典技术分析（原书第3版）（上）	89
26	62844	大熊市启示录：百年金融史中的超级恐慌与机会（原书第4版）	80
27	62684	市场永远是对的：顺势投资的十大准则	69
28	62120	行为金融与投资心理学（原书第6版）	59
29	61637	蜡烛图方法：从入门到精通（原书第2版）	60
30	61156	期货狙击手：交易赢家的21周操盘手记	80
31	61155	投资交易心理分析（典藏版）	69
32	61152	有效资产管理（典藏版）	59
33	61148	客户的游艇在哪里：华尔街奇谈（典藏版）	39
34	61075	跨市场交易策略（典藏版）	69
35	61044	对冲基金怪杰（典藏版）	80
36	61008	专业投机原理（典藏版）	99
37	60980	价值投资的秘密：小投资者战胜基金经理的长线方法	49
38	60649	投资思想史（典藏版）	99
39	60644	金融交易圣经：发现你的赚钱天才	69
40	60546	证券混沌操作法：股票、期货及外汇交易的低风险获利指南（典藏版）	59
41	60457	外汇交易的10堂必修课（典藏版）	49
42	60415	击败庄家：21点的有利策略	59
43	60383	超级强势股：如何投资小盘价值成长股（典藏版）	59
44	60332	金融怪杰：华尔街的顶级交易员（典藏版）	80
45	60298	彼得·林奇教你理财（典藏版）	59
46	60234	日本蜡烛图技术新解（典藏版）	60
47	60233	股市长线法宝（典藏版）	80
48	60232	股票投资的24堂必修课（典藏版）	45
49	60213	蜡烛图精解:股票和期货交易的永恒技术（典藏版）	88
50	60070	在股市大崩溃前抛出的人：巴鲁克自传（典藏版）	69
51	60024	约翰·聂夫的成功投资（典藏版）	69
52	59948	投资者的未来（典藏版）	80
53	59832	沃伦·巴菲特如是说	59
54	59766	笑傲股市（原书第4版.典藏版）	99

推荐阅读

序号	中文书号	中文书名	定价
55	59686	金钱传奇：科斯托拉尼的投资哲学	59
56	59592	证券投资课	59
57	59210	巴菲特致股东的信：投资者和公司高管教程（原书第4版）	99
58	59073	彼得·林奇的成功投资（典藏版）	80
59	59022	战胜华尔街(典藏版）	80
60	58971	市场真相：看不见的手与脱缰的马	69
61	58822	积极型资产配置指南：经济周期分析与六阶段投资时钟	69
62	58428	麦克米伦谈期权（原书第2版）	120
63	58427	漫步华尔街（原书第11版）	56
64	58249	股市趋势技术分析（原书第10版）	168
65	57882	赌神数学家：战胜拉斯维加斯和金融市场的财富公式	59
66	57801	华尔街之舞：图解金融市场的周期与趋势	69
67	57535	哈利·布朗的永久投资组合：无惧市场波动的不败投资法	69
68	57133	憨夺型投资者	39
69	57116	高胜算操盘：成功交易员完全教程	69
70	56972	以交易为生（原书第2版）	36
71	56618	证券投资心理学	49
72	55876	技术分析与股市盈利预测：技术分析科学之父沙巴克经典教程	80
73	55569	机械式交易系统：原理、构建与实战	80
74	54670	交易择时技术分析：RSI、波浪理论、斐波纳契预测及复合指标的综合运用（原书第2版）	59
75	54668	交易圣经	89
76	54560	证券投机的艺术	59
77	54332	择时与选股	45
78	52601	技术分析（原书第5版）	100
79	52433	缺口技术分析：让缺口变为股票的盈利	59
80	49893	现代证券分析	80
81	49646	查理·芒格的智慧：投资的格栅理论（原书第2版）	49
82	49259	实证技术分析	75
83	48856	期权投资策略（原书第5版）	169
84	48513	简易期权（原书第3版）	59
85	47906	赢得输家的游戏：精英投资者如何击败市场（原书第6版）	45
86	44995	走进我的交易室	55
87	44711	黄金屋：宏观对冲基金顶尖交易者的掘金之道(增订版）	59
88	44062	马丁·惠特曼的价值投资方法：回归基本面	49
89	44059	期权入门与精通：投机获利与风险管理（原书第2版）	49
90	43956	以交易为生II：卖出的艺术	55
91	42750	投资在第二个失去的十年	49
92	41474	逆向投资策略	59
93	33175	艾略特名著集（珍藏版）	32
94	32872	向格雷厄姆学思考，向巴菲特学投资	38
95	32473	向最伟大的股票作手学习	36
96	31377	解读华尔街（原书第5版）	48
97	31016	艾略特波浪理论:市场行为的关键（珍藏版）	38
98	30978	恐慌与机会：如何把握股市动荡中的风险和机遇	36
99	30633	超级金钱（珍藏版）	36
100	30630	华尔街50年（珍藏版）	38
101	30629	股市心理博弈（珍藏版）	58
102	30628	通向财务自由之路（珍藏版）	69
103	30604	投资新革命（珍藏版）	36
104	30250	江恩华尔街45年（修订版）	36
105	30248	如何从商品期货贸易中获利（修订版）	58
106	30244	股市晴雨表（珍藏版）	38
107	30243	投机与骗局（修订版）	36